法律溯源丛书

张晋藩 主编

明谨庶狱：秦汉刑事证据文明的开启

国家社会科学基金项目 批准号：13CFX016

◎ 张琮军 著

中国政法大学出版社

2021·北京

图书在版编目（ＣＩＰ）数据

明谨庶狱：秦汉刑事证据文明的开启/张琼军著. —北京：中国政法大学出版社，2021.8

ISBN 978-7-5764-0009-0

Ⅰ.①明… Ⅱ.①张… Ⅲ.①刑事诉讼－证据－司法制度－研究－中国－秦汉时代

Ⅳ.①D925.213

中国版本图书馆CIP数据核字(2021)第194223号

书　名	明谨庶狱：秦汉刑事证据文明的开启
	MINGJINSHUYU QINHAN XINGSHI ZHENGJU WENMING DE KAIQI
出版者	中国政法大学出版社
地　址	北京市海淀区西土城路25号
邮　箱	fadapress@163.com
网　址	http://www.cuplpress.com（网络实名：中国政法大学出版社）
电　话	010-58908466(第七编辑部)　010-58908334(邮购部)
承　印	北京九州迅驰传媒文化有限公司
开　本	720mm×960mm　1/16
印　张	12.75
字　数	200千字
版　次	2021年8月第1版
印　次	2021年8月第1次印刷
定　价	65.00元

序

中国法律史学经几代学者历时百年的辛勤耕耘，不断提升研究水平，不断自我完善，现今已进入了"全面认识和阐述法史"新的发展阶段。前辈学者在资料匮乏、信息不够发达的环境中，艰辛探索，使法律史学成为一门独立的学问，并在改革开放新的历史时期推动这门学科空前繁荣，他们为学科建设作出了历史性的重大贡献。近年来，出土法律资料的挖掘和传世法律文献的整理取得了前所未有的进展，向学界提出了重新认识中国法律史的挑战。在推动法律史学进一步走向科学的征途中，一批有远大学术抱负的中青年学者，勇担重任，勇于创新，严谨治学，在各自的研究领域内，撰写了多部有较高学术价值的作品。张琮军的《明谨庶狱：秦汉刑事证据文明的开启》，就是其中一部论证扎实的著作。这部著作对秦汉刑事证据进行了全面、系统地考论，是琮军多年潜心研究的成果，在其结项的国家社科基金项目成果的基础上，作了较多的补充、修订而成。

证据，是验明一切案件事实必须遵从的依据。在中国古代，伴随着诉讼审判制度的形成，也产生了相对应的证据制度，并在漫长的司法实践中逐步发展、完善。刑事证据制度是中国古代证据制度的重要组成部分，在其发展演变的过程中，秦汉刑事证据制度具有奠基性的历史地位。20世纪30年代至21世纪初，我国考古工作者发掘了大量秦汉时期的简牍资料，如《居延汉简》《居延新简》《睡虎地秦墓竹简》《龙岗秦简》《张家山汉墓竹简》等。这些简牍记载了大量秦汉时期刑事诉讼证据制度方面的内容，为我们了解、研究秦汉刑事证据制度及其递进演变规律提供了大量的原始资料。琮军所著《明谨庶狱：秦汉刑事证据文明的开启》通过对历史文献资料的分析以及对简牍资料的比较，能够使读者深切地感受到数千年前中国传统刑事证据制度，特别是秦汉刑事证据制度的真实与客观存在。如《封诊式》和《奏谳书》中分别记载的有关秦汉证据勘验采集的方法与主要规则，以及证据运用于司法审判的具体案例，就充分展现了古人对刑事证据法制的创建之功。

《明谨庶狱：秦汉刑事证据文明的开启》一书通过对秦汉刑事证据制度的系统研究，深入挖掘其证据制度的精华，指明其糟粕，总结了秦汉刑事证据制度的经验教训及其在递进演化过程中呈现出的不同特点，揭示了中国刑事证据制度的历史风貌与演化规律，归纳出其对当今证据规则的可资借鉴之处。所有这些，当会对中国古代刑事证据制度的研究发挥积极的推动作用。

一部经得起历史检验的法史学术著作，是作者在广泛收集分析资料的基础上，多年精心研究的结果；每一经得起历史检验的学术创见，都是依据历史客观实际、反复论证提炼出来的。不想花费大气力，只想短、平、快地发表成果，或不加分析地简单套用现代法学概念描绘古代法制，赶时髦式创新，这样形成的成果不只毫无生命力，而且还会祸及学林，误导读者。在科学研究的道路上，没有任何捷径可走，只有摆脱功利主义的影响，不畏艰苦，求真求实，脚踏实地而又勇于探索，才有可能有重大的学术建树。琮军的这部成果之所以取得成功，正是他扎实治学的收获。

祝琮军在学术探索的道路上再接再厉，不断取得新的成绩！

杨一凡

2020 年 11 月 16 日

目　录

导　言

证据，是验明案件事实，作出法律决断的依据。"凡以某项事物或某项方法表明所主张事实，以证明其真实存在或不存在者，为证据。"[1]自从法律制度形成之后，诉讼审判制度也随之产生，相对应的证据制度也即产生并伴随其不断地发展、完善。在古代早期粗陋的诉讼程序中，证据形式就显露出来。"辞"即"盟誓之辞"，为早期一种重要的证据形式。《尚书·大禹谟》载"奉辞伐罪"：

> 禹乃会群后，誓于师曰："济济有众，咸听朕命。蠢兹有苗，昏迷不恭，侮慢自贤，反道败德。君子在野，小人在位，民弃不保，天降之咎。肆予以尔众士，奉辞伐罪，尔尚一乃心力，其克有勋。"[2]

在中国古代刑事证据制度的演变历程中，秦汉刑事证据制度具有重要的历史地位。通过对秦汉刑事证据制度及其承继关系的研究，可以厘清秦汉刑事证据制度的基本状况及其在递进演化过程中呈现出的不同特点。

商鞅主持变法修律之后，推动了秦国的法制改革与发展，改变了西周以来礼治的传统。在刑事司法审判过程中，秦国奉行法制原则，强调证据在案件中的重要作用。这对传统刑事证据制度产生了重大影响。通过对秦简相关内容的分析，结合其他相关史籍资料的记载，可以证明这一时期我国刑事证据法制已经初步确立。汉代对秦代证据法制进行了扬弃，使得刑事证据法制有所发展，这从汉代有关传世文献与出土简牍文献的内容中可以得到证实。

以"秦汉刑事证据文明的开启"为题，对秦汉刑事证据进行全面、系统

---

[1]　周荣：《证据法要论》，中国政法大学出版社2012年版，第1页。
[2]　（清）阮元校刻：《十三经注疏》（清嘉庆刊本）（一），《尚书正义》卷四，中华书局2009年版，第287页。

的研究并厘清两者之间的演化关系是十分必要的。自 20 世纪 30 年代直至 21 世纪初，我国考古工作者发掘了大量秦汉时期的简牍资料，如《居延汉简》《居延新简》《睡虎地秦墓竹简》《龙岗秦简》《张家山汉墓竹简》，等等。而且，伴随着考古研究工作的深入，不断涌现出新的简牍文献，如《岳麓书院藏秦简》序列文献。这些出土简牍文献，记录了诸多有关秦汉时期刑事证据的司法文书与案例。通过对历史文献资料的分析与简牍资料的比较，使后人深切地感受到数千年前中国传统刑事证据制度，特别是秦汉刑事证据制度的真实与客观存在。例如，《封诊式》和《奏谳书》中分别记载了有关秦汉证据勘验采集的方法与主要规则以及证据运用于司法审判的具体案例，可见古人对刑事证据法制的创见之功；其严谨的诉讼程序架构、理性的证据规则设置令人惊叹。其中勘验取证、质证、据证平冤等多项证据制度的规定及实践中的经验总结对当今仍有借鉴价值。

上 篇
秦代刑事证据文明的开端

众所周知，秦将法家主张奉为治国的方略。"秦国的强盛始于商鞅变法之后，此后历代秦国国君，都是法家思想的忠实推行者。完成统一大业的嬴政，更是对法家思想推崇备至。统一后，秦始皇继续推行先秦法家法治理论，兼采阴阳五行学说，建立了以法家思想为指导的专制统治。"[1]也就是说，秦朝法律源自法家观念。而司法审判在法律制度中居于核心地位，由此，其具有法家观念的深刻烙印。此在证据制度，特别是刑事证据制度中体现鲜明。法家"以法治国"主张，经由秦律转化为法律原则和法律规范，促进了秦代司法制度的演化。这使得秦代的司法程序运行，注重对证据的采集与应用，并经过长期实践的探究，初步形成了一套细微、理性的刑事证据制度。

一、秦代刑事证据规则

通过对秦简中《睡虎地秦墓竹简》《岳麓书院藏秦简》及《里耶秦简》等出土简牍文献的考释，可以发现秦代初步形成了具有综合性特征的刑事证据规则，其既有重勘验、物证等的客观性色彩，也有依据供辞的主观性形态。

中国传统法文化源远流长。随着社会演化，较早便萌发了证据意识。先秦时期已经注重对证据问题的探索，尽管简陋与粗浅，但其启迪意义与价值，不容忽视。例如，《尚书·大禹谟》中记载了皋陶对舜说的一段话，对后世产生了极大的警醒作用：

> 帝德罔愆，临下以简，御众以宽，罚弗及嗣，赏延于世，宥过无大，

---

〔1〕 马小红：《中国古代法律思想史》，法律出版社 2004 年版，第 133 页。

x

刑故无小，罪疑惟轻，功疑惟重，与其杀不辜，宁失不经。[1]

即在证据理论方面，强调宁可停止执行行刑的命令，也不能在缺乏证据的情况下杀害无辜，这较为明晰地体现了证据制度的客观性色彩。

秦代在吸收以往证据规则的同时，接受法家"缘法而治"的法制主张，形成了具有时代特色的证据规则。笔者经过考证，概况为如下几方面。

（一）据证缚诣

在秦代的刑事诉讼过程中，只有在犯罪证据较为充分的前提下，才可以缚诣、控告嫌犯。据秦简记载，秦的司法机关设有宪盗、求盗、亭校长等侦捕犯罪的专职官吏，他们只能在握有相应证据的前提下，方可捕送现行的嫌犯。

睡虎地秦墓竹简《封诊式》中记载了多则缚诣嫌犯的式例，在缚诣嫌犯的同时，将缴获的证据一并呈送。试例如下：

《封诊式》"盗铸钱"爰书：某里士伍甲、乙两人缚诣私自铸造钱币的男子丙、丁，同时将缴获的百一十新钱及两个铸造钱币的模子，作为证据一同呈上。告曰：

> 丙盗铸此钱，丁佐铸。甲、乙捕（索）其室而得此钱、容（镕），来诣之。（简20）[2]

在《封诊式》"盗自告"爰书中，因盗窃共犯甲自首，自告曰：

> 以五月晦与同里士五丙某里士五丁千钱，毋它坐，来自告，告丙。（简15-16）[3]

甲为揭露盗窃共犯丙的罪行提供了物证与人证，于是司法官吏作出"令令史某往执丙"的决定。可见，只有掌握了一定的证据，司法机关才会缉捕犯罪嫌疑人。

---

〔1〕 （清）阮元校刻：《十三经注疏》（清嘉庆刊本）（一），《尚书正义》卷四，中华书局2009年版，第285页。

〔2〕 括号内为简号，不同的简牍文献，标注方法位置不同，本书下同。

〔3〕 睡虎地秦墓竹简整理小组编：《睡虎地秦墓竹简》，文物出版社1990年版，第150-151页。

《封诊式》"盗马"爰书中记载：

> 某里日甲缚诣男子丙，及马一匹，骓牝右剽；缇覆衣，帛里莽缘领袖，及履，告曰："丙盗此马、衣，今日见亭旁，而捕来诣。"（简21—22）

求盗甲在捕送盗窃马匹的犯罪分子的同时，送上了该犯罪分子所盗窃的马匹、衣服、鞋子等赃物，作为犯罪的证据。

秦简中还记载有奖励百姓捕送罪犯的法律规定，而且有高额奖赏，但捕送者必须同时交出足以证明被捕送者有罪的证据。如《封诊式》"群盗"爰书中记载：

> 某亭校长甲、求盗才某里日乙、丙缚诣男子丁，斩首一，具弩二、矢廿……（简25）

亭校长甲和求盗乙、丙捕送武装犯罪集团分子丁时，除了全套弩具两具、箭二十支外，还有一颗被箭射杀的武装犯罪团伙成员的首级，上交作为捕送丁的证据。

《封诊式》"夺首"爰书：

> 某里士伍甲缚诣男子丙，及斩首一，男子丁与偕。甲告曰："甲，尉某私吏，与战刑（邢）丘城。今日见丙戏籞，直以剑伐痍丁，夺此首，而捕来诣。"（简31-32）[1]

某里士伍甲捆送男子丙，同时附上一首级，（受害人）一同前来。控曰："甲是尉某的私吏，参加邢丘城的战斗，今天在军戏驻地道路上看见，丙故意用剑砍伤丁，抢夺这个首级，于是将丙捕获送到。"

由上可见，在秦代的诉讼过程中，无论是官府、司法官吏或百姓，只有在掌握相应罪证的情形下，才可以缉捕或扭送犯罪嫌疑人，这是刑事证据的客观性特征在拘捕环节的体现。

---

[1] 睡虎地秦墓竹简整理小组编：《睡虎地秦墓竹简》，文物出版社1990年版，第150-153页。

（二）依程序讯狱

经过对简牍文献的考察，不难发现，嫌犯的供辞在案件审断过程中居于核心地位。甚至可以这样讲，秦代刑事案件就是围绕获得嫌犯的真实供辞展开的。为了保障供辞的可靠性，秦代程序法允许有条件地进行刑讯。《封诊式》"讯狱"篇其实就是一则有关审讯的程序法规，约制对嫌犯供辞的录取：

> 凡讯狱，必先尽听其言而书之，各展其辞，虽智（知）其巾也，勿庸辄诘。
>
> 其辞已尽书而毋解，乃以诘者诘之。诘之有（又）尽听书其解辞，有（又）
>
> 视其它毋解者以复诘之。诘之极而数巾也，更言不服，其律当治（笞）谅（掠）
>
> 者，乃治（笞）谅（掠）。（简2-4）[1]

官吏审讯被告时必须先听取其口供并加以记录，使受讯者各自陈述，虽然明知是欺骗，也不要马上诘问。供辞虽记录完毕而问题没有交代清楚，就要对不明之处进行诘问，并应把其辩解的话记录下来，再看看是否还有其他不明之处，继续进行诘问。诘问到犯人辞穷，多次地欺骗，还改变口供拒不服罪，依法应当笞掠的，就施行笞掠。

这则审录嫌犯供辞的程序性规则，在《睡虎地秦墓竹简》和《张家山汉简》等简牍文献所记载的式例中得到了充分的印证。每一则有关庭审的式例，官吏均反复询问嫌犯，核验前后供辞，直至"辞尽"而诚服为止。试例如下。

《奏谳书》中记载了一例因官吏间相互勾斗进而谋杀对方的案件——"淮阳守行县掾郪狱"，当中又存在其他官吏的渎职放纵行为，案情较为复杂。淮阳守视察监狱时发现此案存有疑点，进而重新审断，最终使案情大白。覆狱官吏通过审讯嫌犯，查寻证据，验明案情。以下是覆狱中依照程序讯问嫌犯的过程：

> 苍曰：故为新郪信舍人，信谓苍，武不善，杀去之。苍即与求盗大

---

[1] 睡虎地秦墓竹简整理小组编：《睡虎地秦墓竹简》，文物出版社1990年版，第148页。

夫布、舍人簪袤余共贼杀武于校长丙部中。丙与发弩赘荷（苛）捕苍，苍曰：为信杀，即纵苍，它如劾。

信曰：五月中天旱不雨，令民竽，武主趣都中。信行离乡，使舍人小簪袤……守舍。武发……信来不悦，以谓武，武据（倨）不跪，其应对有不善，信怒，扼剑蓦詈，欲前就武，武去。居十余日，信舍人菜告信曰：武欲言信丞相、大（太）守。信恐其告信，信即与苍谋，令贼杀武。以此不穷治甲之它（詑）。它如苍。

丙、赘曰：备盗贼，苍以其杀武告丙，丙与赘共捕得苍，苍言为信杀，诚，即纵之，罪。它如苍。

诘丙、赘、信：信，长吏，临一县上所。信恃，不谨奉法以治，至令苍贼杀武；及丙、赘备盗贼，捕苍，苍虽曰为信，信非得擅杀人，而纵苍，皆何解？

丙等皆曰：罪，毋解。（简88）[1]

《奏谳书》第十八则式例"南郡卒史盖庐、挚田、假卒史鼫复攸广等狱簿"，发生于公元前220年，当中详细记录了案件的调查讯问情况，摘录如下：

广曰：初视事，苍梧守灶、尉徒唯谓广：利乡反，新黔首往击，去北当捕治者多，皆未得，其事甚害难，恐为败。广视狱留，以问狱史氏。

氏曰：苍梧县反者，御史恒令南郡复。义等战死，新黔首恐，操其假兵匿山中，诱召稍来，皆摇恐畏，其大不安，有须南郡复者即来捕。义等将吏卒击反盗，弗先候视，为惊败，义等罪也，上书言裁新黔首罪，它如书。

灶、徒唯曰：教谓广，新黔首当捕者，不得，勉力善备，弗谓害难，恐为败。唯谓广久矣，忘弗识，它如广。

氏曰：刻（劾）下，与攸守蟜、丞魁治，令史左"肆"左与义发新黔首往候视，反盗多，益发与战。义死，攸又益发新黔首往击，破，凡三辈，左并主籍。其二辈战北当捕，名籍副并居一笥中，左亡，不得，

---

[1] 张家山二四七号汉墓竹简整理小组编著：《张家山汉墓竹简［二四七号墓］》，文物出版社2006年版，第98—99页。

未有以别知当捕者。及屯卒□敬，卒已罢去，移徒（？）逮之，皆未来。好時辟左有鞠，氏以为南郡且来复治。广问，氏以告广，不知广上书，它如广。

蟜、魁言如氏。

诘氏：氏告广曰：义等战死，新黔首恐，操其假兵匿山中，诱召稍来，皆摇恐畏，其大不安，有须南郡复者即来捕。

吏讯氏，氏曰：左主新黔首籍，三辈，战北，皆并居一笥中，未有以别知当捕者，逮左未来未埔，前后不同，皆何解？

氏曰：新黔首战北当捕者，与后所发新默首籍并，未有以别知。左主，逮未来，狱留须左。广为攸令，失闻。广别异，不与它令等。义死，黔首当坐者多，皆摇恐吏罪之，又别离居山谷中。民心畏恶，恐弗能尽偕捕，而令为败，幸南郡来复治。广视事掾狱，问氏，氏即以告广，恐其怒，以自解于广，实须左来别籍，以偕捕之，情也。毋它解。

诘广：击反群盗，儋乏不斗，论之有法。广挌掾狱，见罪人，不以法论之，而上书言独裁新黔首罪，是广欲释纵罪人也。何解？

广曰：闻（？）等上论夺爵令戍，今新黔首实不安辑，上书以闻，欲陛下幸诏广以抚定之，不敢释纵罪人，毋它解。

诘广：等虽论夺爵令戍，而毋法令，人臣当谨奏法以治。今广释法而上书言独裁新黔首罪，是广欲释纵罪人明矣。

吏以论广，广何以解之？

广曰：毋以解之，罪。（简129—150）[1]

《岳麓书院藏秦简》（三）收录的秦王政时期的司法文书，也印证了审录嫌犯供辞的程序性规则。

其中第一类第四则案例——"芮盗卖公列地案"，根据文中记录的时间判断，案发于公元前225年。公卒芮与大夫材共同出卖集市贸易场所，未获官吏许可，芮遂自行盗卖官铺给士伍朵。法庭围绕芮盗卖公列地，对相关人员进行质证，节选如下：

〔1〕 张家山二四七号汉墓竹简整理小组编著：《张家山汉墓竹简［二四七号墓］》，文物出版社2006年版，第103—104页。

更曰：芮、朵谓更：棺列旁有公空列，可受。欲受，亭佐驾不许芮、朵。更能受，共。更曰：若（诺）。更即自言驾，驾鼠（予）更。更等欲治盖相移，材争弗得。闻材后受。它如劾。（简 1315 正-1340 正）

材曰：已有棺列，不利。空列，故材列。十余岁时，王室置市府，夺材以为府。府罢，欲复受，弗得。乃往九月辞守感。感令亭贺曰：毋争者鼠（予）材。走马喜争，贺即不鼠（予）材。材私与喜谋：喜故有棺列，勿争。材已治盖，喜欲，与喜□□□〔1〕贸。喜曰：可。材弗言贺，即擅窃治盖，以为律。未就，芮谓材：与芮共。不共，且辞争。材詑……辞贺，贺不予材、芮，将材、芮、喜言感曰：皆故有棺肆，弗予。材……□□□芮□欲居，材曰：不可。须芮来。朵即弗敢居。它如更。（简 1340 正-0097 正）

芮曰：空列地便利，利与材共。喜争，芮乃智（知）材弗得，弗敢居。乃十一月欲与人共渔，毋（无）钱。朵子士伍方贩棺其列下，芮利卖所共盖公地，卒……芮分方曰：欲即并价地、盖千四百。方前雇芮千，已尽用钱买渔具。后念悔，恐发觉有罪。欲益价令方勿取，即枉谓方：贱！令二千。二千弗取，还方钱。方曰：贵！弗取。芮毋钱还。居三日，朵责，与期：五日备偿钱，不赏，朵以故价取肆。朵曰：诺。即弗还钱，去往……它如材、更。

方曰：朵不存，买芮肆。芮后益价，弗取。责钱，不得。不得居肆。芮毋索后还二百钱，未备八百。它及朵言如芮、材。（简 0142 正-1316 正）

贺曰：材、喜、芮妻佽皆已受棺列，不当重受。它及喜言如材、芮。（简 1316 正-1317 正）

诘芮：芮后智（知）材不得受列，弗敢居，是公列地殹。可（何）故绐方曰已受，盗卖于方？已尽用钱，后挠益价，欲令勿取；方弗取，又弗还钱，去往渔，是即盗绐人卖公列地，非令。且以盗论芮，芮何以解？（简 1317 正-1331 正）

芮曰：诚弗受。朵姊孙故为兄妻，有子。兄死，孙尚存。以方、朵终不告芮，芮即绐卖方：已用钱，毋以偿。上即以芮为盗卖公地，罪芮，

---

〔1〕　此处"□"为原简残缺，简文不可释。下同。

芮毋以避。毋它解。它如前。（简 1331 正－1350 正）

御史豬曰：芮、方并价，豬以芮不……九钱，卖分四百卅五尺，值千钱。它如辞。（简 1350 正－0086 正）[1]

第五则案例——"多小未能与谋"案，发生于秦王政二十二年（公元前225 年）。案件梗概为，有人告发小走马多与母儿一起"邦亡"到楚国，后来秦国占领楚国庐谿时被逮捕。多被逮捕时，儿已死亡。多在逃亡时为十二岁，被逮捕时为二十二岁。县廷经过审理、合议，形成两种不同的处罚意见，一种意见认为应该免除罪责，另一种意见认为应该"黥为城旦"。依据程序审录供辞摘录如下：

多曰：小走马。以十年时，与母儿邦亡荆。亡时小，未能与儿谋。它如军巫书。（简 1209 正）

儿死不讯。（简 1211 正）

问：多初亡时，年十二岁，今廿二岁；巳（已）削爵为士五（伍）。它如辞。（简 1208 正）[2]

尽管此时尚处于法制奠基阶段，未形成完善的程序法制，但是经过对出土简牍文献与传世文献的考察，不难看出秦代已经形成了审判程序的框架。在法家法制思想的指导之下，呈现出相当程度的理性与客观。对后世，尤其是对汉代影响深远。

（三）辞、证互印

经过上文分析，不难发现，供辞在秦代刑事审判中扮演着重要的角色，案件紧密围绕嫌犯的供辞展开。作为基本的证据形式，一般情况下，未获得被告人的口供不得定罪。但是，在法家法制主义引导下，判官并不轻纳口供，更为重视使用物证、勘验结论、证人证言等证据来印证嫌犯供辞的真实性，以求准确判案。在审录供辞的过程中，尽管允许刑讯逼供，但对之持不支持的态度。审讯讲求方法与技巧，倡导"情讯"。睡虎地秦墓竹简《封诊式》所载"治狱"篇，就是一则治狱程序，强调"毋笞掠"而验明案情：

〔1〕 朱汉民、陈松长主编：《岳麓书院藏秦简》（三），上海辞书出版社 2013 年版，第 130-136 页。

〔2〕 朱汉民、陈松长主编：《岳麓书院藏秦简》（三），上海辞书出版社 2013 年版，第 141-142 页。

治狱，能以书从迹其言，毋笞掠而得人情为上；笞掠为下；有恐为
败。(简 1)〔1〕

"笞掠"，就是拷打。审理案件时，"通过文书来追查当事人的口供"，〔2〕
不使用刑讯而察得案件的真相，是上乘的审判方法；刑讯是迫不得已的下策，
因为可能造成冤案。

尽管重视供辞，但强调"以书从迹其言"，供辞的真实性需要客观证据加
以印证。不鼓励刑讯，只有在迫不得已的情形下方为之。这表明当时已经认
识到刑讯取供的危害性，体现出秦代达到了较高的法制文明程度。从《奏谳
书》中的诸多案例来考察，判官并非仅仅根据口供直接断罪，而是反复调查、
核验，"鞫之"后再断决。下面通过一则具体案例对此论点进行详细论证。

《奏谳书》中的第二十二则案例——"得微难狱"，记载了发生于公元前
216 年的一起劫财案件。女子婢从集市回家途中被人刺伤，嫌犯劫取其钱财后
不知去向。在审理案件时，司法官吏首先询问被害人女子婢，获知案件的基
本情况，并得到物证"笄刀"与"荆券"。随后，司法官吏根据被害人的描
述，循着两件物证对案件展开了缜密的调查。经过侦查发现了犯罪嫌疑人孔，
并侦查到其身上与案件相关的一处细节，"衣故有带，黑带，带有佩处而无佩
也……"即衣带上有佩戴刀的系物，但没有佩刀。司法官吏并未因为怀疑对
其进行逼供，仅进行简单询问。随后围绕嫌疑人展开调查，寻找与其相关的
物证与人证。随着证人走马仆的出现，案件取得实质性进展。走马仆呈交物
证"白革鞞係绢"——系着绢的白皮革刀鞞，并提供证言："公士孔以此鞞予
仆，不知安取。"言证此刀鞞得于孔处。司法官吏"以婢背刀入仆所诣鞞中，
袛。珍视鞞刀，刀环唅旁残，残傅鞞者处独青有残，类刀故鞞也"。即证人提
供的物证——"刀鞞"与案发现场犯罪嫌疑人遗留物证——"笄刀"合为一
体，案件关键的物证印证相吻合。嫌疑人孔的妻女也提供证辞说："孔雅佩
刀，今弗佩，不知存所。"接下来要做的就是将物证、证人证言同犯罪嫌疑人
的口供相印证，以完成案件事实的最终认定，这是案件的核心环节。于是，

---

〔1〕　睡虎地秦墓竹简整理小组编：《睡虎地秦墓竹简》，文物出版社 1990 年版，第 147 页。
〔2〕　"能以书从迹其言"句译文参引：[日] 籾山明：《中国古代诉讼制度研究》，李力译，上海
古籍出版社 2009 年版，第 87 页。

司法官吏开始反复讯问嫌疑人孔。孔百般狡辩，拒不认罪。直到司法官吏以刑相吓"即就讯碟，恐猲欲笞"，孔才如实供述了自己劫取钱财的犯罪事实。至此，案件大白，司法官吏据律作出判决："孔完为城旦"。《张家山汉墓竹简·盗律》规定："盗赃值过六百六十钱，黥为城旦舂。六百六十到二百二十钱，完为城旦舂。"该案经核"赃为千二百钱"，故判"孔完为城旦"。

狱史从追查作为凶器的刀与走马仆提供的无刀刀鞘的关联着手。将刀插入鞘中，证其为同套刀具；又取得犯罪嫌疑人妻女及走马仆的证言，故能多次推翻犯罪嫌疑人的狡辩，致其最终认罪服法。此案中，我们看到秦代运用多种证据形式断决案件，既有客观性的证据——物证、证人证言，也有以刑讯相威吓逼取的主观性证据——口供。司法官吏将两类证据相互印证，使主观证据与客观证据相比对，最后得出审判结论。这一过程实际上运用了主观与客观相结合的方法，体现了刑事证据的综合性特征。

表1 《奏谳书》"得微难狱"[1]中刑事证据在诉讼审判环节的具体运用

总称	程序		案件文辞举例	备注
治	举劾		六月癸卯，典赢告曰：不知何人刺女子婢最里中，夺钱，不知之所。（简197）	本案原告为官吏，故为举劾
	讯	被害人陈述	婢曰：但钱千二百，操篓，道市归，到巷中，或道后类堑柎，婢债，有顷乃起，钱已亡，不知何人之所。其柎婢疾，类男子。呼盗，女子赼出，谓婢背有笄刀，乃自知伤。（简198-199）	侦查
		证人证言	哙曰：病卧内中，不见出入者。（简203） 走马仆：公士孔以此鞞予仆，不知安取。（简215-216） 孔妻女曰：孔雅佩刀，今弗佩，不知存所。（简218）	取证
狱	狱	嫌犯供述	孔曰：为走士，未尝佩鞞刀、盗伤人，毋坐也。（简214） 孔曰：未尝予仆鞞，不知云故。（简216）	质证
		诘问	诘讯孔，改曰：得鞞予仆，前忘，即曰弗予。（简217） 诘讯女孔，孔曰：买鞞刀不知何人所，佩之市，	

---

〔1〕 张家山二四七号汉墓竹简整理小组编著：《张家山汉墓竹简［二四七号墓］》，文物出版社2006年版，第109-110页。

续表

总称	程序		案件文辞举例	备注
治 狱 狱	讯	诘 问	人盗绀刀，即以鞞予仆。前日得鞞及未尝佩，谩。（简 218-219） 诘孔：何故以空鞞予仆，谩曰弗予，雅佩鞞刀，又曰未尝，孔毋解。（简 219-220） 即急讯磔，恐猲欲笞，改曰：贫急毋作业，恒游旗下，数见卖人券，言雅欲剽盗，佯为券，操，视可盗，盗置券其旁，令吏求卖市者，毋言。孔见一女子操籊但钱，其时吏悉令黔首之田救螽，邑中少人，孔自以为利，足刺杀女子夺钱，即从到巷中，左右瞻毋人，以刀刺夺钱去走。前匿弗言，罪。（简 220-224）	质 证
		复问	问如辞。（简 224）	确认证据
		据证 鞫案	孔端为券，贼刺人，盗夺钱，置券其旁，令吏勿知，未尝有。黔首畏害之，出入不敢，若斯甚大害也。（简 225）	确定案件事实
	俱 证 上 报		六年八月丙子朔壬辰，咸阳丞、礼敢言之。为秦廿二牒。（简 227-228）	
	据 证 判 决		孔完为城旦。（简 224）	

二、秦代刑事证据的类别

通过对秦简相关内容的研究，不难发现证据在侦查和审判的诸环节中，都扮演着重要的角色，秦代司法官吏已注意运用各类证据来证明犯罪嫌疑人罪行的成立。这种对证据的认识和理解程度的提高，促使秦代刑事证据制度得以初步确立。一个较为鲜明的体现就是刑事证据的类别开始系统化和规范化，初步形成了以言辞证据为核心，以其他证据为依托的综合各类的证据制度。

（一）言辞证据

1. 供辞

供辞，[1]指被告人在诉讼中就其被指控的犯罪事实及其他案件事实，向司法官所作的陈述。《封诊式》"讯狱"篇引《礼记·表记》注："犹解说也。"《玉篇》："理狱争讼之辞也。"[2]《资治通鉴》记载："狱辞之于囚口者为款。款，诚也，言所吐者皆诚也。"[3]在中国古代司法审判中，口供制度可谓源远流长。早在西周时期的审判中，法官已开始强调"听狱之两辞"。[4]

通过对《封诊式》《岳麓书院藏秦简》以及《奏谳书》中记载案例的考察、分析，不难发现，在秦代刑事诉讼审判中，嫌犯的供辞扮演着重要的角色。前文已经论述，在审判过程中，口供主要是通过法官的询问得来。被告初步回答所问，司法官接着针对被告的口供进行诘问，然后被告申辩，司法官再诘问，经多次反复，直至澄清事实，被告服罪为止。在此过程中，如果被告不招供，或者招供不实，法官就可以采取刑讯的方法。由此可见，秦代审判过程中对供辞的追求，并不是为了保障被告的辩护权利，而是以供辞为线索验明案件。栗劲先生指出："秦的司法官吏必须依据'有罪推定'的原则，对被告人采取步步追逼一直到刑讯的审判方法，逼使其认罪服法……记录口供的目的，主要不是为了尊重被告的辩护权利，而是为了进一步追问被告人，使其认罪服法。"[5]被告的招供之所以被重视，有当时侦查技术的落后因素，但更主要是缘于主观主义的取证观念。"招认之被重视，盖被告对自己的行为最为清楚，作为判断的基础，亦最有价值；且裁判要使被告心服，而心服宜以被告自招为印证。"[6]

---

[1]（东汉）许慎《说文》："辞，讼也。"按，分争辩讼谓之辞。《封诊式·讯狱》篇引《礼记·表记》注："犹解说也。"《玉篇》："理狱争讼之辞也。"《张家山汉简所载奏谳书》注释中将"辞"释为："为犯罪嫌疑人的口供"，并引《礼记》："无情者，不得尽其辞。"朱骏生曰："犹今之口供也。"《急就篇》："辞穷情得具狱坚。"师古注："既穷其辞，又得其情，则鞫狱之吏，具成其狱，锻炼周密，文致牢坚，不可反动也。"载杨一凡、徐立志主编：《历代判例判牍》（第一册），中国社会科学出版社 2005 年版，第 15−16 页。

[2]《睡虎地秦墓竹简·封诊式》，文物出版社 1990 年版，第 148 页。

[3]（宋）司马光撰：《资治通鉴》卷二四〇。

[4] 原文为《尚书·吕刑》："民之乱，罔不中听狱之两辞，无或私家于狱之两辞。"（清）阮元校刻：《十三经注疏》（清嘉庆刊本）（一），《尚书正义》卷一九，中华书局 2009 年版，第 533 页。

[5] 栗劲：《秦律通论》，山东人民出版社 1985 年版，第 333 页。

[6] 戴炎辉：《中国法制史》，三民书局 1966 年版，第 170 页。

但是，对被告人的供认，只有从多方面核实，才可以作为证据加以使用。同时，还必须由原审讯机关以外的机构和专人进行复核，才可以作为证据加以使用。[1]这就要求"以诘者诘之"，即反复讯问，直至核实清楚案情疑问为止。因为如果本人推翻供辞，口供就失去了证据的效力。前文提到过的"得微难狱"案例，在物证、证人证言等客观性证据相对已经确凿的情况下，仍然反复讯诘犯罪嫌疑人，以取得其认罪的供辞，并最终定案。

可见，被告人的供辞是秦代刑事审判中的重要证据形式，一般情况下，只有获得确定的认罪供辞，才能最终对案件作出判决。"赵高案治李斯"中，赵高诬告李斯谋反，为了获得李斯最终确定的认罪供辞，反复对之施加酷刑，直至其"终不敢更言，辞服"方才定其死罪。

> 于是二世乃使高案丞相狱，治罪，责斯与子由谋反状，皆收捕宗族宾客。赵高治斯，榜掠千余，不胜痛，自诬服。斯所以不死者，自负其有功，实无反心，幸得上书自陈，幸二世之寤而赦之……赵高使其客十余辈诈为御史、谒者，侍中，更往覆讯斯。斯更以其实对，辄使人复榜之。后二世使人验斯，斯以为如前，终不敢更言，辞服。[2]

秦简《封诊式》中所记载的式例爰书中，几乎都有对被告供辞的详细记录，其对案件的断决具有重大影响。试例：

"告臣"爰书中记载被告供曰：甲臣，诚悍，不听甲。甲未赏身免丙。丙毋病殴，毋它坐罪。（简38）即承认自己是甲的奴隶，确系强悍，不听从甲，甲没有解除过丙的奴隶身份，丙没有病，没有其他过犯。"告子"爰书中记载被告供曰："甲亲子，诚不孝甲所，毋它坐罪。"（简51）即供称自己是甲亲生子，并承认其父对其不孝罪的指控。"亡自出"爰书记载："男子甲自诣，辞曰：'士五（伍），居某里，以迺二月不识日去亡，毋（无）它坐，今来自出。'"（简96）[3]

近年整理出版的秦代简牍新资料——《岳麓书院藏秦简》（三）所载司法案例，在一定程度上复原了秦代刑事案件的庭审情况，当中对于嫌犯供辞作了较为详细的记录。例如发生于公元前222年的"癸、琐相移谋购案"，较

---

[1] 参见栗劲：《秦律通论》，山东人民出版社1985年版，第306页。

[2]（汉）司马迁撰：《史记》卷八七《李斯列传》，中华书局2005年版。以下该书只注篇目。

[3] 睡虎地秦墓竹简整理小组编：《睡虎地秦墓竹简》，文物出版社1990年版，第154-163页。

为完整地反映了秦代的刑事诉讼程序。案情梗概为：公元前222年某日，治等十人在南郡州陵县辖境内群盗盗杀人，事情被发觉后，州陵守绾下令校长癸和令佐行率领求盗柳、士五轿、沃进行追捕，五名吏徒追踪治等人进入邻近的沙羡县。正在沙羡山上伐取木材的六名戍卒得、潘、沛、琐、渠和乐将治等捕获。得、潘和沛三人留在亭中，让琐、渠和乐三人把治等诣送到沙羡县廷，约定得到购赏后共分购赏钱。琐等在诣送途中遇见了追踪而来的州陵吏徒癸等。癸等意图得到捕群盗盗杀人的购赏八万六百四十钱，他们欺瞒琐等，请求把治等交给自己向州陵县诣告，领出捕死罪的购赏四万三百二十钱，然后把这些钱全部还给琐等。琐等听从了请求，双方立下支付捕死罪购赏钱的契券，癸等并用私钱向琐等先行支付了二千钱。癸等得到治等后，即向州陵县诣送，其中令佐行不知何故未参与诣送，但所有人均参与了得手后分配购赏钱的谋约。癸、柳、轿、沃四人将治等十人诣送到州陵县廷，告他们群盗盗杀人。在该案尚未了结、购赏钱尚未发放时，沙羡县方面告知州陵县：治等人是由戍卒琐等捕获，而移予癸等的。州陵县据此立即启动了对琐等、癸等涉嫌捕盗相移谋购一案的调查。五月甲辰日，琐、癸等人的案件审理完毕，州陵守绾、丞越、史获三人作出判决：论吏徒癸、行、柳、轿、沃五人和戍卒琐、渠、乐三人各赎黥；论癸、行罚戍衡山郡各三岁，并在戍前先偿清赎钱；论戍卒沛等三人无罪。

案件论定后，为南郡监御史康所劾。康认为该案论狱不合法，癸等支付给琐等的二千钱未作区处，应重新论狱，重新论狱时要一并论及论狱有失的责任人，将全案断决后上报。州陵县据此启动了对绾、越、获涉嫌论狱有失一案的调查。案件审理完毕，事实清楚，但州陵县吏在定罪量刑问题上产生了分歧，一说绾等的判决正确，一说绾等的判决不正确，癸、琐等应论耐罪。于是六月癸未日，州陵县将整个案件一并上谳到南郡。十余天后的七月乙未日，南郡假守贾对上谳案件作出回报：案件事实清楚，癸、琐等人应按"受人货财以枉律令，其所枉当赀以上，受者、货者皆坐臧为盗"的律条论处，初次判决的负责人绾、越、获则应各赀一盾，其他事项均按律令办理。[1]

秦简对郡、县二级司法官吏的审理和判决过程进行了详细记述，其中有

〔1〕参见邬勖："《岳麓简（三）》'癸、琐相移谋购案'中的法律适用"，载《华东政法大学学报》2014年第2期。

四个环节涉及司法官吏对法律适用问题的判断，即州陵县的判决、监御史的劾、州陵县尝试重新判决以及南郡的最终判决。庭审过程中反复讯问嫌犯，并详细记录供辞，直至验明案情方最终决断。择录庭审供辞如下：

治等曰：群盗盗杀人。辟，未断，未致购。（简 1003-1 正、1032/1030 正）

癸曰：【□□】〔1〕治等群盗盗杀人校长果部。州陵守绾令癸与令佐士伍行将柳等追。【□】迹行到沙羡界中，琐等巳（已）捕。琐等言治等四人邦亡，不智（知）它人何辠（罪）。癸等智（知），利得群盗盗杀人购。癸、行请告琐等曰：琐等弗能诣告，移鼠（予）癸等。癸等诣州陵，尽鼠（予）琐等【死辠（罪）购。琐等利得死辠（罪）购，听请相移。癸等券付死辠（罪）购，先以私钱二千】鼠（予）琐等，以为购钱数。得公购，备鼠（予）琐等。行弗诣告，皆谋分购。为致购，得。它如沙羡书。（简 1032/1030 正-0164 正）〔2〕

"猩、敞知盗分赃案"，记载了秦王政二十一年（公元前 226 年）一则"盗墓分赃"案件。其概要为：士伍达、仆徒莳等盗掘坟墓中的青铜器，并分赃。事后，达等将其盗掘青铜器的行为告诉一起生活的士伍猩，并分给猩一部分青铜器。达等分完青铜器后，上造敞来到达等之处，要求分给青铜器。达等与敞进一步盗掘坟墓中余下的青铜器，将其中一部分分给敞，又将一部分卖给敞。士伍号、去疾从猩处购买青铜，为了转卖用车运送时被捕获，从而案发。经过审讯，几位嫌犯对罪行进行了供述，摘录如下：

猩曰：□□□□乐，为庸（佣），取铜草中。得。（简 1467 正）

达曰：亡，与猩等猎渔。不利，负责（债）。冗募上造禄等从达等渔，谓达，禄等亡居夷道界中，有庐舍，欲殴（驱）从禄。达等从禄。猩独居舍为养，达与仆徒时（莳）等掑冢。不告猩，冢巳（已）劈（擗），分器，乃告猩。莳等不分猩，它如猩。（简 1471 正-1335 正）

猩曰：达等掑冢，不与猩谋。分器，莳等不分猩，达独私分猩。猩

---

〔1〕"□"符，原简残缺，简文不可释，一"□"为一字。"【□】"符，简牍整理者根据残简长短、编绳位置等推知的字数。"【……】"符，简牍残损，内容不详。下同。

〔2〕朱汉民、陈松长主编：《岳麓书院藏秦简》（三），上海辞书出版社 2013 年版，第 95-97 页。

为乐等庸（佣），取铜草中。它如达及前。（简1471正—1480正）

　　敝曰：……叔冢者锡。到舍，达巳（已）分锡。达谓敝：巳（已）到前，不得锡。今冢中尚有器，器巳（已）出，买（卖）敝所。时告达，请与敝出余器，分敝。达曰：发冢一岁矣！□劈（辟），敝乃来，不可与敝。达等相将之水旁，有顷，来告敝曰：与敝。敝来后，前者为二面，敝为一面。敝曰：若（诺）。皆行，到冢，得锡。敝买及受分。觉，亡。得。它如达等。（简0084正—0149正）[1]

　　“尸等捕盗疑购案”发生于公元前222年，系走马达等告发的群盗“盗杀伤”案件。群盗“盗杀伤”（强盗杀伤）走马好等。州陵县接到告发后，派狱史骊、求盗尸等十六人追捕群盗，逮捕了秦男子治等四人、荆（楚）男子阆等十人。嫌犯供辞择录如下：

　　治等曰：秦人，邦亡荆；阆等曰：荆邦人，皆居京州。相与亡，来入秦地，欲归义。行到州陵界中，未诣吏，悔。谋言曰：治等巳（已）有（辠）罪秦，秦不归义。来居山谷以攻盗。即攻盗盗杀伤好等。它如尸等。（简1468正—0922/残142正）[2]

2. 控辞

　　控辞也是一种重要的证据，记录在司法文件之中，成为立案、侦查和拘捕犯人的主要依据，也是定罪科刑的重要证据。但是，原告的控诉只是提起诉讼，启动法庭的调查取证程序，对原告的身份与起诉的内容要进行核实。待认定案件事实后，方能作为可靠的证据加以使用。早在先秦时期，控辞已经成为争讼案件中重要的证据形式。出土的金文资料，记录有当时重大的事件和有影响的案件，其中不乏有关控辞的记述。例如，《曶鼎》[3]铭文第二

　　〔1〕　朱汉民、陈松长主编：《岳麓书院藏秦简》（三），上海辞书出版社2013年版，第121—124页。
　　〔2〕　朱汉民、陈松长主编：《岳麓书院藏秦简》（三），上海辞书出版社2013年版，第113—114页。
　　〔3〕　曶鼎，西周时期青铜器物。“曶”，一说作“曶”（郭沫若：《奴隶制时代》，中国人民大学出版社2004年版）。这件鼎据《积古斋钟鼎彝器款识》卷四所说，原为清朝人毕沅得之于西安（毕沅、阮元：《山左金石志》，清嘉庆二年仪征阮氏小琅嬛仙馆刊本）。鼎高2尺、围4尺、深9寸，款足作牛首形。据推测这件鼎应当是在周原地区出土的。曶鼎久已遗失，仅有铭文拓本流连于世，下缘残泐。该鼎铭文共24行，现存380个字，其内容分为三个部分。其中，第二和第三部分记载了与曶从事的两则诉讼案件。

部分记载了著名的"匹马束丝换五夫案"：隹王四月丁酉日，曶派家臣代表自己向狱讼官井叔控告效父及其名叫限的家臣："既赎女（汝）五［夫效］父，用匹马、束丝"，意为已经用一匹马和一束丝从效父那里赎（贸）得五夫——即五名奴仆，然而限却背信弃约，并要另行订立交换条件。限承认说："氏让我以马作为对价，效父让我以束丝作为对价。"氏和效父回应说，在王宫外的三号门立木旁交付五夫。曶的代理人说，若不交付五夫，作为惩罚方式，氏和效父要进行赔偿。

《曶鼎》记载的第二则案例为"寇禾"：匡的垂臣抢掠了曶的禾十秭，曶因此向东宫提出控告。东宫遒曰："求乃人，乃弗得，女（汝）匡罚大。"即指令匡去捕盗禾的人，若捕不到，就追究匡的罪责。匡于是向曶施礼赔罪并表达了赔偿的想法，意图用抵偿的方法解决问题。匡未接受，又一次向东宫提出控诉，坚称让对方赔偿禾。东宫再次作出裁决，明确赔偿方案。最终匡向曶进行了赔付，了却纠纷。

出土简牍司法文献中，记载了大量有关控诉的案例。例如，前引《岳麓书院藏秦简》（三）中案例"尸等捕盗疑购案"。另一则案例，走马达等告发的群盗"盗杀伤"案件，"廼二月甲戌，走马达告曰：'盗盗杀上走马，……'"（简1219正）[1]，均是控诉案件。

《岳麓书院藏秦简》（三）载"得之强与弃妻奸案"，这是关于乞鞫的案件。被得之休弃的妻子窆，控告其强奸。择录控辞：

> 窆曰：晦逢得之，得之欲与窆奸。□□窆弗听，即捽倍（踣）庍窆，欲强与窆奸。窆与务，殴捞窆。窆恐，即逯谓得之："遒（道）之窆里门宿。"到里门宿，【逢颠，弗能】与窆奸，即去。它如故狱。（简0428正–0306/1832正）[2]

前文所列举的《奏谳书》案例"得微难狱"，在案件调查过程中，司法官对被害人进行了多次询问，被害人每次就询问所作的回答，作为证据对案件侦破起了关键作用。摘录如下，以便分析：

---

〔1〕 朱汉民、陈松长主编：《岳麓书院藏秦简》（三），上海辞书出版社2013年版，第113页。

〔2〕 朱汉民、陈松长主编：《岳麓书院藏秦简》（三），上海辞书出版社2013年版，第198页。

婢曰：但钱千二百，操鍫，道市归，到巷中，或道后类堑（暂）扸婢偾，有顷乃起，钱已亡，不知何人之所。其扸婢疾，类男子。呼盗，女子齘出，谓婢背有弅刀，乃自知伤。（简198-199）

这是被害人就自己被"夺钱"的过程向法官所作的陈述，向法官提供了犯罪嫌疑人的轮廓，并指明案发现场证人"齘"的存在。

讯婢：人从后，何故弗顾？曰：操鍫，鍫鸣匈匈然，不闻声，弗顾。讯婢：起市中，谁逢见？曰：虽有逢见，弗能□。讯婢党有与争斗、相怨、□□取葆庸，里人知识弟兄贫穷，疑盗伤婢者，曰：毋有。（简199-202）[1]

司法官吏接着就案件疑点及可能发生的原因向婢发问，婢逐一作了回答。根据其陈述，结合相关物证与证言展开对抢劫案件的侦查，一点点揭露案情，最终使案件大白，查获凶犯。

前文提及《封诊式》所载的爱书中，"告子""黥妾""告臣""迁子"等多篇都有关于原告起诉内容的记录。

"告臣"爱书："某里士伍甲缚诣男子丙，告曰：丙，甲臣，桥（骄）悍，不田作，不听甲令。谒买（卖）公，斩以为城旦，受贾（价）钱。"（简37-38）

"黥妾"爱书："某里公士甲缚诣大女子丙，告曰：某里五大夫乙家吏。丙，乙妾殹（也）。乙使甲曰：丙悍，谒黥劓丙。"（简42-43）

"迁子"爱书："某里士伍甲告曰：谒鋈亲子同里士伍丙足，迁蜀边县，令终身毋得去迁所，敢告。"（简46）

"告子"爱书："某里士伍甲告曰：甲亲子同里士伍丙不孝，谒杀，敢告。"（简50）[2]

〔1〕 张家山二四七号汉墓竹简整理小组编著：《张家山汉墓竹简［二四七号墓］》，文物出版社2006年版，第109页。

〔2〕 睡虎地秦墓竹简整理小组编：《睡虎地秦墓竹简》，文物出版社1990年版，第154-156页。

3. 证辞

证辞[1]是指与案件相牵连的人、知情人等向司法官吏或司法机关所提供的证言，即诉讼双方以外的第三者的言辞。证辞在诉讼审判过程中承担着重要的作用，"证人之证言为证据之一，其证言如何，关于诉讼当事者之利害甚巨，故为证人，须为真实之陈述，理之当然也"。[2]西周时期的案例中已存在关于证人的记载。在《曶鼎》铭文记载的"曶诉匡季寇禾案"中匡季的众臣二十人就是人证。《散氏盘》中齹、且、武夫、万、贞、右、眚等十五人是矢氏一方的证人，而其余十人则是散氏一方的证人。因为这二十五人都参与了田界的划定，了解田界的四至，所以，他们作为证人，有利于澄清事实。

在秦代，证人证辞在侦查与审判的过程中发挥着不可替代的功用。《岳麓书院藏秦简》（三）所载"识劫婉案"，该案系因恐吓、敲诈而发生。案件在审理过程中，出现沛曾经的舍人建、昌、积，婉的女儿姟，同里人快、臣、拳、嘉、颉以及识的媒人狗、岳父羽、妻子黔等多人，作为证人提供了相关证辞，择录如下：

> 建、昌、积、喜、遗曰：故为沛舍人。【沛】贷建等钱，以市贩，共分赢。市折，建负七百，昌三万三千，积六千六百，喜二万二千，遗六千。券责建等，建等未偿，识欲告婉，婉即折券，不责建。它如婉。（简0041 正-0046 正）
>
> 姟、快、臣、拳、嘉、颉言如婉。（简 0046 正）
>
> 狗、羽、黔言如识。（简 0046 正）[3]

"魏盗杀安、宜等案"，这是一则发生于公元前227年11月己未日的盗杀人案件。经报官，一位不明身份的女子死在室内，即令狱史展开勘验、侦查。在此过程中，名为喜和衔的人提供了证辞，对于案件侦破起到关键作用。证言如下：

---

〔1〕 "证"，《说文解字注》解曰："证，告也。从言，登声。今人为证验字。"（东汉）许慎撰，（清）段玉裁注：《说文解字注》，上海古籍出版社 1981 年版，第 100 页。

〔2〕 徐朝阳：《中国诉讼法溯源》，我国台湾地区 "商务印书馆" 1973 年版，第 48 页。

〔3〕 朱汉民、陈松长主编：《岳麓书院藏秦简》（三），上海辞书出版社 2013 年版，第 158 页。

喜曰：尝见死女子与安等作，不智（知）可（何）人。（简0418正）

衔曰：宜、安有布衣、裙襦、绔履，皆亡不得殹（也）。即各日夜别薄谮（潜）讯都官旁县中、县中城旦及牒书其亡□□……不智（知）盗及死女子可（何）人。毋（无）音（意）殹（也）。（简0418正-0422正）〔1〕

"得之强与弃妻奸案"中，嫌犯得之乞鞫，否认强奸已休弃的妻子窆。在得之挟持弃妻窆的过程中，遇到了颠与雎，他们作为证人提供了至关重要的证辞：

颠曰："见得之牵窆，窆谓颠：'救吾！'得之言曰：'我□□□□□□殹也。'"颠弗救，去，不智（知）它。（简1820正）

雎曰："窆言：'逢得之，得之欲与窆奸。窆弗听，即殹……'"（简1776正）〔2〕

《奏谳书》记载的"得微难狱"中，女子龀、走马仆及犯罪嫌疑人孔的妻女都是证人，通过前文的分析可知，他们提供的证辞对案件的侦破起到了至关重要的作用。同样，在《奏谳书》记载的著名乞鞫案件——"毛诬讲盗牛案"中，证人士伍"和""牝"及讲父"处"提供的证辞，对重新认定案件事实，平复冤案影响重大。

秦简《封诊式》的爰书中有多则关于证人证辞的记载，印证了证辞在案件查审中的重要作用。当中的证人证辞又可以作如下划分：

其一，举报。了解案情者揭发嫌犯的犯罪行为。"盗铸钱"案爰书载："告曰：丙盗铸此钱，丁佐铸。"（简19）意为士伍甲和士伍乙就发现男子丙、丁铸钱的经过向官府作的陈述。"奸"一案爰书中："告曰：乙、丙相与奸，自昼见某所，捕校上来诣之。"（简95）意为士伍甲就男子乙、女子丙相奸向官府作的陈述。

以上是第三者作为案件知情人的身份，客观地陈述他们所了解的事实及结果，这些证辞均被作为定案的依据加以引用。

---

〔1〕 朱汉民、陈松长主编：《岳麓书院藏秦简》（三），上海辞书出版社2013年版，第185-186页。
〔2〕 朱汉民、陈松长主编：《岳麓书院藏秦简》（三），上海辞书出版社2013年版，第199页。

其二，见证人的证辞。即亲历案件发生的人就其所见向司法机关提供的证明。"经死"爰书记载了对一名男子吊死现场的勘验情形。在对男子的尸体进行了一番仔细的勘验之后，司法官吏为进一步落实其死因，指出自杀必有原因，应当询问其"同居"："自杀者必先有故，问其同居，以合（答）其故。"（简72）

该处所言的"同居"，就是这起案件的证人。他们是死者最亲近的人，应当对其死亡原因有所了解。

"封守"爰书记载：

> 凡讯典某某、甲伍公士某某："甲党（倘）有【它】当封守而某等脱弗占书，且有罪。"某等皆言曰："甲封具此，毋它当封者。"（简10）[1]

乡负责人某奉命清点了被告人士伍甲的家室、财产及人口之后，向在场的里典和同伍的公士交代说，士伍甲家的财产和人口如有当查封而脱漏不报未加登记的，作为里典和在场的人都是有罪的。里典和同伍的公士当场作出保证，说甲家应当查封的都已在这里，无其他应查封的了。里典和同里公士所提供的便是见证人的证辞。

"穴盗"爰书记载，被害人丢失一件"绵裙"。司法官吏向被害人的邻居作调查，得到的证辞是："见乙有结复衣，缪缘及纯，新殹。不知其里□何物及亡状。"（简83）[2]

此外，"贼死"爰书中，令史等对现场进行了详细的勘验之后，就死者的死亡时间和案发情况向其同亭的人和士伍丙进行了询问，这是在寻求证人证辞，以便侦破案件。

（二）实物证据

实物证据是指能够以其外部特征、物质属性、所处位置以及状态证明案件真实情况的各种客观存在的物品、物质或痕迹。同当今一样，实物证据在断案中举足轻重。《岳麓书院藏秦简》（三）所载案例中，有关于物证的记载。示例如下：

---

〔1〕　睡虎地秦墓竹简整理小组编：《睡虎地秦墓竹简》，文物出版社1990年版，第149页。

〔2〕　睡虎地秦墓竹简整理小组编：《睡虎地秦墓竹简》，文物出版社1990年版，第160页。

"猩、敞知盗分赃案"，是关于盗掘青铜器的案件，作为赃物的青铜器及其售卖所获赃值，即是验明案实、确定罪责的物证：

> 鞫之：达等椒冢，不与猩、敞谋，【得】衣器告；猩、敞受分，臧（赃）过六百六十钱。（简 0008/0037 正）〔1〕

"识劫冤案"中，女子冤隐匿大夫建、昌、士伍积、喜所欠债款六万八千三百钱，有"券"作为法律凭证。还有已故大夫沛遗留的布肆和舍客室各一。这些在案件中均属于物证的范围。

"魏盗杀安、宜等案"中，经过调查发现了嫌犯魏，其佩戴的"新大鞞刀"，以及四百一十六钱的赃值，〔2〕都是物证，对于验明案实、确定罪犯至关重要。

睡虎地秦简《封诊式》所载案例中，有关物证的为数不少：盗案要赃物、群盗要武器、私铸钱币要验钱范、凶杀现场要验凶器等。示例如下：

"盗铸钱"爰书载：

> 某里士伍甲、乙缚诣男子丙、丁及新钱百一十钱、镕二合，告曰：丙盗铸此钱，丁佐铸。甲、乙捕索其室而得此钱镕，来诣之。（简 19-20）

将犯罪嫌疑人丙、丁，连同"新钱百一十钱"与"镕"一并送至官府。

"群盗"爰书载：

> 某亭校长甲、求盗才某里曰乙、丙缚诣男子丁，斩首一，具弩二、矢廿，……此弩矢丁及首人弩矢殹。（简 26-27）

意为某亭校长甲，求盗者某里人乙、丙在缚诣丁的同时，送上"具弩二、矢廿"。

以上两则式例中的新钱、钱镕、具弩、矢等均是犯罪过程中使用的工具，成为量刑断罪的物证。又如：

---

〔1〕 朱汉民、陈松长主编：《岳麓书院藏秦简》（三），上海辞书出版社 2013 年版，第 124 页。

〔2〕 朱汉民、陈松长主编：《岳麓书院藏秦简》（三），上海辞书出版社 2013 年版，第 187 页、第 190 页。

“盗马”爰书载：

> 市南街亭求盗才某里曰甲缚诣男子丙，……告曰：丙盗此马、衣，今日见亭旁，而捕来诣。（简 22）

押解犯罪嫌疑人，并呈上其所盗马和衣物。

“出子”爰书载：

> 某里士伍妻甲告曰：甲怀子六月矣，自昼与同里大女子丙斗，甲与丙相捽，丙偾屏甲。里人公士丁救，别丙、甲。甲到室即病腹痛，自宵子变出。今甲裹把子来诣自告，告丙。（简 84-85）[1]

某里士伍妻甲在告发同里大女子丙将其殴至小产的同时，送到的成血块状的小产儿。

在这两则案例中，马、衣服和小产胎儿是犯罪行为所侵害的客体。再如“贼死”爰书中，死者头部、背部的伤痕，身上、地下留的血迹；“穴盗”爰书中，犯罪人在墙上凿开的洞穴，洞穴旁的新土，洞穴上留下的凿痕，新土上留下的手、鞋、膝等印痕。这些犯罪时留下的痕迹，均被作为物证采纳。

同时，睡虎地秦简《法律答问》还大量记载了以“赃”[2]的形式存在的物证。其中直接使用作为认定盗罪的“赃”证有十三次之多。此处的“赃”是折算成“钱”的价值来认定的。兹举例如下：

> 五人盗，赃一钱以上，斩左趾，又黥以为城旦。（简 2）

五人共同行盗，赃物一钱以上，先断去左足，再施以黥刑，并罚做城旦。

---

〔1〕 睡虎地秦墓竹简整理小组编：《睡虎地秦墓竹简》，文物出版社 1990 年版，第 151-161 页。

〔2〕 “赃”，《说文解字注》解曰：“赃私字，古亦用臧。”（东汉）许慎撰，（清）段玉裁注：《说文解字注》，上海古籍出版社 1981 年版，第 118 页。本义指盗窃所得的赃物，也指贪污受贿等财利。“赃”本身不仅成为认定罪名成立的证据，而且获得“赃”数的多少、价值的大小也成为量刑的标准之一。“赃”作为认定盗罪、赃罪等罪的证据，应该从广义上理解，不仅包括作为货币的“钱”，还包括各种“物”，甚至包括没有人格权的“奴婢”。

或盗采人桑叶，赃不盈一钱，何论？赀徭三旬。（简7）

有人盗采别人的桑叶，赃值不到一钱，如何处罚？罚服徭役三十天。

甲盗，赃值千钱，乙知其盗，受分赃不盈一钱，问乙何论？同论。（简9）

甲盗窃，赃值一千钱，乙知道甲盗窃，分赃不满一钱，问乙应如何论处？与甲同样论处。

甲乙雅不相知，甲往盗丙，才到，乙亦往盗丙，与甲言，即各盗，其赃值各四百，已去而偕得。其前谋，当并赃以论；不谋，各坐赃。（简12）

甲乙素不相识，甲去丙处盗窃，刚到，乙也去丙处盗窃，两人交谈，然后各自行窃，其赃物各值四百钱，在离开丙处后被同时拿获。如有预谋，应将两人赃数合并一起论处，没有预谋，各依所盗赃数论罪。

睡虎地秦简《法律答问》中也存在不直接以"赃"的形式出现，而是以赃物如钱、羊、牛、具（供物）等直接认定盗罪成立的。如：

夫盗千钱，妻所匿三百，何以论妻？妻知，夫盗而匿之，当以三百论为盗；不知，为收。（简14）

丈夫盗窃一千钱，在其妻处藏匿了三百钱，妻应如何论处？妻若知道丈夫盗窃而藏匿，应按盗钱三百论处；不知道，作为收藏。

人臣甲谋遣人妾乙盗主牛，卖，把钱偕邦亡，出徼，得，论各何也？当城旦黥之，各畀主。（简5）

男奴甲谋划让婢女乙偷主人的牛，把牛卖掉，带着卖牛的钱一同逃越国境，出边塞时被拿获，各应如何论处？应当按罚做城旦的样子施以黥刑，然后分别交还主人。

公祠未阕，盗其具，当赀以下耐为隶臣。（简 26）

公室祭祀尚未完毕，将供品盗去，即使是应处赀罚以下的刑，均应耐为隶臣。

士伍甲盗一羊，羊颈有索，索值一钱，问何论？甲意所盗羊也，而索系羊，甲即牵羊去，议不为过羊。（简 29）[1]

士五甲盗窃一只羊，羊脖子上系有绳，绳值一钱，问应如何论处？甲所要偷的是羊，绳是用以拴羊的，甲就把羊牵走了，不应以超过盗羊议罪。

此外，在"为君治食不谨"案中的"三寸髪""半寸蔡""莞席"及"敝衣"均属于物证。史獣就是围绕这些物证进行现场勘查、实验，最终使案件大白。《奏谳书》的最后一则案例——"得危难狱"，对案件侦破起到关键作用的"筭刀""荆券""白革鞭"等也都是物证。可见，在客观性的刑事证据原则的引导下，秦代的司法官吏已经形成了重视物证的意识，在司法实践中注重广泛使用和收集物证，用以查明和断决案件。

（三）勘验爰书

勘验鉴定，即鉴定人对案件中需要解决的专门性问题经过鉴别与分析判断后作出的结论。勘验鉴定结论不同于证人的证言，因为鉴定人不是直接或间接感知案件情况，其仅表述判断意见而并非陈述事实情况；勘验鉴定结论也不同于物证，物证是存在于案件本身的证据，而勘验鉴定结论是通过对案件查验后得到的客观记载，是一种独立的客观证据。

秦代的勘验鉴定技术已经取得很大成就，官方将勘验鉴定作为取证的重要手段。睡虎地秦简《法律答问》有明确规定，即使自杀，家人也得报官，经勘验无疑后方可下葬。

或自杀，其室人弗言吏，即葬貍（薶）之，问死者有妻、子当收，弗言而葬，当赀一甲。（简 77）

对人身造成伤害的，应验证伤情，根据肢体受到伤害的程度进行定罪处

---

[1]　睡虎地秦墓竹简整理小组编：《睡虎地秦墓竹简》，文物出版社 1990 年版，第 93-100 页。

罚。《法律答问》中记载了关于因殴斗，致人身体伤害的诸条处罚规定。择录如下：

> 妻悍，夫殴治之，夬（决）其耳，若折支（肢）指、胅体，问夫可（何）论？当耐。（简79）

妻凶悍，其夫加以责打，撕裂了她的耳朵，或打断了四肢、手指，或造成脱臼，问对其夫应如何论处？应处以耐刑。

> 律曰："斗夬（决）人耳，耐。"今夬（决）耳故不穿，所夬（决）非珥所入殴（也），可（何）论？律所谓，非必珥所入乃为夬（决），夬（决）裂男若女耳，皆当耐。（简80）

律文说："斗殴撕裂他人耳朵，应处耐刑。"如撕裂的耳朵本来没有穿过戴珥的部位，应如何论处？律文的意思，并不是说只有挂珥的部位才算撕裂，撕裂男子或妇女的耳朵，都应处以耐刑。

> 或斗，啮断人鼻若耳若指若唇，论各可（何）殴（也）？议皆当耐。（简83）

有人斗殴，咬断他人鼻子，或耳朵，或手指，或嘴唇，各应如何论处？都应以耐刑论处。

> 斗以箴（针）、鈚、锥，若箴（针）、鈚、锥伤人，各可（何）论？斗，当赀二甲；贼，当黥为城旦。（简86）

用针、鈚、锥相斗，或用针、鈚、锥伤人，各应如何论处？用以相斗，应罚二甲；伤害人，应黥为城旦。

> 或与人斗，夬（决）人唇，论可（何）殴（也）？比疕痏。（简87）

与他人斗殴，撕破他人嘴唇，应如何论处？与打人造成青肿或破伤同样论处。

或斗，啮人颊若颜，其大方一寸，深半寸，可（何）论？比疻痏。（简88）

有人斗殴，咬伤他人头部或颜面，伤口的大小是方一寸，深半寸，应如何论处？与打人造成青肿或破伤同样论处。

斗，为人殴（也），毋（无）疻痏，殴者顾折齿，可（何）论？各以其律论之。（简89）

斗殴，被人殴打，没有青肿破伤，打人的人反而折断了牙齿，应如何论处？应各自依有关法律论处。

"邦客与主人斗，以兵刃、投（殳）梃、拳指伤人，抿以布。"可（何）谓"抿"？抿布入公，如赀布，入齎钱如律。（简90）〔1〕

邦客和秦人相斗，邦客用兵刃、棍棒、拳头伤了人，应抿以布。什么叫"抿"？将作为抚慰的布缴官，也就是和罚布一样，依法缴钱。

《岳麓书院藏秦简》（三）中，有关于"诊"〔2〕的刑事案件。例如，"魏盗杀安、宜等案"，秦王政二十一年（公元前226年）一月己未，私属报案，

<hr />

〔1〕睡虎地秦墓竹简整理小组编：《睡虎地秦墓竹简》，文物出版社1990年版，第111—114页。

〔2〕"诊"为秦汉时期勘验术语，有两层含义，一层含义是医学中的"诊视"。《说文解字》释曰："诊，视也。"《史记·仓公列传》载："诊切其脉。"《后汉书·王乔传》载："诏上方诊视。"注："诊，亦视也。"另一层含义，就是指"诊验""勘验"。《玉篇》载："诊，验也。""封诊式"之"诊"，指的就是"检验"，其所记录的式例，主要是关于"勘验"的式例，例如，"群盗"爰书："诊首毋诊身可殴（也）。""夺首"爰书："诊首，已诊丁，亦诊其瘅状。""□□"爰书："诊首□发，其右角瘅一所。""告臣"爰书："令令史某诊丙，不病。"此外还有"杂诊"一词，《急就篇》载："变斗杀伤捕伍邻，亭长游徼共杂诊，盗贼系囚榜笞臀。"师古注曰："亭长，一亭之长，主逐捕盗贼。游徼，乡之游行巡徼，皆督察奸非者也。杂，犹参也。诊，验视也。有被杀伤者，则令亭长与游徼相参而诊验之，知其轻重曲直也。"勘验术语还有"瘢""绌瘢"。"瘢"，《玉篇》载"瘢，创痕也"。《汉书·王莽传》载："芒因曰：'诚见君面有瘢，美玉可以灭瘢，欲献其琢耳。'即解其琢。"师古注曰："瘢，创痕也。"《汉书·朱博传》载："传长陵大姓尚方禁，少时尝盗人妻见斫，创著其颊。府功曹受赂，白除禁调守尉。博闻知，以它事召见，视其面，果有瘢。"《后汉书·马廖传》载："吴王好剑客，百姓多创瘢。"《奏谳书》载"毛诬讲盗牛案"，系发生于秦始皇二十七年的一则乞鞫案件，对嫌犯因刑讯造成伤痕的验证，对验明案情、认定案件起到了关键作用，"诊讲北（背），治（笞）绌大如指者十三所，小绌瘢相质五也，道肩下到要（腰），稠不可数"（简109—110）（张家山二四七号汉墓竹简整理小组编著：《张家山汉墓竹简［二四七号墓］》，文物出版社2006年版，第101页。）

有不明身份者死于室内，于是命御史前去勘验：

> 即令御史彭沮、袁往诊：安、宜及不智（知）可（何）一女子死（尸）皆在内中，头部有伐刑痏。不（智）知杀者，【□□□□□】赤裙襦，类城旦衣。（简0511正-0418正）〔1〕

名为安、宜的人与一位不知姓名及来处的女子死在内室，头颈部有创伤，不知道行凶者为何人，穿着类似城旦的赤色裙子和短褂。

睡虎地秦简《封诊式》中有关于勘验的式例，择录如下。

例一，"疠"爰书记载了对麻风病患者的鉴定。某里的里典甲怀疑该里士伍丙是麻风病，将其送到官府，官吏令医丁对丙的病情进行鉴定：

> 辞曰："以三岁时病疕，眉突，不可知其何病，无它坐。"令医丁诊之，丁言曰："丙无眉，艮本绝，鼻腔坏。刺其鼻不嚏。肘膝□□□到□两足下踦，溃一所。其手毋胈。令号，其音气败。疠殹。"（简52-54）〔2〕

该鉴定的意思为，丙没有眉毛，鼻梁断绝，鼻腔已坏，探刺到他的鼻孔，不打喷嚏，臂肘和膝部……两脚不能正常行走，有溃烂一处，手上没有汗毛，叫他呼喊，其声嘶哑。根据以上特征，鉴定人丁得出结论：是麻风病。

例二，"出子"爰书是对妇女小产及小产婴儿的鉴定。某里士伍甲已怀孕六个月，因与同里大女子丙殴斗而小产。甲带小产胎儿到官府对丙提出控告。官吏听取甲的控告后，当即命令史某前往捉拿丙。并随即检验婴儿性别、头发的生长和胎衣的情况。又命曾经多次生育的隶妾对甲阴部的血和创伤情况进行检验。

> 令令史某、隶臣某诊甲所诣子，已前以布巾裹，如衃血状，大如手，不可知子。即置盎水中摇之，衃血子殹。其头、身、臂、手指、股以下到足、足指类人，而不可知目、耳、鼻、男女。出水中又衃血状。其一式曰：令隶妾数字者某某诊甲，皆言甲前旁有干血，今尚血出而少，非

---

〔1〕 朱汉民、陈松长主编：《岳麓书院藏秦简》（三），上海辞书出版社2013年版，第185页。

〔2〕 睡虎地秦墓竹简整理小组编：《睡虎地秦墓竹简》，文物出版社1990年版，第156页。

朔事殹。某尝怀子而变，其前及血出如甲□。（简 87-90）〔1〕

甲带来的小产儿像一团血，怎么分辨它是不是小产儿呢？有经验的令史和隶臣将其放入水中摇荡，血块便出现胎儿的形状，其头、身、臂、手指、大腿以下到脚、脚趾都已像人，但分不清眼睛、耳朵、鼻子和性别。从水中取出后又凝为一团血块。此外，又命曾多次生过孩子的隶臣某某对甲进行检验，都说甲阴部旁边有干血，现在仍小量出血，并非月经。他们还说，某人曾怀孕流产，其阴部及出血情况与甲相同。通过鉴定，能够得出两项明确的鉴定结论，即甲曾小产，带来的是小产胎儿。

例三，"告臣"爰书记录的是某里士伍甲捆送其奴隶男子丙，控告其骄横强悍，不在田里干活，不听从甲的使唤，请求卖给官府，送去充当城旦，请官府给予价钱。对丙进行审讯，供称他是甲的奴隶，确系强悍，不听从甲，甲没有解除过丙的奴隶身份，丙没有病，没有其他过犯。于是，命令吏某检验丙的身体，确定没有病之后，命少内某、佐某按市场标准价格在县丞某前将丙买下。

> 某里士五（伍）甲缚诣男子丙，告曰：丙，甲臣，桥（骄）悍，不田作，不听甲令。谒买（卖）公，斩以为城旦，受贾（价）钱。·讯丙，辞曰：甲臣，诚悍，不听甲。甲未赏（尝）身免丙。丙毋（无）病殹（也），毋（无）它坐罪。令令史某诊丙，不病。·令少内某、佐某以市正贾（价）贾丙丞某前，丙中人，贾（价）若干钱。（简 37-39）〔2〕

此外，"争牛"爰书中，甲乙两人争一头牛，都认为是自己的，争执不下而牵牛到官府确认其归属。官吏让令史通过检查牛的牙齿来鉴定牛的年岁，再核对甲乙两人所报牛的年岁，以确定牛的主人："令令史某齿牛，牛六岁矣。"（简 24）〔3〕这种鉴定牛年岁的方法很有效，至今仍被广泛应用。

通过以上所列式例，可以了解到，秦代在审断案件的过程中注重通过勘验鉴定来验明案件事实，将其作为重要的证据来源。秦代进行鉴定的人员分

---

〔1〕 睡虎地秦墓竹简整理小组编：《睡虎地秦墓竹简》，文物出版社 1990 年版，第 161-162 页。

〔2〕 睡虎地秦墓竹简整理小组编：《睡虎地秦墓竹简》，文物出版社 1990 年版，第 154 页。简文中"·"，为简牍原文中的圆形墨点。下同。

〔3〕 睡虎地秦墓竹简整理小组编：《睡虎地秦墓竹简》，文物出版社 1990 年版，第 152 页。

为两类，一类是官方指定的人员，另一类是专门人员。一般情况下，他们具有相关方面的实践经验。检验过程很细致、全面，作出的鉴定结论亦具有一定的科学价值，是查明案件、作出判决的决定性依据。

（四）函调爰书

秦代已经制定了较为完善的户籍管理制度，在实现有效的社会管理与控制的同时，也为司法机关确定嫌犯身份提供了便利。《管子·度地》篇记载了秦代的户籍管理规定："令曰：常以秋岁末之时，阅其民，案家人比地，定什伍口数，别男女大小，其不为用者辄免之，有锢病不可作者疾之，可省作者半事之；并行以定甲士当被兵之数，上其都。"〔1〕

如果迁徙，民户必须到官府办理户籍变更手续，睡虎地秦简《法律答问》中有相关的规定：

> 甲徙居，徙数谒吏，吏环，弗为更籍，今甲有耐、赀罪，问吏可（何）论？耐以上，当赀二甲。（简147）〔2〕

户籍管理的规范化，有利于官府验明案件当事人的身份。为了查清案件事实，审判机关指示犯罪嫌疑人原籍所在的县、乡负责人对犯罪嫌疑人的姓名、身份、经历进行核实，或者为了执行判决而指示查封嫌犯资产的文书。其在秦代也是定罪科刑的重要依据，《封诊式》中记载的式例可以对此加以印证。其中"有鞫"与"覆"是县的上级机构要求县的负责人派员对提出的问题进行了解，然后写出证明材料上报。

"有鞫"爰书：

> 敢告某县主：男子某有鞫，辞曰："士伍，居某里。"可定名事里，所坐论云何，何罪赦，或覆问无有，几籍亡，亡及逋事各几何日，遣识者当腾，腾皆为报。（简6-7）

原籍在甲县而在乙县犯罪的"男子某"被审讯，为了核实他的供辞和查明他的具体情况，乙县审理机关向甲县发送此函调文件。所以，函件的内容，

---

〔1〕（唐）房玄龄注，（明）刘绩补注，刘晓艺校点：《管子》，上海古籍出版社2015年版。

〔2〕睡虎地秦墓竹简整理小组编：《睡虎地秦墓竹简》，文物出版社1990年版，第127页。

一开头即点明受函单位——"敢告某县主"；接着说明男子某被审讯——"有鞫"，供称：他是士伍，住在某里。请核实其姓名、身份、籍贯、曾犯有何罪，判过什么刑罚或经赦免，还有无其他犯罪行为，要派了解情况的人依法查封看守其家财，据实登记，将所录全部回报。类似于此，"覆"爰书载：

> 敢告某县主：男子某辞曰："士伍，居某县某里，去亡。"可定名事里，所坐论云何，何罪赦，或覆问无有，几籍亡，亡及逮事各几何日，遣识者当腾，腾皆为报。（简13-14）

谨告某县负责人，男子某供称，他是士伍，住在某县某里，逃亡。请确定其姓名、身份、籍贯、曾犯有何罪，判过什么刑罚或经赦免，再查问还有什么问题，有几次在簿籍中记录逃亡，逃亡和逮事各多少天，派遣了解情况的人如实记录，将所录全部回报。这也是要求调查犯罪嫌疑人具体情况的函件。

"告臣"和"黥妾"两则式例则是县丞要乡负责人对报告人的情况进行了解的函件，这相当于现代的调查函。这种索取文字证明材料的函件，当然也属于证据的一种，对于案件的查明及断决意义重大。

"告臣"爰书：

> 丞某告某乡主；男子丙有鞫，辞曰：某里士五（伍）甲臣。其定名事里，所坐论云何，何罪赦，或覆问无有，甲尝身免丙復臣之不殹？以律封守之，到以书言。（简39-41）

这份函件的内容是，县丞要乡负责人对士伍甲控告其家臣的有关事实、姓名、身份、籍贯，曾犯过什么罪，被判过什么刑或经赦免，是否还有其他什么问题，以及甲是否曾解除过丙的奴隶身份然后又奴役他等事项进行调查。最后要求将调查情况写成文字材料回报。

"黥妾"爰书：

> ·丞某告某乡主：某里五大夫乙家吏甲诣乙妾丙，曰：乙令甲谒黥劓丙。其问如言不然？定名事里，所坐论云何，或覆问无有，以书言。

（简 43-45）[1]

即询问是否和所说的一样，确定其姓名、身份、籍贯，曾犯有何罪，再查问还有什么问题，用书面回报。

通过函件调查犯罪嫌疑人的姓名、年龄、籍贯以及有无犯罪记录等有关事实，不仅在于核实案情，更为主要的是这些具体情况可能会影响到对嫌疑人施加刑罚的轻重。《急就篇》"籍受证验，记问年"一节所附的颜师古注曰：

> 簿籍所受计其价值，并显证以定罪也。记问年者，具为书记，抵其本属，问年齿也。幼少老耄，科罪不同，故问年也。

接受簿籍的处所，计算其价值，并以确切的证据来定罪。"记问年"就是详细书写下来，并送达其本属，询问年龄。幼少、老耄科罪不同，所以要询问年龄。

可见，作为证据使用的函调爰书影响重大，其不仅在于核实嫌疑人的"名事"，认定案件事实，更为重要的是根据嫌犯的年龄、身份及一贯表现，作出相应的判决结论。

三、证据在诉讼提起阶段的运用

（一）"告"与证据

"告"，即告状之意，提起诉讼程序。许慎《说文》曰："诉，告也。"[2]秦代刑事案件的起诉形式主要有"自告""自出""捕告"及"举劾"。包括自首在内的各种起诉形式，均需具备一定的理由或依据，即相应的证据支持。否则，官府不予采纳。而且，告发者还可能承担"告不审"，即控告不实，以及诬告的法律责任。因此，"告"是与证据密切关联的，是证据运用的过程。下面围绕"告"的几类具体方式，阐论其证据的运用情况。

1. 自告、自出与证据

"自告""自出"是秦代两种重要的法律行为，简牍文献中关于两者的记载很多。

---

[1] 睡虎地秦墓竹简整理小组编：《睡虎地秦墓竹简》，文物出版社 1990 年版，第 148-155 页。

[2] 高敏指出："在《秦律》中虽然没有'起诉''诉讼'等法律用语，但有接近于'起诉'的概念，当时谓之'告''辞'。"高敏：《云梦秦简初探》，河南人民出版社 1979 年版，第 305 页。

（1）"自告""先自告"

"自告"有两层含义，一是行为人受到他人侵害，自行向官府控诉，类似于自诉；另一层含义则是行为人犯罪后，主动向官府交代自己的罪行。这就是常见的自首行为，有罪"先自告"。

《岳麓书院藏秦简》（四）第二组简文中记载了一条"金布律"，涉及"自告"的法律规定，"黔首自告，吏弗为质，除"，即百姓告发官吏不肯立券者可以免罪。原文如下：

> 金布律曰：黔首卖马牛勿献（谳）廷，县官其买殹（也），与和市若室，毋敢强。买及卖马牛、奴婢它乡、它县，吏为（？）取传书及致以归及（？）免（？），弗为书，官啬夫吏主者，赀各二甲，丞、令、令史弗得，赀各一甲。其有事关外，以私马牛羊行而欲行卖之及取传卖它县，县皆为传，而欲徙卖它县者，发其传为质。黔首卖奴卑（婢）、马牛及买者，各出廿二钱以质市亭。皇帝其买奴卑（婢）、马，以县官马牛羊贸黔首马牛羊及买，以为义者，以平贾（价）买之，辄予其主钱。而令虚质、毋出钱、过旬不质，赀吏主者一甲，而以不质律论。黔首自告，吏弗为质，除。黔首其为大隃取义，亦先以平贾（价）直之。质奴婢、马、牛者，各质其乡，乡远都市，欲徙老为占者皆迁之。舍室为里人盗卖马、牛、人、典、老见其盗及虽弗见或告盗，为占质，黥为城旦，弗见及莫告盗，赎耐，其伍、同居及一典，弗坐。卖奴卑（婢）、马、牛者，皆以帛书质，不从令者，赀一甲。卖半马半牛者，毋质诸乡。（简1415正-1263正）[1]

该项条文明示了秦代奴婢、马牛买卖的法律程序，并对相应的惩罚措施作出了规定。百姓的马、牛如果是用于出卖而非进献给官府，此种情况下官府想要购买，则必须按照正常的市场交易进行，不能使用强力。奴婢、马牛的买卖如果在外地进行，官府应当为之提供作为出关凭证的传书或致书。若不出具凭证，主管与监管的官吏要分别受到"赀二甲"或"赀一甲"的惩罚。从事奴婢或马牛的买卖，应当签订契券，交易双方须"各出廿二钱以质

---

[1]　陈松长主编：《岳麓书院藏秦简》（四），上海辞书出版社2015年版，第133-136页。

市亭"，[1]由市亭为之立券，立券必须及时，超过时限不立券，要对负责的

[1] 《周礼·地官·质人》记载："质人掌成市之货贿、人民、牛马、兵器、珍异。凡卖价者质剂焉，大市以质，小市以剂。"郑玄注："质剂者，为之券藏之也。大市，人民、马牛之属，用长券；小市，兵器、珍异之物，用短券。"〔（清）阮元校刻：《十三经注疏》（清嘉庆刊本）（二），《周礼注疏》卷一四，中华书局2009年版，第1585页〕根据郑玄注释，"质剂"乃西周时期的买卖契约，学界亦普遍遵从此说。但是，目前尚未有充分的传世文献或出土文献予以佐证。所见到的原始文献仅有两例：《左传》文公六年记载，"宣子于是乎始为国政"，其措施之一是"由质要"，该"质"，一般认为即《周礼》所见"质剂"之"质"，为契约；（杨伯峻：《春秋左传注》第2册，中华书局1981年版，第545页）《荀子·王霸》载："关市幾而不征，质律禁止而不偏。"杨倞注："质律，质剂也。可以为法，故言质律也"，"或曰：质，正也。"（王先谦：《荀子集解》，国学整理社辑：《诸子集成》第2册，中华书局1954年版，第149页）张传玺先生考证曰："'质剂'一称的由来，似与这类契约的形式没有关系，而是和它的性质有关。《说文解字·贝部·质》曰：'质，以物相赘。'这是指财物的抵押、典当关系，或叫做活卖关系。又同书《刀部·剂》曰：'剂，齐也。'段玉裁注曰：'从刀者，齐之如用刀也。'可借喻绝卖之意。这些解释和《周礼·天官·小宰》说的'听卖买以质剂'的精神是一致的。又《周礼·地官·质人》曰：'质人掌成市之货贿，人民、牛马、兵器、珍异，凡卖债者，质剂焉。大市以质，小市以剂。'《后汉书·张衡传》引《应问》曰：'今也皇泽宣洽，海外混同，万方亿丑，并质共剂。'李贤注曰：'质剂，犹今分支契也。'这些材料也说明了质剂是用于买卖关系的契约。"（张传玺：《契约史买地券研究》，中华书局2008年版，第42页）

关于"质钱"，学界分歧颇大。主要有以下几种观点：第一，抵押或担保。张家山汉简将"质钱"释为："质，抵押。古书中'质'常以人作为抵押。"（张家山二四七号汉墓竹简整理小组编著：《张家山汉墓竹简[二四七号墓]》，文物出版社2006年版，第67页）高敏先生亦持此观点："质钱"，是因"质"这种抵押行为而产生的。（高敏：《秦汉魏晋南北朝史论考》，中国社会科学出版社2004年版，第161页）日本早稻田大学简帛研究会则提出"质钱"为"担保"之意："所谓'质钱'，即作为担保之钱。本条的质钱，因为被认为是官府管理的，所以可以理解为民借了官有器物等并作为担保而交付给官府的钱。"（[日]早稻田大学简帛研究会："张家山二四七汉墓竹简译注——二年律令译注（五）金布律译注"，载早稻田大学长江流域文化研究所编：《长江流域文化研究所年报》第5号，2007年版，第327页）第二，用于抵押的钱；（陈松长："睡虎地秦简'关市律'辨正"，载《史学集刊》2010年第4期）或因抵押行为而产生的钱。（李明晓、赵久湘：《散见战国秦汉简帛法律文献整理与研究》，西南师范大学出版社2011年版，第506页）第三，"抵押钱"或"抵押金"或"抵押款"。（臧知非："张家山汉简所见西汉矿业税收制度试析——兼谈西汉前期'弛山泽之禁'及商人兼并农民问题"，载《史学月刊》2003年第3期；[日]柿沼阳平："战国及秦汉时代官方'受钱'制度和券书制度"，载陈伟主编：《简帛》第5辑，上海古籍出版社2010年版，第453页；李孝林等：《基于简牍的经济、管理史料比较研究》，社会科学文献出版社2012年版，第290页）第四，"税金"。陈伟先生认为"质钱"应理解为"官府为大型交易提供质剂而收取的税金"。（陈伟："关于秦与汉初'入钱缿中'律的几个问题"，载《考古》2012年第8期）李力先生则指出"质钱"的契税说与抵押之钱说均难以成立，他认为质是秦汉律中债的一种担保方式，质钱是因官府占有民之物以保证其借贷而产生的，是官府在借贷期限届满时所收到的、由民交来的款项。（李力："秦汉律所见'质钱'考辨"，载《法学研究》2015年第2期）

笔者认为，将"质钱"理解为"抵押"或"税金"之意不妥。古今法律样态完全不同，虽然有交叉之处，但内涵与外延各异，有自己特定的适用范围。"质"为保证债务得以履行的一种方式应为无

官吏"赀一甲"，同时依照"不质"的法律规定处罚。百姓告发官吏不肯立券者可以免罪。"质奴婢、马、牛者，各质其乡"，市亭在立券之前应当询问乡吏，"典、老见其盗及虽弗见或告盗，为占质"，[1]典、老若明知道奴婢、马牛系盗卖，而为之提供交易合法的证辞，应当"黥为城旦"。即使自己未见盗窃或没有人控告盗窃，亦应以"赎耐"处罚。律文还若出卖行为系"半马半牛"，即未完全出让马牛的所有权，则在立券之时不需要向乡官验证。

下面通过具体简牍文献资料加以考析。

睡虎地秦简《封诊式》中有关于"自告"的式例，如"出子"爰书：

> 某里士五（伍）妻甲告曰：甲怀子六月矣，自昼与同里大女子丙斗，甲与丙相捽，丙偾屏甲。里人公士丁救，别丙、甲。甲到室即病复（腹）痛，自宵子变出。今甲裹把子来诣自告，告丙。（简85）[2]

怀孕六个月的孕妇甲与同里丙殴斗，甲被丙摔倒，导致其小产。甲现在带着小产儿到官府控告丙。该自告案件中，"小产儿"是甲进行自诉的证据。因而，官府立即检验小产儿，查验甲的身体，并拘捕被告人丙。

这起案件就是经由"自告"启动的诉讼，即受害人自行向官府提起控告。再如"黥妾"爰书中，某里五大夫乙派家吏甲捆送其婢女丙到官府起诉，控告婢女丙凶悍，请求对之处刑。通过该起案例，还可以了解到，秦律允许地

（接上页）疑，史尚宽先生就此的表述甚为恰当："在古代无论动产、不动产或人身，如让给他方占有，以作为担保，均称为质。"（史尚宽：《物权法论》，中国政法大学出版社2000年版，第433页）"质钱"，应指在借贷法律关系中，为促使债务能够得以履行而缴纳给官府管理者一定数额的保证金。李力先生指出，"质钱"包含"本钱与子钱"，从正文简牍文献"金布律"条似无从释读。"秦汉律'质钱'产生于民与官府间的借贷，是官府借贷期满时所收到的、由民交还的款项（包括本钱与子钱）"。（李力："秦汉律所见'质钱'考辨"，载《法学研究》2015年第2期）

〔1〕"市亭"为市吏治事之所。《周礼·地官·司市》载："司市掌市之治教政刑量度禁令，以次叙分地而经市"，郑玄注："次，谓吏所治舍，思次、介次也，若今市亭然。"〔（清）阮元校刻：《十三经注疏》（二），《周礼注疏》卷一四，中华书局2009年版，第1581页。〕"质"为验证或询问之意。《汉书·王陵传》载："面质吕须于平前。"师古注："质，对也。"《汉书·梅福传》载："质之先圣而不缪，施之当世合时务。"师古注："质，正也。""占质"指为签订的买卖契券是否合法提供证辞。《汉书·昭帝纪》载："罢榷酤官，令民得以律占租。"师古注："占，谓自隐度其实定其辞也……今犹谓狱讼之辨曰占。"

〔2〕睡虎地秦墓竹简整理小组编：《睡虎地秦墓竹简》，文物出版社1990年版，第161页。

位高的有爵位者派人代替其起诉。"穴盗"也是一起自告案件。被害人因一件"绵裯衣"被盗而到官府自告。司法机关受理案件后，对案发现场进行了勘查取证。此外，"迁子"与"告子"两则式例也属于此类自告案件。

《岳麓书院藏秦简》（六）第一组简文载"禁军人其有盗县官兵……"令，当中有"诣吏有为自告，减罪一等"的规定：

> 十四年四月己丑以来，黔首有私挟县官戟、刃及弓、弩者，亟诣吏。吏以平价买，辄予钱。令到盈二月弗诣吏，及已闻令后敢有私挟县官戟、刃、弓、弩及卖买者，皆与盗同法。挟弓、弩殊折，折伤不□戟、弓、弩殴（也），勿买，令削去其久刻。赐于县官者得私挟。臣䜣与丞相启、执法议曰：县官兵多与黔首兵相类者，有或赐于县官而传（转）卖之，买者不智（知）其赐及不能智（知）其县官兵殴（也）而挟之，即与盗同法。诣吏有为自告，减罪一等。（1357正、1433正、1464正、1454正、1307+C5-3-2+C9-9-1+C9-3-1正）[1]

令文大意：黔首听闻令，应将私自挟有县官戟、刃、弓、弩的人，主动报送官吏，官吏以平价买之。令发布后，超过两月未报送官吏，及已经知道命令仍然私藏、私卖买的，均依照盗罪处罚。若黔首私挟的弓、弩已折损，或者折损到不能使用或者对官府形不成危害的程度，则官吏就不要买，把兵器上的标识（久刻）削去。被官府赏赐的兵器，黔首可以持有。奏议：县官的兵器与黔首的多有相似，黔首私有或赐予而转卖的，买者不知其为受赐或官属兵器而私挟，依照盗罪处罚。主动送交官吏而自告的，减罪一等处罚。

关于有罪"先自告"，即嫌犯主动归顺于官府。其作出的供述及相应的证据，官府经过验证之后，作为断决案件的重要线索和依据。

先秦时期已经存在此种自首行为，《史记·循吏列传》中记载的"石奢纵父案"就是这一时期的一宗自首案件。其经过为，楚国丞相石奢"坚直廉政，无所阿避"。一次外出遇到杀人者，即行追捕，后发现是其父亲，遂作罢。石奢将己"自系"于朝廷并坦白说："杀人者，臣之父也。夫以父立政，不孝

---

〔1〕 陈松长主编：《岳麓书院藏秦简》（六），上海辞书出版社 2020 年版，第 48—49 页。

也；废法纵罪，非忠也：臣罪当死。"〔1〕案件中的"自系"就是一种自首行为。《史记》同一列传中还记载了一则以"自拘"形式出现的自首案件，"李离者，晋文公之理也。过听杀人，自拘当死"。由此可知，春秋战国时期的"自拘、自系，相当于现在的自首"。〔2〕

睡虎地秦简《法律答问》中记载有"先自告"的法律条文，例如：

> 司寇盗百一十钱，先自告，可（何）论？当耐为隶臣，或曰赀二甲。（简8）〔3〕

司寇盗窃一百一十钱，先已自首，如何论处？应耐为隶臣，一说应赀二甲。

> 当迁，其妻先自告，当包。（简62）〔4〕

即应当流放的人，其妻子事先自首，仍应随往流放地点。

睡虎地秦简中亦有关于有罪"先自告"的案例，如"盗自告"爰书：

> □□□爰书：某里公士甲自告曰："以五月晦与同里士五（伍）丙盗某里士五（伍）丁千钱，毋（无）它（简15）坐，来自告，告丙。"即令令史某往执丙。（简16）〔5〕

即某里公士甲自首说："于五月末和同住一里的士伍丙盗窃了某里士伍丁一千钱，没有其他过犯，前来自首，并告发丙。"当即命令史某前往将丙逮捕。

《岳麓书院藏秦简》（三）中也记载了有罪"先自告"的案例。前文述及的"识劫婠案"，即为一例，名为婠的女子于公元前229年7月为其子向官府申报家产时，隐匿了他人所欠债款六万八千三百钱，还有布肆和舍客室各一。公士识胁迫婠将布肆和舍客室给予他，否则就揭发婠"匿訾"的行为。婠害

---

〔1〕《史记》卷一一九《循吏列传》。
〔2〕茅彭年：《中国刑事司法制度》，法律出版社2001年版，第49页。
〔3〕睡虎地秦墓竹简整理小组编：《睡虎地秦墓竹简》，文物出版社1990年版，第108页。
〔4〕睡虎地秦墓竹简整理小组编：《睡虎地秦墓竹简》，文物出版社1990年版，第95页、第108页。
〔5〕睡虎地秦墓竹简整理小组编：《睡虎地秦墓竹简》，文物出版社1990年版，第150页。

怕被举告，遂将布肆、含客室给予识，但随后又反悔，于是自告匿訾，并控告识恐吓罪行。

（2）自出

"自出"则是专门针对逃亡者而言的，为"亡人"的自首行为，即行为人犯罪后先逃亡，后又悔过，主动投案于官府。"自出"在简牍文献中多有记载，可以得到较为完整的复原。《二年律令·具律》对逃亡者自出的处罚，作出了规定：

> □□□□，以其罪论之。完城旦舂罪，黥之。鬼薪白粲罪，黥以为城旦舂。其自出者，死罪，黥为城旦舂；它罪，完为城旦舂。　（简100）[1]

此为残简，但根据释解，律条规定分两层，第一层，规定有罪逃亡者，应对其本罪与逃亡罪并罚。即在其原罪的基础上叠加，原罪为"完城旦舂"，对之再施以黥刑。原罪为"鬼薪白粲"，处以黥城旦舂刑。第二层，有自出情节，即逃亡后自首者，减其罪处罚。犯死罪，减一等为黥城旦舂。其他罪，则处以完城旦舂。

关于自出者的减轻处罚，《二年律令·亡律》有规定："诸亡自出，减之；毋名者，皆减其罪一等。"（简166）《亡律》是针对逃亡者的处罚规定，主体包括非法脱离户籍管理的吏民、私自脱离主人的奴婢、逃离的刑徒及隐匿逃亡者。《亡律》对"自出"情节的逃亡者，多给予减轻处罚。除简166以外，尚有其他简文有关于自出的规定，试例：

> 吏民亡，盈卒岁，耐；不盈卒岁，系城旦舂；公士、公士妻以上作官府，皆偿亡日。其自出殹（也），笞五十。（简157）
> □□頯畀主。其自出殹（也），若自归主，主亲所智（知），皆笞百。（简159）
> 隶臣妾、收人亡，盈卒岁，系城旦舂六岁；不盈卒岁，系三岁。自出殹，笞百。（简165）

---

〔1〕张家山二四七号汉墓竹简整理小组编著：《张家山汉墓竹简［二四七号墓］》，文物出版社2006年版，第31页。

诸亡自出，减之；毋名者，皆减其罪一等。（166）

匿罪人，死罪，黥为城旦舂，它各与同罪。其所匿未去而告之，除。

诸舍匿罪人，罪人自出，若先自告，罪减，亦减舍匿者罪。（简167）〔1〕

《岳麓书院藏秦简》（三）中记载的案例六"暨过误失坐官案"，是一则"数罪并罚"的案件，其梗概为：江陵丞暨由于粮仓失修、不当傅籍者却被傅籍、判处案件出现失误等过错，被举告了八次，暨由此被判"累论"，即数种罪行累计，合并处罚。暨不服进行申诉，首次申诉判决结果同首次判决，即数罪并罚；暨再次申诉，经过审理认为暨为过失犯，判为"相眥"，即按照数种惩罚中最重的惩罚为最终惩罚。该案件中，有关于"自出"的内容，"未庹（斥）自出"，择录如下：

视故狱……权；□谿卿（乡）苍天窓（窗）容鸟；公士豕田橘将阳，未庹（斥）自出，当复田橘，官令戍，揉（録）弗得；走偍未当傅，官傅弗得，除销史丹为江陵史，□未定；与从事廿一年库计，劾缪（谬）弩百。凡劾八。（简0087正-0151/0140正）〔2〕

其中一项罪名为，"……公士豕田橘将阳，未庹（斥）自出"。（简0087正）即公士豕擅离岗位，为橘官种田，未被检举之前即自动投案。注释："自出，逃亡者自首。"〔3〕

《岳麓书院藏秦简》（四），第一组共收录105枚简，其中《亡律》篇对"自出"作出较为细致的处罚规定，择录如下：

……少府均输四司空，得及自出者，吏治必谨讯，簿其所为作务以……（简0797正）

子杀伤、殴詈、投（殳）杀父母，父母告子不孝及奴婢杀伤、殴、投（殳）杀主、主子父母，及告杀，其奴婢及子亡已命而自出者，不得

〔1〕 张家山二四七号汉墓竹简整理小组编著：《张家山汉墓竹简［二四七号墓］》，文物出版社2006年版，第31页。

〔2〕 朱汉民、陈松长主编：《岳麓书院藏秦简》（三），上海辞书出版社2013年版，第145-146页。

〔3〕 朱汉民、陈松长主编：《岳麓书院藏秦简》（三），上海辞书出版社2013年版，第150页。

为自出。有罪去亡，弗会，已狱及以劾未论而自出者，为会，鞫，罪不得减。（简 1980 正-2087 正）

咸阳及郡都县恒以计时上不仁邑里及官者数狱属所执法，县道官别之，且令都吏时覆治之，以论失者，覆治之而即言（情）者，以自出律论之。道官者，从亲它县道官黥为城旦舂，吏听者，与同罪。道官亦令毋得从亲它县道官。寺车府、少府、中府、中车府、泰官、御府、特库、私官隶臣，免为士以巧及劳免为庶人，复属其官者，其或亡盈三月以上而得及自出，耐以为隶臣妾，亡不盈三月以下而得及自出，笞五十，籍亡不盈三月者数，后复亡，輖数盈三月以上得及自出，亦耐以为隶臣妾，皆复付其官。（简 1973 正-2033 正）

城旦舂亡而得，黥，复为城旦舂；不得，命之，自出殹（也），笞百。其怀子者大枸椟及杕之，勿笞。（简 2009 正-1983 正）

城旦舂司寇亡而得，黥为城旦舂，不得，命之，其狱未鞫而得自出殹（也），治（笞）五十，复为司寇。佐弋之罪，命而得，以其罪罪之。自出殹（也），黥为城旦舂。它罪，命而得，黥为城旦舂，其有大辟罪罪之。自出殹（也），完为城旦舂。（简 1976 正-2039 正）

【舂】司寇、白粲、奴婢以亡，黥为城旦舂，黥奴婢颜頯，畀其主。奴婢亡而得，黥颜頯，畀其主。其自出吏及自归□□□□主，不自出而得，黥颜頯，畀其主。之亡徼中蛮夷而未盈岁，完为城旦舂。奴婢从诱，其得徼中，黥颜頯；其得故徼外，城旦黥之；皆畀主。（简 2062 正-0186 正）[1]

《岳麓书院藏秦简》（四），第二组共收录 178 枚简，其中《索律》篇也包含"自出"的规定：

索律曰：索有脱不得者节（即）后得及自出，●讯索时所居，其死罪，二甲；耐罪以下赀一甲。（简 1354 正-1314 正）[2]

---

〔1〕 陈松长主编：《岳麓书院藏秦简》（四），上海辞书出版社 2015 年版，第 41-72 页。

〔2〕 陈松长主编：《岳麓书院藏秦简》（四），上海辞书出版社 2015 年版，第 159-160 页。"索律"当是"捕律"的秦代称法。"索"，犹"搜索、搜捕"。《史记·留侯世家》载："秦始皇大怒，大索天下。"简文中"●"当是提示符号，从文义和语法上看，前面的文句都不可单独成句，而后面的内容也不是起首句，故这个墨点肯定不是一般的章节起首或结尾的符号。

睡虎地秦简《法律答问》中记载有几项关于"自出"的法律规定：

把其叚（假）以亡，得及自出，当为盗不当？自出，以亡论。其得，坐臧（赃）为盗；盗罪轻于亡，以亡论。（简131）

意为携带借用的官有物品逃亡，被捕获以及自首，应否作为盗窃？自首，以逃亡论罪。如系捕获，按赃数作为盗窃；如以盗窃处罪轻于以逃亡处罪，则仍以逃亡论罪。

隶臣妾系城旦舂，去亡，已奔，未论而自出，当治（笞）五十，备系日。（简132）

隶臣妾拘禁服城旦舂劳役，逃亡，已经出走，尚未论处而自首，应笞打五十，仍拘系直至满期。

女子甲为人妻，去亡，得及自出，小未盈六尺，当论不当？已官，当论；未官，不当论。（简166）[1]

女子甲为人之妻，私逃，被捕获以及自首，年小，身高不满六尺，应否论处？婚姻曾经官府认可，应论处；未经认可，不应论处。

从睡虎地秦简《封诊式》中关于"自出"的式例，可以了解证据在自出制度中的具体运用情况：

"□捕"爰书

男子甲缚诣男子丙，辞曰："甲故士五（伍），居某里，酒四月中盗牛，去亡以命。丙坐贼人□命。自昼甲见丙阴市庸中，而捕以来自出。甲毋（无）它坐。"（简17-18）

男子甲捆送男子丙，供称："甲本为士伍，住在某里，本年四月盗牛，逃亡。丙犯有杀伤人罪而逃亡。昨日白昼甲发现丙隐藏在市庸里面，于是将他捕获，前来自首。甲没有其他过犯。"

---

〔1〕　睡虎地秦墓竹简整理小组编：《睡虎地秦墓竹简》，文物出版社1990年版，第124-132页。

"亡自出"爰书：

> 男子甲自诣，辞曰："士五（伍），居某里，以迺二月不识日去亡，
> 毋（无）它坐，今来自出。"问之□名事定，以二月丙子将阳亡，三月中
> 逋筑宫廿日，四年三月丁未籍一亡五月十日，毋（无）它坐，莫覆问。
> 以甲献典乙相诊，今令乙将之诣论，敢言之。（简96-98正）[1]

男子甲自行投案，供称："为士伍，住在某里，于本年二月不知具体日期
的一天逃亡，没有其他过犯，现来自首。"经讯问，其姓名、身份确实，于二
月丙子日游荡逃亡，三月份逃避修筑宫室劳役二十天；四年三月丁未日簿籍
记有他曾逃亡一次，共五个月零十天，没有其他过犯，无须再行查问。将甲
送交里典乙验视，现命乙将甲押送论处，谨告。

　　总之，上述所示的法律规定和司法案例可以对"自出"制度予以印证。
"自告"与"自出"均有自首的含义，但是两者区别甚大。"自告"有两层含
义，一则为"控告"，即受害人自行到官府控诉嫌犯罪行；另一层含义为自己
有罪，在未被控诉、缉拿之前，主动到官府交代罪行，即通常意义上的"自
首"，一般表述为"先自告"。[2]"自出"专指逃亡者的自首行为，主体特定，
并非普通人的自首行为。因此，两者在司法实践当中，证据适用规则各异，上
述所示的法律规定和司法案例可以对此进行印证。自首制度的设定，目的在于
促使嫌犯自动归案于官府。官府对自首者的供述进行验证之后，采取较为宽大
的处罚措施。这对于打击犯罪行为，维护社会稳定，无疑具有推动功效。

　　2. 捕告与证据

　　"捕告"，意为捕获嫌犯束之于官府，并举报其罪行的行为。商鞅变法，
开始确立鼓励"告奸"的法律，《商君书·开塞》载："王者刑用於将过，则
大邪不生；赏施於告奸，则细过不失。"并且明令处罚"不告奸者"："令民
为什伍，而相牧司连坐。不告奸者腰斩，告奸者与斩敌首同赏，匿奸者与降

---

〔1〕　睡虎地秦墓竹简整理小组编：《睡虎地秦墓竹简》，文物出版社1990年版，第150-163页。

〔2〕　研究者多将"自告"与"先自告"混为一谈，笼统称为自首行为，甚为不妥。例如，籾山
明先生认为，"自告"是官府尚未发觉犯罪行为，"自出"则是官府已然知晓犯罪行为。[日]籾山
明："秦代审判制度的复原"，载刘俊文主编：《日本中青年学者论中国史》（上古秦汉卷），上海古籍
出版社1995年版，第250-251页。

敌同罚"。[1]司马贞《史记索引》载："牧司，谓相纠发也。一家有罪而九家连举发，若不纠举，则十家连坐。"《商君书·说民》中阐述了鼓励民众"告奸"，对于国家治理的重要性："省刑，要保，赏不可倍也。有奸必告之，则民断于心。"[2]即要减少刑罚，就要在民众中建立连保制度，使民众互相监督，互相约束，对那些揭发犯罪者的奖赏不可失信。《韩非子·奸劫弑臣》也强调："告之者其赏厚而信。"《史记·商君列传》中记述了告赏的标准，"告奸者与斩敌首同赏"。对于"什伍"间不举告的惩处，一般限定于"知情不报"，即"匿奸"行为。确实不知情者，一般不予追究责任，但对于负有管理职责的里典、伍老等基层负责人，即使不知情，也要处罚。这点从《法律答问》中可以得到印证：

> 贼入甲室，贼伤甲，甲号寇，其四邻、典、老皆出不存，不闻号寇，问当论不当？审不存，不当论；典老虽不存，当论。（简98）

即有贼进入甲家，将甲杀伤，甲呼喊有贼，其四邻、里典、伍老都外出不在家，没有听到甲呼喊有贼，问应否论处？四邻确不在家，不应论处；里典、伍老虽不在家，仍应论罪。

告发之后，官府要通过核验证据，调查案件事实。除了若干情节与事实略有不合以外，被告发人确实犯有罪行，只是他们的犯罪尚不足以判处"黥为城旦"以上的罪名，都不当"购"。但是，只要是告发了足以判处"黥为

---

[1]《史记》卷六八《商君列传》。

[2]　商鞅变法，确立"什伍告奸"法，以鼓励"告奸"，什伍编制实则为"户籍制度"。早在秦献公时期，已经开始以"伍"为单位编制户籍，《史记·秦始皇本纪》记曰："（献公）十年，为户籍相伍。"商鞅变法，使得秦代户籍制度趋于完善，确立了一套相对完整的户籍申报、迁移制度。《商君书·境内》载："四境之内，丈夫女子，皆有名于册，生者著，死者削。"可见"什伍"即户籍编制，"五家为伍，十家为什"，在此基础上确立了相互监督的连坐制度，以此将民众纳入社会秩序防治体系之中。《韩非子·和氏》载："商君教秦孝公以连什伍，设告坐之过……"旧注："使什家伍家相拘连，中有犯罪，或有告者，则并坐其伍什，故说告坐。"《韩非子·法定》载："公孙鞅之治秦也，设告相坐而责其实，连什伍而同其罪……"睡虎地秦简《秦律杂抄·傅律》记载："匿敖童，及占癃不审，典、老赎耐，百姓不当老，至老时不用请，敢为酢（诈）伪者，赀二甲；典、老弗告，赀各一甲；伍人、户一盾，皆迁之。""伍人"即"四邻"，《法律答问》记载："何为'四邻'？'四邻'，即'伍人'谓也。"《后汉书·百官志五》云："里有里魁，民有什伍，善恶以告。"《宋书·百官志下》载："五家为伍，伍长主之；二伍为什，什长主之；十什为里，里魁主之。"本注曰："里魁掌一里百家。什主十家，伍主五家，以相检察。民有善事恶事，以告监官。"

城旦"以上的重犯，也不折不扣地给予法律规定的赏金。[1]

睡虎地秦简《法律答问》中有多篇关于捕告的规定，示例如下：

　　捕亡完城旦，购[2]几何？当购二两。（简135）

捕获逃亡的完城旦，应奖励黄金二两。这已是非常高的奖额了。

---

　　[1] 参见栗劲：《秦律通论》，山东人民出版社1985年版，第313页。

　　[2] "购"，"悬赏、奖赏"，《说文·贝部》载："以财有所求也。"《汉书·高帝纪》载："乃多以金购豨将。"句下师古注曰："购，设赏募也。"秦汉简牍文献中大量记载了关于"购"的内容，例如，睡虎地秦简《法律答问》载："甲告乙贼伤人，问乙贼杀人，非伤殿（也），甲当购，购几可（何）？当购二两。"（简134）《二年律令·捕律》载："□亡人、略妻、略卖人、强奸、伪写印者弃市罪一人，购金十两。刑城旦春罪，购金四两。完城□二两。"（简137-138）"捕诸侯来为闲者一人，拜爵一级，有（又）购二万钱。不当拜爵者，级赐万钱，有（又）行其购。数人共捕罪人而当购赏，欲相移者，许之。"（简150-151）《居延新简》载："有能谒言吏，吏以其言捕得之，半与购赏。""能与众兵俱追，先登陷阵，斩首一级，购钱五万如此。""有能生捕得反羌、从徼外来为间，侯动静中国兵，欲寇盗，杀略人民，吏增秩二等，民与购钱五万，从奴它与购如此。"（甘肃文物考古研究所等编：《居延新简》，文物出版1990年版，第493页）《额济纳汉简》载："购赏科条将转下之。"（魏坚主编：《额济纳汉简》，广西师范大学出版社2005年版，第232页）秦代出土简牍文献所载案例中，能够见到"购"，即奖赏的具体运用制度。《岳麓书院藏秦简》（三）所载第一则案例"癸、琐相移谋购案"，案件缘于琐等将所捕获的治等犯人移交给癸等去州陵"谋购"，即请赏。该案件提供了秦代关于"购"的新的法律规定："死罪购四万三百廿，群盗盗杀人购八万六百卅钱。"（简1473正）秦代法律允许数人捕获嫌犯，而交给其他人向官府请赏，《二年律令·捕律》规定："数人共捕罪人而独自书者，勿购赏。吏主若备盗贼、亡人而捕人，及索捕罪人，若有告劾非亡也，或捕之而非群盗也，皆勿购赏。捕罪人弗当，以得购赏而移予它人，及诈伪，皆以取购赏者坐赃（赃）为盗。"（简154-155）但是，秩吏（秩禄在百石以上的低级官吏）缉拿逃亡者是其本身的义务，若弄虚作假，不但不得奖赏，还得惩罚，《法律答问》中记载："有秩吏捕阑亡者，以畀乙，令诣，约分购，问吏及乙论可（何）殿（也）？当赏各二甲，毋购。"（简139）如果捕获"群盗"，则不管是不是"有秩者"，均应给予奖赏。"癸、琐相移谋购案"就是这样的情形，该案件中"校长癸、求盗上造柳"等诸人在捕获"群盗盗杀人"者，然后缚诣前往请赏，此行为完全符合秦代法律规定。其被惩处，缘于为了谋求更多的购赏，而以欺诈方式向官府"谋购"。第二则案例"尸等捕盗疑购案"，引用了逮捕群盗的"购"规："律曰：'产捕群盗一人，购金十四两。'"（简1342正）即每捕获群盗一人，奖赏黄金十四两。又曰："它邦人……□□□盗，非吏所兴，毋（无）什伍将长者捕之，购金二两。"（简1342正-1339正）即他国之人……盗……，非由官吏所动员，未被编为什伍者，亦不是经将长所指挥，而逮捕群盗者，则要奖赏黄金二两。该案件，对于捕获楚人阆等一事，围绕应该授予求盗尸等何种奖赏，州陵县中产生了意见分歧，"疑尸等购。它县论。敢谳之。●吏议，以捕群盗律购尸等"。（简1479/1348正）最后审定："治等，审秦人殿（也），尸等当购金七两。阆等，其荆人殿（也），尸等当购金三两。它有律令。"（简0138正-0162正）《岳麓书院藏秦简》（六）中载有"购"的令文，试例："制诏丞相、御史：兵事毕矣，诸当得购赏赍责（债）者，令县皆亟予之。"（简1918正）

　　夫、妻、子五人共盗，皆当刑城旦，今中（甲）尽捕告之，问甲当购○〔1〕几可（何）？人购二两。（简 136）

　　夫、妻、子五人共同行盗，均应刑为城旦，现甲把他们全部捕获告官，问应奖赏甲多少？每捕获一人奖赏黄金二两。

　　夫、妻、子十人共盗，当刑城旦，亡，今甲捕得其八人，问甲当购几可（何）？当购人二两。（简 137）

　　夫、妻、子十人共同行盗，应刑为城旦，已逃亡，现甲捕获其中八人，问甲应获得多少奖赏？每捕获一人应奖赏黄金二两。

　　甲捕乙，告盗书丞印以亡，问亡二日，它如甲，已论耐乙，问甲当购不当？不当。（简 138）

　　甲捕获乙，控告乙偷盖县丞官印而逃亡，经讯问乙逃亡的日期不合，其他与甲所控告相符，已判处乙耐刑，问甲应否受奖？不应受奖。

　　有秩吏捕阑亡者，以畀乙，令诣，约分购，问吏及乙论可（何）？（也）？当赀各二甲，勿购。（简 139）

　　有秩吏捕获逃亡出关的人，把犯人交给乙，叫乙送交官府，约定同分奖金，问吏和乙应如何论处？应各罚二甲，不予奖赏。

　　“盗出朱（珠）玉邦关及买（卖）於客者，上朱（珠）玉内史，内史材鼠（予）购。”可（何）以购之？其耐罪以上，购如捕它罪人；赀罪，不购。（简 140）

　　将珠玉偷运出境以及卖给邦客的，应将珠玉上交内史，内史酌量给予奖赏。应怎样奖赏？如被捕犯人应处耐罪以上，与捕获其他罪犯同样奖赏；如应处罚款，不予奖赏。

---

〔1〕　原简牍文中已经削除的文字，用“○”表示。

或捕告人奴妾盗百一十钱，问主购之且公购？公购之之。（简141）〔1〕

私家奴婢盗窃一百一十钱，有人捕获告官，问应由主人给予奖赏还是由官府给予奖赏？由官府给予奖赏。

考察秦简，还有"诇告"。《二年律令·捕律》中有规定："诇告罪人，吏捕得之，半购诇者。"（简139）〔2〕《亡律》规定："取亡罪人为庸，不智（知）其亡，以舍亡人律论之。所舍取未去，若已去后，智（知）其请（情）而捕告，及诇［诇］告吏捕得之，皆除其罪，勿购。"（简172）〔3〕

《岳麓书院藏秦简》（四），第一组《亡律》篇中有"捕若诇告"〔4〕的规定：

诸迁者、迁者所包去迁所，亡□□得，迁处所，去亡而得者，皆耐以为隶臣妾，不得者，论令出会之，复付迁所县。迁者、迁者所包其有罪它县道官者，罪自刑城旦舂以下。已论报之，复付迁所县道官。迁者、迁者所包有罪已论，当复诣迁所；及罪人、收人当论而弗诣弗输者，皆迁之。有能捕若诇告，当复诣迁所。取罪人、群亡人以为庸，智（知）其请（情），为匿之；不智（知）其请（情），取过五日以上，以舍罪人律论之。（简1931正-2012正）〔5〕

《岳麓书院藏秦简》（四），前文提及的"金布律"，亦有关于奖赏"捕告"者的规定，择录如下：

〔1〕 睡虎地秦墓竹简整理小组编：《睡虎地秦墓竹简》，文物出版社1990年版，第116-126页。

〔2〕 张家山二四七号汉墓竹简整理小组编著：《张家山汉墓竹简〔二四七号墓〕》，文物出版社2006年版，第27页。

〔3〕 张家山二四七号汉墓竹简整理小组编著：《张家山汉墓竹简〔二四七号墓〕》，文物出版社2006年版，第32页。

〔4〕 "捕若诇告"，即"捕告"与"诇告"的并称，秦汉律令规定应该赏以购金或减免其刑罚的两种行为。"捕告"，系将有罪者扭送官府，并举报其罪行的行为。"诇告"是指向官府举报嫌犯及其处所的行为，官吏将嫌犯抓捕之后，举报者方可获得奖赏。《龙岗秦简》记载有"捕诇"（简74），"诇"，侦。《说文》言部："诇，知处告言之。"《急就章》载："乏兴猥逮诇讂求。颖觉没入檄煨留。"颜《注》："诇，谓知处密告之也。"即侦知罪人藏身之处，告知于官府。《史记·淮南衡山列传》载："王爱陵，常多予金钱，为中诇长安。"《集解》引徐广曰："诇，伺候采察之名也。"《索隐》引邓展曰："诇，捕也。"引徐广："伺察探察之名。"引孟康曰："诇音侦，西方人以反间为侦。"引服虔曰："侦，候也。"

〔5〕 陈松长主编：《岳麓书院藏秦简》（四），上海辞书出版社2015年版，第41-72页。

金布律曰：市冲术者，没入其卖殹（也）于县官，吏循行弗得，赀一循（盾）。县官有卖殹（也），不用此律。有贩殹（也），旬以上必于市，不者令续（赎）迁，没入其所贩及贾钱于县官。典、老、伍人见及或告之而弗告，赀二甲。有能捕告赎迁罪一人，购金一两。卖瓦土壄粪者，得贩卖室中舍中，租如律令。（简 1289 正-1233 正）

金布律曰：禁毋敢以牡马、牝马高五尺五寸以上，而齿未盈至四以下，服轊车及垦田、为人就（僦）载，及禁贾人毋得以牡马、牝马高五尺五寸以上者载以贾市及为人就（僦）载，犯令者，皆赀各二甲，没入马县官。有能捕告者，以马予之。（简 1229 正-1410 正）[1]

以上考析了秦代关于"捕告"的法律规定，出土简牍文献之中记载了大量的相关具体案例，展示了司法案件中相关证据的具体运用情况。捕告嫌犯的同时，当然需要具备相应的证据，而且应当提供客观的物证、证人证言，仅仅"言辞控诉"肯定不被支持。前文所述，《岳麓书院藏秦简》（四）中记载的案例，"癸、琐相移谋购案""尸等捕盗疑购案"等就属于捕告类的案件。睡虎地秦简《封诊式》当中记载了多则"缚诣"，即捕告的式例，向官府扭送控告嫌犯，并提供相应证据作为依据。试例如下：

"□捕"爰书："男子甲缚诣男子丙……（简 17）

"盗铸钱"爰书："某里士五（伍）甲、乙缚诣男子丙、丁……"（简 19）"盗马"爰书："市南街亭求盗才（在）某里曰甲缚诣男子丙……"（简 21）

"群盗"爰书："某亭校长甲、求盗才（在）某里曰乙、丙缚诣男子丁……"（简 26）

"夺首"爰书："某里士五（伍）甲缚诣男子丙……"（简 31）

"告臣"爰书："某里士五（伍）甲缚诣男子丙……"（简 37）

"黥妾"爰书："某里公士甲缚诣大女子丙……"（简 42）

"疬"爰书："某里典甲诣里人士五（伍）丙……"（简 52）

"毒言"爰书："某里公士甲等廿人诣里人士五（伍）丙……"（简 91）

---

[1]　陈松长主编：《岳麓书院藏秦简》（四），上海辞书出版社 2015 年版，第 109-110 页。

"奸"爰书："爰书：某里士五（伍）甲诣男子乙、女子丙……"（简95）

《岳麓书院藏秦简》（六），载有"捕告"的令文，试例：

令治狱者自今以来，有遝（逮）宦者显大夫若或告之而当征捕者，勿擅征，必具以其逮告闻，有诏乃将军禁令与律相缪，军已归而相捕告殹（也），皆以律购赏之，毋以将军令购赏。（1971 正–1186 正）〔1〕

可见，从秦代的法律规定到具体的案例记录都说明了捕告是当时提起诉讼的一种重要形式。告发者提供的言证及发现的其他证据，是案件查与断决的重要线索与依据。

3. "劾"与证据

"劾"〔2〕，释读为官方纠举嫌犯。岳麓秦简的整理者对"劾"作出了释解："官员以职权告发或检举犯罪行为，与普通告发形式的'告'相对。"〔3〕张家山汉简《二年律令·具律》对此作出了较为明确的规定：

治狱者，各以其告劾治之。敢放讯杜雅，求其他罪，及人毋告劾而

---

〔1〕 陈松长主编：《岳麓书院藏秦简》（六），上海辞书出版社 2020 年版，第 72 页。

〔2〕 "劾"，《说文解字》释曰："劾，法有罪也。"段注："法者，谓所法施之。"《广韵》载："劾，穷推罪人也。《急就篇》载："诸罚诈伪劾罪人……"颜师古注："劾，案举之也，有罪则案举。"《文选·通幽赋》注项岱曰："案举曰劾。"《尚书·吕刑正》载："狱成而孚，输而孚。"孔颖达疏"汉世问罪谓之鞫，断狱谓之劾，谓上其鞫劾文辞也。"《唐律疏议》卷五载："即因问所劾之罪而别言余罪者，亦如之。"【疏】议曰："劾者，推鞫之别名。"（刘俊文撰：《唐律疏议笺解》，中华书局 1936 年版，第 365–366 页）沈家本先生考析曰："告、劾是二事，告属下，劾属上，劾有三义：一是上对下之词；二是两人相对之词；三是依《周礼》郑注，为罪法之要辞。"〔《汉律摭遗》卷一《目录》，（清）沈家本撰，邓经元、骈宇骞点校：《历代刑法考》，中华书局 1985 年版，第 1372–1373 页〕徐世虹老师认为，"告"是"下告上"行为的总称，分为"口诉"与"书告"两种形式。"劾"属政府行为，有"劾而不案""先劾后案"及"先案后劾"诸情形，劾颇近似于现代诉讼中的公诉。（参见张晋藩总主编，徐世虹分卷主编：《中国法制通史》第 2 卷《战国秦汉卷》，法律出版社 1999 年版，第577–595 页）日本学者宫宅洁先生认为，"劾"除用于官吏之间的检举外，也可用于官对民的起诉。（参见〔日〕宫宅洁："'劾'小考——中国古代裁判制度的展开"，载杨振红等译：《中国古代刑制史研究》，广西师范大学出版社 2016 年版，第 244–265 页）

〔3〕 朱汉民、陈松长主编：《岳麓书院藏秦简》（三），上海辞书出版社 2013 年版，第 108 页。

擅覆治之，皆以鞫狱故不直论。（简 113）[1]

即强调治狱、覆狱必须以告、劾为前提，若制造障碍不法审讯，或无告、劾而擅自治狱、覆狱者，以不直罪论处。不难发现，告与劾在律中是启动案件的必要程序。

官方纠举嫌犯在西周已出现，《周礼·秋官》载"禁杀戮"官："掌司斩杀戮者，凡伤人见血而不以告者，攘狱者，遏讼者，以告而诛之。"[2]凡伤害他人流血而被害人无法提起诉讼，官吏包庇不予受理，以及行凶者胁迫被害人不能告发的，禁杀戮官应当将其举告于司寇，诛之。西周时还设有专门负责举告的官吏，称为"禁暴氏"。《周礼·秋官》中对其有记载：

　　禁暴氏，掌禁庶民之乱暴力正者，挢诬犯禁者，作言语而不信者，以告而诛之。[3]

其大意为禁暴氏的职责是禁止庶民以暴力侵害别人，凡是有挢诬犯禁、妄言欺诈等行为的，禁暴氏应当向司寇举报而诛之。

从现有材料来看，西周时期官告制度尚未规范，但是已显现出官告制度在初始阶段的特征。春秋战国时期，官告制度进一步发展。最典型的案例便是鲁国司寇孔丘诛少正卯一案。[4]至秦代，官告制度趋于规范化。秦律规定举告犯罪是官吏的义务，如有失职将受法律制裁。睡虎地秦简《语书》记载了南郡郡守腾于公元前 227 年，向其所辖的各县、道官吏发布的命令，令他们严格举告犯罪活动：

　　自从令、丞以下知而弗举论，是即明避主之明法殹，而养匿邪僻之民。（简 5-6）

---

〔1〕 张家山二四七号汉墓竹简整理小组编著：《张家山汉墓竹简［二四七号墓］》，文物出版社 2006 年版，第 24 页。

〔2〕（清）阮元校刻：《十三经注疏》（二），《周礼注疏》卷三六，中华书局 2009 年版，第 1910 页。

〔3〕（清）阮元校刻：《十三经注疏》（二），《周礼注疏》卷三六，中华书局 2009 年版，第 1910 页。

〔4〕 鲁国司寇孔丘举告大夫少正卯，诉其五大罪行，即"心达而险""行辟而坚""言伪而辩""记丑而博""顺非而泽"，并将其诛杀。见《史记》卷四七《孔子世家》"诛鲁大夫乱政者少正卯"。

意为县令、丞以下的官员明明知道犯罪活动而不加检举处罪，这是公然违背君上的大法，包庇邪恶的人。紧接着令中对官吏知而不举的行为，下达了处断规定：

> 若弗知，是即不胜任、不智殴；知而弗敢论，是即不廉殴。此皆大罪殴。（简6-7）[1]

如果不知道，是不称职、不明智；如果知道而不敢处罪，就是不正直。这些都是大罪。

如果说这只是一道郡守下达的命令，在秦代不具有普遍适用的效力，那么《法律答问》中的内容，则是秦代具体的法律规范。其中对基层组织官吏举告犯罪的义务作了明确规定：

> 贼入甲室，贼伤甲，甲号寇，其四邻、典、老皆出不存，不闻号寇，问当论不当？审不存，不当论；典老虽不存，当论。（简98）[2]

典指"里典"，老指"伍老"，均是秦代的基层组织负责人。若贼入室伤人，四邻确实不在家的，不应论处；而里典、伍老即使不在家也要论处。

通过这样的严格的法律规定，督促官吏尽心履行举告犯罪的义务。《龙岗秦简》记有："吏弗劾、论，皆与同罪。"注曰："劾，依法对有罪者追究查处。"即对于犯罪行为，如果官吏不追究，应判与罪犯同罪。《史记·秦始皇本纪》载："吏见知不举者与同罪。"《晋书·刑法志》载："作监临部主见知故纵之例，其见知而故不举劾，各与同罪，失不举劾，各以赎论。"[3]

睡虎地秦简中有关于"劾"的记载：

> 《效律》："尉计及尉官吏节（即）有劾，其令、丞坐之，如它官然。"（简54）
> 《效律》："司马令史掾苑计，计有劾，司马令史坐之，如令史坐官计

---

〔1〕 睡虎地秦墓竹简整理小组编：《睡虎地秦墓竹简》，文物出版社1990年版，第13页。

〔2〕 睡虎地秦墓竹简整理小组编：《睡虎地秦墓竹简》，文物出版社1990年版，第116页。

〔3〕 （唐）房玄龄等撰：《晋书》卷三〇《刑法志》，中华书局1974年版。下同，以下该书只注篇目。

劾然。"（简 55）

《语书》："今且令人案行之，举劾不从令者，致以律，论及令、丞。"（简 7-8）

《里耶秦简》中发现了相对完整的举劾文书，兹录文如下：

里耶秦简 8—651：启陵津船人高里士伍启封当践十二月更，□（廿九日）□正月壬申，启陵乡守绕劾。卅三年正月壬申朔朔日，启陵乡守绕敢言之，上劾一牒（正）正月庚辰旦，隶妾咎以来。履发。（背）[1]

张家山汉简《奏谳书》中有关于"劾"的式例。例如，发生于公元前 220 年的"南郡卒史鼂复攸庫等狱簿案"，是一例较为复杂的覆狱案件，官府经过查寻证据，认定事实，最终作出了断。当时苍梧县出现叛乱，带兵前去镇压的攸县令义等人已阵亡，带领去的士卒、新黔首怕受惩罚，便携带所发的武器隐藏于山中。另外一位随同令史因害怕被制裁，而将装有战败新黔首名册的公文箱丢弃逃跑，这导致应当拘捕的战败新黔首名册与最后征发的新黔首名册混于一起，无法区分，以致对战败逃跑者难以予以制裁。择录如下：

氏曰：劾下，与攸守嫭、丞魁治，令史鼂与义发新黔首往候视，反盗多，益发与战。义死，攸又益发新黔首往系，破，凡三辈，鼂并主籍。其二辈战北当捕，名籍副并居一笥中，鼂亡，不得，未有以别知当捕者。及屯卒□敨，卒已罢去，移徙（?）遝之，皆未来。好畤辟鼂有鞫，氏以为南郡且来复治。庫问，氏以告庫，不知庫上书，它如庫。（简 134-138）[2]

狱史氏供述："劾文书下达之后，与攸县代理县令嫭、县丞魁共同审理此案。令史鼂和义征发新黔首前往侦察，看到叛乱太多，便又征发了一批新黔首前往参战。令史义战死后，攸县再一次征发一批新黔首前往缉捕叛乱者。

<hr />

〔1〕陈伟主编：《里耶秦简牍校释》（第 1 卷），武汉大学出版社 2012 年版，第 191-192 页。

〔2〕张家山二四七号汉墓竹简整理小组编著：《张家山汉墓竹简〔二四七号墓〕》，文物出版社 2006 年版，第 103-104 页。

这一次获得胜利。三次征发新黔首名册，均由令史觱保管。前两次战败的新黔首应当拘捕，但他们的名册也都存放在同一个公文箱里。觱逃跑后没有抓获，无人能分辨出哪些是应当拘捕的新黔首名册。屯卒敬，卒已也都遣散他处，发函逮捕，都未抓获。觱在好畤县另有他案被关押。我认为南郡府将会来复审此案的。庫讯问时，我已经告诉庫，不知道他上书的事。其他情节，和庫说的相同。"

《岳麓书院藏秦简》（六）中载有关于"劾"的令，试例：

　　丞、令、令史、吏或智（知）其讹（诈）伪相移，利其易责（债）而弗劾论。有后坐相移居……为除（假）责（债）者当与同罪，丞、令、令史、吏或智（知）而弗劾论，当为纵罪人，其弗智（知）……（1311 正、C5-9-3+0024 正）[1]

大意为县丞、县令、令史及县吏，知道负债者转移财产，以逃避债务而不举劾，以纵囚论处。

《岳麓书院藏秦简》（六）还载有关于"告奔劾"的内容。"奔劾"，应为一类特定的文书名，即持劾书而奔走，而"奔劾者"则为持劾书而奔走的人。因为是"奔劾"，当然是有日程规定和限制的，故简文中要根据其里程来核算其送达时间，凡有延误者，当及时举报，不举报者，"以纵罪人律论之"。[2]

　　请：自今以来，县□劾（？）计（？）……封其（？）符，令（？）人校（简 1478 正）
　　谨以道里计之，有失期盈二日以上，当告奔劾者，智（知）弗告奔劾，皆以所当告奔劾而弗告奔劾之日数定罪，以纵罪人律论之。所告奔劾者得及自出，而后有□□告奔劾者，不为不审。（简 1356 正-1462 正）

〔1〕　陈松长主编：《岳麓书院藏秦简》（六），上海辞书出版社 2020 年版，第 54 页。
〔2〕　参见陈松长："岳麓秦简《奔警律》及相关问题浅析"，载《湖南大学学报（社会科学版）》2017 年第 5 期。

这是官府发布的一条"奔警"〔1〕令，即"闻警奔走"，令黔首到指定的岗位，如果黔首路上拖延，没有在规定时间到达指定位置，失期两日以上，相关的吏要对失期的黔首进行"告奔劾"，知道而未告奔劾，应依据当告而未告的日数定罪，以纵罪人律论处。对特定黔首"告奔劾"之后，文书抄送沿途各官署，让他们注意抓捕。若被"告奔劾"的黔首已被官府抓获或自首，不知情的官吏还在告奔劾，则不算"告不审"。

> 诸与系者及囚奸，虽和之，皆以强与人奸律论之，而除女子。官啬夫、吏主系者智（知）其奸而弗劾，以纵罪人律论之，弗智（知），赀各二甲。（1456 正、1484 正）

与被捕之人及囚犯发生奸情，即使双方和奸，也均依照强与人奸律论处，女子免于处罚。若官啬夫、吏主知道行奸而不举告，以纵罪人律处罚。若不知，则各赀二甲。

> 诸当衣赤衣冒擅（甀）【枸椟杕及当钳及当盗戒（械），而擅解衣物以上弗服者，皆以自爵律】论之，其罪鬼薪白粲以上，有（又）驾（加）其罪一等。以作暑故初及卧、沐浴而解其赤衣擅（甀）者，不用此令。（0165 正、J29+J64-3 正、1477 正）〔2〕

诸囚徒穿赤色囚服、戴械具，擅自解除者，均以自爵律论处，鬼薪、白

---

〔1〕　此简文涉及"奔警律"，《岳麓书院藏秦简》（四）记录有"奔警律"，简1252："奔敬（警）律曰：先邻黔首当奔敬（警）者，为五寸符，人一，右在［县官］，左在黔首，黔首佩之节（即）奔敬（警）。诸挟符者皆奔敬（警）故。"简1253："徼外盗徹所，合符焉，以讁（選）伍之。黔首老弱及癃病，不可令奔敬（警）者，牒书署其故，勿予符。其故徼县道。"简1369："各令，令守城邑害所，豫先分善署之，财（裁）为置将吏而皆令先智（知）所主；节（即）奔敬（警），各亟走，所主将吏善办治。"简文注曰："奔警，闻警奔走。这一组奔警律涉及听闻军事警报以后吏将黔首编为军队，并指挥其奔走至相关地域展开军事行动的规定。"（陈松长主编：《岳麓书院藏秦简》（四），上海辞书出版社2015年版，第169页）此律用以规范、约束徭役人员，《二年律令·兴律》载有关于当服徭役者"奔命"条："当奔命而逋不行，完为城旦舂。"（简399）"奔命"意为"闻命奔走"，即接到命令而迅疾奔走，其与"奔警"的意思相近。秦汉律，对于服徭役者，规定了严格的到岗期限，逾期施以处罚。《二年律令·兴律》规定："当戍，已受令而逋不行盈七日，若戍盗去署及亡盈一日到七日，赎耐；过七日，耐为隶臣；过三月，完为城旦。"（简398）

〔2〕　陈松长主编：《岳麓书院藏秦简》（六），上海辞书出版社2020年版，第56-60页。

綮以上罪者，加一等处罚。若因暑热、睡觉及沐浴时解除的，不用此令。

（二）对起诉状的据证审核与处理

秦代开启了法家全面治世的模式，"治道运行，诸产得宜，皆有法式"。[1]为有效惩治犯罪行为，官府采取鼓励告奸的措施。但是，为了避免诬告、告不实等滥告行为，以及有违伦理、等级的控告行为，对告诉作了诸多限制。由此，对待诉案，官府首先要查看诉状，审核诉讼理由，确定其是否符合相关法律规范的要求。如果与法律规范不符，即使其举告具有充分的理由与证据，官府也不予以受理，对坚持告发者还要给予制裁。同时，秦律对诬告与告不审的行为规定了相应的处罚措施。

1. "告不审"

"审"指正确、真实，"不审"则为"不正确、不真实"之意。"告不审"即"控告不实"。"赵高案治李斯"中有关于"不审"的记述："二世以为然。欲案丞相，恐其不审，乃使人案验三川守与盗通状。"[2]秦二世听从赵高的计谋，预计案治丞相李斯，但是担心有违实情，于是派人核验三川之守李由与盗勾结的情况。

睡虎地秦简《法律答问》中有多项关于"告不审"的示例，兹举如下：

> 告人盗百一十，问盗百，告者可（何）论？当赀二甲。盗百，即端盗驾（加）十钱，问告者可（何）论？当赀一盾。赀一盾应律，虽然，廷行事以不审论，赀二甲。（简38-39）

控告他人盗窃一百一十钱，审问结果是盗窃一百钱，控告者应如何论处？应罚二甲。盗窃一百钱，控告者故意私加十钱，问控告者应如何论处？应罚一盾。罚一盾符合法律，但成例以控告不实论处，罚二甲。

> 甲告乙盗牛，今乙盗羊，不盗牛，问可（何）论？为告不审。（简47）[3]

---

〔1〕《史记》卷六《秦始皇本纪》。
〔2〕《史记》卷八七《李斯列传》。
〔3〕睡虎地秦墓竹简整理小组编：《睡虎地秦墓竹简》，文物出版社1990年版，第102页。

甲控告乙盗牛，现在乙是盗羊，不是盗牛，问甲应如何论处？

　　　告人曰邦亡，未出徼阑亡，告不审，论可（何）殹（也）？为告黥城旦不审。（简48）[1]

控告他人说逃出国境，实际没有私出边界，所控告不实，应如何论处？作为控告应判黥城旦的罪而不实。

　　　伍人相告，且以辟罪，不审，以所辟罪罪之。有（又）曰："不能定罪人，而告它人，为告不审。"今甲曰伍人乙贼杀人，即执乙，问不杀人，甲言不审，当以告不审论，且以所辟？以所辟论当殹。（简96-97）[2]

即同伍的人相控告，加以罪名，不确实，应以所加的罪名论处控告者。律文又说："不能确定罪人，而对他人进行控告，称为所告不实。"如甲控告说同伍的乙杀了人，因而将乙拘捕，经审讯乙并未杀人，甲所言不实，应以告不实论处，还是以所加的罪名论处？应以所加的罪名论处。

简牍文献还有"劾人不审"的记载，指由官吏进行的不实报告。悬泉汉简有关于此的记载：

　　　劾人不审为失，以其赎半论之。（Ⅰ0112①：1）[3]

由于官府告发人不实，应该适用赎其刑罚一半的罚金。

2."诬告反坐"与"告盗加赃"

所谓"诬告"，就是编造虚假的诉讼理由，罗列伪造的证据举告他人犯罪，意图诬陷他人，使其受到法律追究。《唐律疏议·斗讼》载："诸诬告人者，各反坐。"【疏】议曰："凡人有嫌，遂相诬告者，准诬罪轻重，反坐告人。"[4]秦代诬告行为不在少数，一则是由于仇隙使然，二则也是商鞅变法鼓

---

[1]　睡虎地秦墓竹简整理小组编：《睡虎地秦墓竹简》，文物出版社1990年版，第104页。

[2]　睡虎地秦墓竹简整理小组编：《睡虎地秦墓竹简》，文物出版社1990年版，第116页。

[3]　胡平生、张德芳编撰：《敦煌悬泉汉简释粹》，上海古籍出版社2001年版，第17页。

[4]　参见刘俊文点校的法律出版社1999年版《唐律疏议》卷二三《斗讼》。

励告奸所致，受奖赏驱使，以致"告风"盛行。为了保持社会秩序的稳定，秦律对诬告行为予以严厉制裁，一般以"诬告反坐"的原则加以处置。相对于"告不审"，对"诬告"行为的处罚更重。《二年律令·告律》载：

> 诬告人以死罪，黥为城旦舂；它各反其罪。告不审及有罪先自告，各减其罪一等，死罪黥以为城旦舂，城旦舂罪完为城旦舂，完为城旦舂罪□□鬼薪白粲及府（腐）罪耐为隶臣妾，耐为隶臣妾罪耐为司寇，司寇、千（迁）及黥颜頯罪赎耐，赎耐罪罚金四两，赎死罪赎城旦舂，赎城旦舂罪赎斩，赎斩罪者赎黥，赎黥罪赎耐，耐罪□金四两罪罚金二两，罚金二两罪罚金一两。令、丞、令史或偏（编）先自得之，相除。（简126-131）[1]

除了诬告人死罪，应判处黥为城旦舂罪，其他的情况的"诬告"要比"告不审"（告不实）罪重一等，并明确了各项的具体处罚。

"诬告"与上文所论述的"告不审"行为，两者最大区别在于行为人的主观是否出于故意，《法律答问》对此作出了规定：

> 律曰"与盗同法"，有（又）曰"与同罪"，此二物其同居、典、伍当坐之。云"与同罪"，云"反其罪"者，弗当坐。（简20）

律文说"与盗同法"，又说"与同罪"，这两类犯罪的同居、里典和同伍的人都应连坐。律文说"与同罪"，但又说"反其罪"的，犯罪者的同居、里典和同伍的人不应连坐。注释中"反其罪"解为"诬告反坐"。

> 甲告乙盗牛若贼伤人，今乙不盗牛、不伤人，问甲可（何）论？端为，为诬人；不端，为告不审。（简43）[2]

甲控告乙盗牛或杀伤人，现在乙没有盗牛、没有伤人，问甲应如何论处？如系故意，为诬告他人；不是故意，则为控告不实。这一条法律解释，较为

〔1〕张家山二四七号汉墓竹简整理小组编著：《张家山汉墓竹简［二四七号墓]》，文物出版社2006年版，第26页。
〔2〕睡虎地秦墓竹简整理小组编：《睡虎地秦墓竹简》，文物出版社1990年版，第98页。

明确地区分了"诬告"与"告不审",主观系故意为"诬告",主观系过失则为"告不审"。

《法律答问》中关于处罚诬告的记述很多,试例如下:

> 诬人盗直(值)廿,未断,有(又)有它盗,直(值)百,乃后觉,当并赃以论,且行真罪、有(又)以诬人论?当赀二甲一盾。(简49)[1]

意为诬告他人犯盗窃罪,尚未判决,其本人又另犯盗窃罪,然后被发现,应当将两项盗罪的赃值合并,还是先按照实际盗窃的赃值判处,再追究其诬告罪责?应当罚两甲一盾。这是案件呈现出复杂性,既有诬告他人盗窃,同时本人又犯盗窃罪,为了使官吏能够正确判罚而进行的答问。

《法律答问》中关于"诬告罪"的规定还有:

> 上造甲盗一羊,狱未断,诬人曰盗一猪,论何殴?当完城旦。(简50)[2]

上造甲盗窃了一只羊尚未判决,又诬告他人盗窃了一头猪,应怎样论处?应当使其承担完城旦刑。

这是关于犯其他罪在先,又犯诬告罪的处罚规定。此类答问还如:

> 当耐司寇而以耐隶臣诬人,可(何)论?当耐为隶臣。■当耐为候罪诬人,可(何)论?当耐为司寇。(简117)

应判处耐为司寇刑的人,以应耐为隶臣的罪名诬告他人,怎样论处?诬告者应耐为隶臣。应判耐为候的人,以应……的罪名诬告他人,如何论处?诬告者应当耐为司寇。

> 当耐为隶臣,以司寇诬人,可(何)论?当耐为隶臣,有(又)击(系)城旦六岁。(简118)

---

[1] 睡虎地秦墓竹简整理小组编:《睡虎地秦墓竹简》,文物出版社1990年版,第103页。

[2] 睡虎地秦墓竹简整理小组编:《睡虎地秦墓竹简》,文物出版社1990年版,第105页。

应判处耐为隶臣的人，以应为司寇的罪名诬告他人，如何论处？诬赖者应耐为隶臣，并拘禁为城旦六年。

> 完城旦，以黥城旦诬人。可（何）论？当黥。甲贼伤人，吏论以为斗伤人，吏当论不当？当谇。（简119）

应判处完城旦的人，以应黥城旦的罪名告他人，如何论处？诬告者应处以黥刑。甲杀伤人，吏以斗殴伤人论处，吏应否论罪？应申斥。

> 当黥城旦而以完城旦诬人，可（何）论？当黥劓。（简120）[1]

应判处黥城旦的人，以完城旦的罪名告他人，如何论处？诬告者应处以黥劓。

此外，秦律中还有"告盗加赃"的规定，《法律答问》中对此的解答规定是：

> 甲盗羊，乙知，即端告日甲盗牛，问乙为诬人，且为告不审？当为告盗加赃。（简45）

意为乙明知甲盗窃羊，却故意控告甲盗窃牛，问对乙应该是以诬告还是以告不审论处？应以控告盗窃增加赃数论处。可以看出，"告盗加赃"与"告不审"的区别也在于控告者主观上是否故意轻罪重告。其后的一条答问简文对此也予以印证：

> 甲盗羊，乙知盗羊，而不知其羊数，即告吏日盗三羊，问乙何论？为告盗加赃。（简46）[2]

即乙知道甲盗窃羊，但不知道盗窃的数目，却控告说甲盗窃了三只羊，对乙应如何论处？应以控告盗窃增加赃数论处。

同时，为了打击重大的犯罪行为，秦律也规定，若所控告的是盗窃数额

---

〔1〕 睡虎地秦墓竹简整理小组编：《睡虎地秦墓竹简》，文物出版社1990年版，第121-122页。
〔2〕 睡虎地秦墓竹简整理小组编：《睡虎地秦墓竹简》，文物出版社1990年版，第104页。

达到"大误"标准〔1〕或者系杀伤人等严重的犯罪案件，即使控告不实也不追究告发者的法律责任。兹列举《法律答问》中几条相关的解答，以为例：

> 告人盗千钱，问盗六百七十，告者何论？毋论。（简40）

控告他人盗窃一千钱，审问结果是盗窃六百七十钱，对诬告者应如何论处？不予论处。

> 诬人盗千钱，问盗六百七十，诬者何论？毋论。（简41）

诬告他人盗窃一千钱，审问结果是盗窃六百七十钱，对诬告者应如何论处？不予论处。

> 甲告乙盗直（值）□□，问乙盗卅，甲诬驾（加）乙五十，其卅不审，问甲当论不当？廷行事赀二甲。（简42）

甲控告乙盗窃值……钱的东西，审问结果是盗窃三十钱，甲诬加乙五十钱，又有三十钱不实，问甲应否论处？成例应罚二甲。

> 甲告乙盗牛，今乙贼伤人，非盗牛殹（也），问甲当论不当？不当论，亦不当购；或曰为告不审。（简44）〔2〕

甲控告乙盗牛，现在乙是杀伤人，不是盗牛，问甲应否论处？不应论处，也不应奖赏；一说应作为控告不实。

通过这三条答问，可以看出，如果是"盗六百六十钱"以上或者杀伤人等重案，即使控告者告不审，甚至诬告，均不追究其法律责任。秦代之所以有如此规定，在于鼓励告发重大刑事犯罪案件，以维持统治秩序的稳定。

3."公室告""非公室告"及"家罪"

经过商鞅变法，秦代制定了较为严密的鼓励、强制告奸制度。其"连坐"

---

〔1〕 睡虎地秦墓竹简《法律答问》载："何谓'大误'？人户、马牛及诸货财值过六百六十钱为'大误'，其他为小。"

〔2〕 睡虎地秦墓竹简整理小组编：《睡虎地秦墓竹简》，文物出版社1990年版，第102-103页。

法，除了邻里连坐，还包括同居连坐。亲属间承担连带责任，不得隐匿、包庇罪行。《商君书·禁使》载："故至治，夫妻交友不能相为弃恶盖非，而不害于亲，民人不能相为隐。"[1]强调最好的治理状态，夫妻、朋友之间都不能相互包庇、掩盖罪恶，且不妨害亲情，缘于周围的民众不容他们隐瞒。《法律答问》中有关于此方面的规定：

> 律曰："与盗同法"，有（又）曰"与同罪"，此二物其同居、典、伍当坐之。云"与同罪"，云"反其罪"者，弗当坐。（简20）

律文规定"与盗同法"，又说"与同罪"，涉及这两类犯罪的同居者、里典和同伍之人都应连坐。律文规定"与同罪"，但又说"反其罪"的，犯罪者的同居者、里典和同伍之人不应连坐。

> "盗及者（诸）它罪，同居所当坐。"可（何）谓"同居"？户为"同居"，坐隶，隶不坐户谓殹（也）。（简22）[2]

"盗窃和其他类似犯罪，同居应连坐。"什么叫"同居"？同户就是"同居"，但奴隶犯罪，主人应连坐，主人犯罪，奴隶则不连坐。

通过以上资料分析可以发现，秦代对于盗窃罪及与盗窃罪同类性质的犯罪，其同居者、里典及同伍之人须承担连带责任。至于犯其他罪是否需要连坐，目前未见到可考据的资料。

对于一般犯罪，秦律允许父子相互举告，《封诊式》中有关于此类同居相告的案例，"告子"即是一例：

> 某里士五（伍）甲告曰："甲亲子同里士五（伍）丙不孝，谒杀，敢告。"即令令史己往执。令史己爰书：与牢隶臣某执丙，得某室。丞某讯丙，辞曰："甲亲子，诚不孝甲所，毋（无）它坐罪。"（简50—51）[3]

可见，父告子是得到允许的。秦律也允许妻子控告丈夫的罪行，《法律答

---

[1] 参见石磊译注的中华书局2011年版《商君书·禁使》。
[2] 睡虎地秦墓竹简整理小组编：《睡虎地秦墓竹简》，文物出版社1990年版，第98页。
[3] 睡虎地秦墓竹简整理小组编：《睡虎地秦墓竹简》，文物出版社1990年版，第156页。

问》规定：

"夫有罪，妻先告，不收。"妻媵（媵）臣妾、衣器当收不当？不当收。（简170）[1]

"丈夫有罪，妻先告发，不没收为官婢。"妻陪嫁的奴婢，衣物应否没收？不应没收。妻有罪被收，妻陪嫁的奴婢，还是给其丈夫？给其丈夫。

一般情况下，子女控告父母也是允许的，这在《法律答问》中也有规定：

削（宵）盗，臧（赃）直（值）百一十，其妻、子智（知），与食肉，当同罪。（简17）[2]

有人夜间行盗，赃值一百一十钱，其妻、子知情，与其一起用钱买肉吃，其妻、子应同样论罪。若告发当不为罪，可见也要求子女告发父母之罪。

但是，并非在任何情况下，子女、下人均可以控告尊长。这体现在秦律有关"非公室告"的规定当中。秦律对卑幼对尊长的控告行为作出了限制性规定，即凡属非公室告的案件，作为卑幼子、奴妾或臣妾不得控告作为尊长的父母和主人。若坚持控告，对卑幼治罪。见《法律答问》的规定："子告父母，臣妾告主，非公室告，勿听。……而行告，告者罪。"（简104）即子控告父母，奴婢控告主人，非公室告，不予受理。而且，若控告者已因非公室告被治罪，其他人再行控告，也不予受理。"告【者】罪已行，它人又袭其告之，亦不当听。"（简105）

具体何为"公室告"，何为"非公室告"呢？《法律答问》对此有释解：

公室告何殴？非公室告何殴？贼杀伤、盗它人为公室；子盗父母，父母擅杀、刑、髡子及奴妾，不为公室告。（简103）

该律条对公室告与非公室告作出了较为明确的区分。"公室告"指因杀伤或盗窃他人而提起的诉讼；"非公室告"指对子盗窃父母，父母擅自杀死、刑伤、髡其子及臣妾的行为进行的告发。另一条文中将"非公室告"界定为：

---

[1]　睡虎地秦墓竹简整理小组编：《睡虎地秦墓竹简》，文物出版社1990年版，第133页。

[2]　睡虎地秦墓竹简整理小组编：《睡虎地秦墓竹简》，文物出版社1990年版，第97页。

何谓非公室告？主擅杀、刑、髡其子、臣妾，是谓非公室告。（简104）[1]

这里指出非公室告为家主擅自杀死、刑伤、髡剃其子或者奴婢而提起的诉讼。两条简文对于非公室告的解答略有不同，但都强调是尊长对卑幼的杀伤行为。

也就是说，对于公室告，秦律鼓励告奸，而且还要对明知不举的行为进行处罚；而对于非公室告则予以限制。此外，秦律禁止子控告亲生父母对本人的盗窃行为。若非亲生，彼此没有血缘关系，则可以控告。《法律答问》释解曰：

"父盗子，不为盗。"今假父盗假子，可（何）论？当为盗。（简19）[2]

父亲盗窃儿子的东西，不作为盗窃。如义父盗窃义子的东西，应如何论处？应作为盗窃。

当然，对于非公室告的限制并非是绝对的，不可能将卑幼的权利置于完全无保护的状态之下，导致对卑幼的恶意伤害。如果经过官府审核，有证据证明是擅杀行为，则要对尊者治罪。《法律答问》中对尊长擅杀伤卑幼的行为以答问的形式作出了明确规定，例如"擅杀子，黥为城旦舂"。

秦律中规定了"家罪"，对其不得举告，官府也不受理。秦律对"家罪"规定为，仅在于亲生父母与子女、主人和奴仆之间的特定犯罪行为。《法律答问》中对"家罪"作了较为明确的界定，并释解了两类情形：

可（何）谓"家罪"？父子同居，杀伤父臣妾、畜产及盗之，父已死，或告，勿听，是胃（谓）"家罪"。（简108）

什么叫"家罪"？父子居住在一起，子杀伤及盗窃父亲的奴婢、牲畜，父死后，有人控告，不予受理，这叫"家罪"，是"家罪"的一种。《法律答问》将另一种"家罪"释为：

"家人之论，父时家罪殹（也），父死而誧（甫）告之，勿听。"可

---

[1] 睡虎地秦墓竹简整理小组编：《睡虎地秦墓竹简》，文物出版社1990年版，第117-118页。

[2] 睡虎地秦墓竹简整理小组编：《睡虎地秦墓竹简》，文物出版社1990年版，第98页。

（何）谓"家罪"？"家罪"者，父杀伤人及奴妾，父死而告之，勿治。（简106）

"对家属的论处，如系父在世时的家罪，父死后才有人控告，不予受理。"什么叫家罪？家罪即父杀伤了人以及奴婢，在父死后才有人控告，不予处理。

秦律中还有关于"葆子"的规定，此种情形比照"家罪"案件对待。"葆子"，《秦律十八种》中的《司空》条注为："葆，通保。葆子即任子。"〔1〕可见，有关"葆子"的规定，是对特定身份者在司法上的宽宥，我们来看《法律答问》中的具体释解：

葆子以上，未狱而死若已葬，而誧（甫）告之，亦不当听治，勿收，皆如家罪。（简107）〔2〕

葆子以上有罪未经审判而死或已埋葬，才有人控告，不加拘捕，都和家罪同例。

经过以上考析，不难发现，"公室罪"是对家庭以外其他社会成员的人身、财产的侵犯行为，被视作对社会秩序整体的破坏，也可以说是危害公共安全的犯罪，因而称为"公室犯罪"。因此，秦律严厉制裁这种"公罪"，并鼓励百姓进行举告。〔3〕而对于"子告父母""父母擅杀、刑、髡子及奴妾"等"家罪"行为，则不支持举告，以此维护"亲亲""尊尊"的伦常秩序。

4. "投书"与"州告"

"投书"即以匿名信的方式举告犯罪行为。这种举告方式，证据无法确信，案件事实难以查明，审理以这样的方式提起的诉讼案件易造成冤错。同时，这种方式易引起社会不安，扰乱统治秩序。所以，秦律对"投书"举告不仅不接纳，如果发现投书人，还要对之进行惩治。《法律答问》中将之释解为：

"有投书，勿发，见辄燔之；能捕者购臣妾二人，系投书者鞫审谳之。"所谓者，见书而投者不得，燔书，勿发；投者【得】，书不燔，鞫

---

〔1〕 睡虎地秦墓竹简整理小组编：《睡虎地秦墓竹简》，文物出版社1990年版，第52页。

〔2〕 睡虎地秦墓竹简整理小组编：《睡虎地秦墓竹简》，文物出版社1990年版，第118-119页。

〔3〕 参见栗劲：《秦律通论》，山东人民出版社1985年版，第315页。

审谳之之谓殹。（简 53-54）〔1〕

"有投匿名信的，不得拆阅，见后应即烧毁；能捕获投信者，奖励男女奴隶两名，将投信人囚禁，经审讯定罪。"律文意为，见到匿名信而未捕获投信人，应立即将信销毁，不得开阅；若已捕获投信人，不要烧毁信件，将投信者审讯定罪。

秦律中还记载关于"州告"的法律规定：州告就是指控告他人犯罪，经审核不成立而被拒绝审理，后又以其他事由控告。对此，官府不予受理，并且以所告不实论处。官府经过对诉状审劾后认为所诉没有依据，或者诉讼理由不能成立，因而驳回其诉讼请求。之后，起诉者为了达到目的又更换诉讼理由，再行起诉。这种行为不仅扰乱了社会秩序，也给司法工作的正常进行造成了妨碍。为了约制告发的这种随意性，防止滥告而对之采取拒绝乃至制裁的措施，以避免司法官吏被繁碎的诉讼活动所拖累，从而影响案件审判的质量。《法律答问》载：

> 何谓"州告"？"州告"者，告罪人，其所告且不审，又以它事告之。勿听，而论其不审。（简 100）〔2〕

5. 禁止举告死者

秦代司法机关拒绝受理对死者提起的诉讼，即使告发者能够提供确凿的定罪证据，官府也不予受理。这体现出秦代诉讼制度理性的一面。秦简《法律答问》中的解答能够具体印证这一点：

> 甲杀人，不觉，今甲病死已葬，人乃后告甲，甲杀人审，问甲当论及收不当？告不听。（简 68）〔3〕

甲杀人后未被发现就死亡了，已经被埋葬，事后有人对其进行控告，经审查甲杀人行为属实，问是否应当对甲论罪并没收其家属？对控告不予受理。

---

〔1〕 睡虎地秦墓竹简整理小组编：《睡虎地秦墓竹简》，文物出版社 1990 年版，第 106 页。

〔2〕 睡虎地秦墓竹简整理小组编：《睡虎地秦墓竹简》，文物出版社 1990 年版，第 117 页。

〔3〕 睡虎地秦墓竹简整理小组编：《睡虎地秦墓竹简》，文物出版社 1990 年版，第 109 页。

这一规定对我们正确认识秦代的"连坐"制度有重要意义。商鞅变法确立了秦代的族刑连坐制度，《史记》卷八《高祖本纪》裴骃《集解》引张晏曰："秦法，一人犯罪，举家及邻伍坐之。"[1]但是，通过简文可知，在秦代的具体司法实践中，事实却并非如此。被告人杀人后死亡，即不予追究，也不株连其家属。当然，这应当是对于普通的刑事案件，若是欺君盗国的重大案件，并不按此项法律处理。例如，《史记·秦始皇本纪》对公元前214年一起案件的记载：

> 王弟长安君成蟜将军击赵，反，死屯留，军吏皆斩死，迁其民于临洮。将军壁死，卒屯留、蒲鹬反，戮其尸。[2]

将军虽然已经死亡，但是仍然被戮尸处刑。可见，禁止控告死者，不追究其刑事责任只是一般性的规定。

综上可见，秦代已经确立起一套审核严密、类别齐全的起诉制度。起诉是启动诉讼审判的首要环节，其与证据密切相关。各类诉讼的提起方式虽然不同，但归根到底都是证据的具体运用过程，诉状本身将成为案件审理的重要证据。司法机关对起诉要进行审核，查验其诉讼的理由与依据是否成立，如果同法律所规定的禁止性要求相违背，则拒绝受理，甚至要追究起诉者的刑事责任。

四、勘验中的证据采集

勘查是证据采集与检验的核心环节，可为判官裁断提供最重要的证据。宋慈在《洗冤集录》中记曰："狱事莫重于大辟，大辟莫重于初情，初情莫重于检验。"[3]通过勘查形成现场勘验报告，作为侦查和司法人员对发案现场、物品、人身及尸体等检验后写出的报告材料。这种取证方式，可为剖析案情、判断案件性质、确定侦查方向和最终破案提供线索和依据。同时，勘验报告也是伤情鉴定书，根据它可以确定被害人受伤害的程度，并以此对被告人作

---

[1] 《史记》卷八《高祖本纪》。
[2] 《史记》卷六《秦始皇本纪》。
[3] （南宋）宋慈：《洗冤集录》，上海古籍出版社2008年版，第1页。

出相应的处罚。[1]在充分吸收先秦时期已有经验的基础之上，秦代证据制度取得了较大的突破，很大程度上体现在勘验取证制度的完善。

（一）勘验制度的起源

勘验制度在中国古代起源很早，古代司法裁断实践中对案件现场、物品、人身及尸体等的勘察检验，存在已久。《史记·扁鹊仓公列传》载："上古之时，医有俞跗，……割皮解肌，诀脉结筋，搦髓脑，揲荒爪幕，湔浣肠胃，漱涤五藏，炼精易形。"[2]就目前所掌握的资料来看，至迟在西周时期已经实行了这种制度。据《礼记·月令》载："是月也，命有司修法制，缮囹圄，具桎梏，禁止奸，慎罪邪，务搏执。命理瞻伤、察创、视折、审断，决狱讼，必端平。"[3]也就是说，发生伤害案件以后，司法官要对受伤害者的身体进行检验，根据伤害的程度，作出伤皮、伤肉、断骨和骨肉皆断的检验结论，以便于定罪科刑。

（二）勘验取证制度的程序与内容

至秦代，勘验制度已经趋于规范化，如特定的勘验主体、相对严密的勘验程序以及完整的勘验报告。勘验由县司法机构指派令史带领牢隶臣进行。在现场勘验时，要求有见证人在场，一般由当事人的家属、邻居和基层组织的负责人担任。见证人有义务向司法机构的官吏提供与案件有关的真实情况。通过对简牍文献的考察，秦代承担勘验任务的主体有令史、隶臣、隶妾、亭长、游徼、医生及兽医等。

司法官吏已懂得通过细致的勘查和检验来发现、收集犯罪的痕迹，寻找物证。使案件的最终裁断，有相对可靠的依据。我们从以下方面考析秦代的勘验制度。

1. 勘验程序

通过考析以《睡虎地秦墓竹简》为主的出土简牍文献，不难发现，秦代勘验活动已经形成较为固定、完整的程序。

第一步，在发现案件或者收到举报案件后，随即派遣令史、隶臣等前往

---

[1] 参见张琮军：《秦汉刑事证据制度研究》，中国政法大学出版社2012年版，第58页。

[2] 《史记》卷一五〇《扁鹊仓公列传》。

[3] （清）阮元校刻：《十三经注疏》（清嘉庆刊本）（三），《礼记正义》卷一六，中华书局2009年版，第2972-2973页。

现场勘察，"即令令史往诊"。

第二步，维持现场原状，进行全面、细致勘验。在勘验过程中，无关人员不许靠近，以免破坏现场，影响勘验。这从《封诊式》中"经死""贼死"及"穴盗"等案件中能够得到鲜明的印证。例如"经死"爱书记曰："诊必先谨审视其迹，当独抵死（尸）所……"（简68-69），即检验时必须首先仔细观察痕迹，应独自到达尸体所在地点。随后，全方位勘察、记录吊死尸体及现场场景，悬挂尸体的椽子、绳索系结的方式以及尸体的外观，并记录测量的数据。这些工作完成之后，才将尸体解下来检验。

第三步，询问、调查相关人员。对现场勘察完毕之后，为了进一步了解案情，验明事实，往往要询问、调查周边相关人员。例如，"经死"式例中，"自杀者必先有故，问其同居，以合（答）其故"（简72）。即自杀的人必须先有原因，要询问他的同居，使他们回答其原因。"贼死"式例中，司法官员最后询问举报人甲、同亭人员及丙："讯甲亭人及丙，智（知）男子可（何）日死，闻号寇者不殴（也）？"（简61-62）。即讯问甲同亭人员和丙是否知道男子死在哪一天，有没有听到呼喊有贼的声音？"穴盗"式例中，司法官员在对现场细致、全面勘察记录之后，询问丢失绵裻衣的夫妻乙和丙，以及邻居，以具体了解盗窃案件的相关情况：

> 讯乙、丙，皆言曰："乙以迺二月为此衣，五十尺，帛裹，丝絮五斤装，缪缯五尺缘及殿（纯）。不智（知）盗者可（何）人及蚤（早）莫（暮），毋（无）意殴（也）。"讯丁、乙伍人士五（伍）□，曰："见乙有祜复衣，缪缘及殿（纯），新殴（也）。不智（知）其裹□可（何）物及亡状。"（简81-83）[1]

讯问乙、丙，都声称乙在本年二月做的这件衣服，用料五十尺，用帛做里，装了绵絮五斤，用缪缯五尺做镶边，不知道窃犯是谁和盗窃的时间，没有怀疑的对象，讯问丁和乙的邻居士伍某说："曾见过乙有一件绵裻衣，用缪缯镶边，不知道衣里是什么做的，也不知道丢失的情形。"

这几则案例历史久远，堪称我国早期尸体勘验的经典范例。从原始文献

---

[1] 睡虎地秦墓竹简整理小组编：《睡虎地秦墓竹简》，文物出版社1990年版，第160页。

不难发现，秦代已经确立了较为完整的勘验制度，不仅注重对现场的细致查验，而且意识到对案件相关情况的走访调查，对后世勘验制度的成熟产生了深刻的影响。其中，有关于勘验自缢人的记述时，强调应当对相关人员展开细致的调查询问，以辅助验明案情：

> 凡验自缢人，先问元申人，其身死人是何色目人？见时早晚？曾与不曾解下救应？申官时早晚？如有人识认，即问自缢人年若干？作何经纪？家内有甚人？却因何在此间自缢？若是奴仆，先问雇主讨契书辨验。仍看契上有无亲戚？年多少？更看元吊挂踪迹去处。如曾解下救应，即问解下时有气脉无气脉？解下约多少时死？切须子细。[1]

2. 勘验内容

通过《封诊式》中"贼死""经死"及"穴盗"等典型式例，可以分析秦代现场勘验的具体内容。

（1）详细勘察记录现场的方位、死象及衣着。

"贼死"爰书：

> 男子死（尸）在某室南首，正偃……男子西有秦綦履一两，去男子其一奇六步，一十步；以履履男子，利焉。地坚，不可智（知）贼L。男子丁壮，析（晢）色，长七尺一寸，发长二尺；其腹有久故瘢二所。男子死（尸）所到某亭百步，到某里士五（伍）丙田舍二百步。令甲以布裙埋男子某所，侍（待）令。以襦、履诣廷。（简 56-61）[2]

男子尸体在某家以南，仰身……男子系壮年，皮色白，身长七尺一寸，发长二尺，腹部有灸疗旧疤两处，男子尸体距某亭一百步，距某里士伍丙的农舍二百步，命甲用布裙将男子掩埋在某处，等候命令，把短衣和履送交县廷。

"经死"爰书：

> 丙死（尸）悬其室东内中北廇权，南乡（向），以枲索大如大指，

---

〔1〕（南宋）宋慈：《洗冤集录》卷三《自缢》，上海古籍出版社 2008 年版，第 81 页。

〔2〕睡虎地秦墓竹简整理小组编：《睡虎地秦墓竹简》，文物出版社 1990 年版，第 157 页。

旋通系颈，旋终在项。索上终杈，再周结索，余末衰二尺。头上去杈二尺，足不傅地二寸，头北（背）傅廇，……杈大一围，衰三尺，西去堪二尺，堪上可道终索。地坚，不可智（知）人迹。索衰丈。衣络禅襦、裙各一，践□。（简64-68）[1]

丙的尸体悬挂在其家东侧卧室北墙的房梁上，用拇指粗的麻绳做成绳套，束在头上，绳套的系束处在头后部，绳在房檐上，绕檐两周后打结，留下了绳头长二尺，尸体的头上距房檐二尺，脚离地面二寸，头和背贴墙，……房椽粗一围，长三尺，西距地上土台二尺，在土台上面可以悬挂绳索，地面坚硬，不能查知人的遗迹，绳长一丈，身穿络制的短衣和裙各一件，赤足。

"经死"爱书记载的"舌出不出""头足去终所及地各几何""屎尿排出"等自缢尸象，从技术角度来看，具有客观性，与《洗冤集录》关于自缢尸象的表述契合：

> 自缢身死者，两眼合、唇口黑、皮开露齿。若勒喉上，即口闭、牙关紧、舌抵齿不出。（又云齿微咬舌）若勒喉下，则口开，舌尖出齿门二分至三分。
>
> ……大小便自出，大肠头或有一两点血。喉下痕紫赤色或黑淤色，直至左、右耳后发际，横长九寸以上至一尺以来。（一云丈夫合一尺一寸妇人合一尺）脚虚则喉下勒深，实则浅。
>
> ……低处自缢，身多卧于下，或侧或覆。侧卧，其痕斜起，横喉下；覆卧，其痕正起，在喉下，起于耳边，多不至脑后发际下。[2]

"贼死"与"经死"两篇勘验报告，详细记载和说明了死者的外形、衣着、现场的方位以及死者周围的情况等，对死亡现场的基本情形作了复原，有利于案件的查明。将这两则勘验报告与《洗冤集录》记载的内容比较，存在诸多相似之处，其间传承、演化的痕迹鲜明。

---

〔1〕 睡虎地秦墓竹简整理小组编：《睡虎地秦墓竹简》，文物出版社1990年版，第158页。

〔2〕 （南宋）宋慈：《洗冤集录》卷三《自缢》，上海古籍出版社2008年版，第79页。

凡验自缢之尸，先要见得在甚地分、甚街巷，甚人家、何人见？本人自用甚物？于甚处搭过？或作十字死襻系定，或于项下作活襻套。却验所着衣新旧，打量身四至，东、西、南、北至甚物？面覻甚处？背向甚处？其死人用甚物踏上？上量头悬去所吊处，相去若干尺寸？下量脚下至地，相去若干尺寸？或所缢处虽低，亦看头上悬挂索处，下至所离处，并量相去若干尺寸？对众解下，扛尸于露明处，方解脱自缢套绳，通量长若干尺寸？量围喉下套头绳，围长若干，项下交围，量到耳后发际起处，阔狭、横斜、长短，然后根据法检验。[1]

张家山汉墓竹简《奏谳书》中的"毛诬讲盗牛案"是一起乞鞫案，司法官吏经重新查证案件事实后，认定罪犯毛系经刑讯而被迫诬告讲与其共犯，最终讲被据证改判为无罪。在覆审过程中，有关毛的伤情勘验发挥了关键作用。现将勘验报告摘录如下：

诊毛北（背）笞纠瘢相质五（伍）也，道肩下到要（腰），稠不可数，其臀瘢大如指四所，其两股瘢大如指。（简118-119）[2]

即检验毛的背部、肩以下至腰部、臀部及大腿处，显现伤痕累累、斑迹叠加。此案说明，秦代不仅对案发时的现场、尸体等进行勘验，对罪囚的伤情也通过检验加以核实。

（2）注意痕迹查验和记录。

经过对出土文献的考察，发现秦代司法官吏非常注重对现场痕迹的细致勘察、记录，这对于验明案情至关重要。秦简中的勘验式例爰书，同《洗冤集录》中有关勘察痕迹的经验总结相契合。我们还是对秦简中的典型式例加以考析。

"贼死"爰书：

某头左角刃痏一所，背二所，皆纵头背，袤各四寸，相奏，广各一

---

〔1〕（南宋）宋慈：《洗冤集录》卷三《自缢》，上海古籍出版社2008年版，第80-81页。

〔2〕该案例，文中有"二年十月癸酉朔戊寅"的记述，合于公元前220年。张家山二四七号汉墓竹简整理小组编著：《张家山汉墓竹简［二四七号墓］》，文物出版社2006年版，第102页。

寸，皆舀中类斧，脑角出皆血出，被污头背及地，皆不可为广袤；它完。衣布禅幮、襦各一。其襦背直痏者，以刃决二所，应痏。襦背及中袇□污血。（简 56-58）[1]

该爰书详细记载了死者被伤害的部位、伤口大小、出血情况及似何物所致等。

"经死"爰书还特别记载了死者的舌及致死的索沟情况：

舌出齐唇吻，下遗矢溺，污两脚。解索，其口鼻气出喟然。索迹椒郁，不周项二寸。它度无兵刃木索迹。（简 66-67）[2]

意为舌吐出与嘴唇齐，流出屎溺，沾污了两脚，解开绳索，尸体的口鼻有气排出，像叹息的样子，绳索在尸体上留下淤血的痕迹，只差头后两寸不到一圈，其他部位经检查没有兵刃、木棒、绳索的痕迹。

"经死"爰书，有两项勘验细节特别值得留意考察：一为"缢沟"的验视与记录："索迹椒郁，不周项二寸。"悬尸绳结不同，死因亦有差异。使用"不周项"字句，简洁、准确地描述了缢沟的重要特征，与"周项"区分。"周项"与否涉及死者是自缢抑或被勒死，《洗冤集录》有关于绳索索迹的经验表述："若被人勒死，项下绳索交过，手指甲或抓损；若自缢，即脑后分八字，索子不交。绳在喉下，舌出；喉上，舌不出。"[3]使用"椒郁"一词表述缢沟的"青紫赤色"，形象地描述了缢沟部周围皮肤呈暗紫红色瘀血、出血状。缢沟颜色的查验至关重要，是判断自缢抑或他杀的一项重要依据。《洗冤集录》卷三"打勒死假作自缢"中记述："又有死后被人用绳索系扎手脚及项下等处，其人已死气血不行，虽被系缚，其痕不紫赤，有白痕可验。死后系缚者无血荫，系缚痕虽深入皮，即无青紫赤色，但只是白痕。"[4]让人叹为观止。二为爰书中记载的"死声"状态："解索，其口鼻气出喟然。"并以此作为自缢与他杀的重要区别，"口鼻不渭（喟）然"。此种尸声现象，以当代

---

[1] 睡虎地秦墓竹简整理小组编：《睡虎地秦墓竹简》，文物出版社 1990 年版，第 157 页。
[2] 睡虎地秦墓竹简整理小组编：《睡虎地秦墓竹简》，文物出版社 1990 年版，第 158 页。
[3] （南宋）宋慈：《洗冤集录》卷一《检复总说下》，上海古籍出版社 2008 年版，第 20 页。
[4] （南宋）宋慈：《洗冤集录》卷三《打勒死假自缢》，上海古籍出版社 2008 年版，第 87 页。

法医学视角考察，亦具有科学性与合理性。"在缢，勒死者，膈肌强直时呈扁平状，胸膜腔容积增大，当解除颈部绳索时，空气进入呼吸道内发生很小的声音。这种很小的声音，秦墓竹简上称为'喟然'。锡谷彻著的《法医诊断学》内称为死声。"〔1〕

"穴盗"爰书中对洞穴的位置、大小形状、土壤堆放情况以及犯罪留下的其他痕迹的记载更为详尽：

> 房内在其大内东，比大内，南乡（向）有户。内后有小堂，内中央有新穴，穴彻内中。穴下齐小堂，上高二尺三寸，下广二尺五寸，上如猪窦状。其所以抌者类旁凿，迹广□寸大半寸。其穴壤在小堂上，直穴播壤，破入内中。内中及穴中外壤上有膝、手迹，膝、手各六所。外壤秦纂履迹四所，袤尺二寸。其前稠纂袤四寸，其中央稀者五寸，其踵稠者三寸。其履迹类故履。内北有垣，垣高七尺，垣北即巷殹。垣北去小堂北唇丈，垣东去内五步，其上有新小坏，坏直中外，类足距之之迹，皆不可为广袤。小堂下及垣外地坚，不可迹。不智（知）盗人数及之所。内中有竹笱，笱在内东北，东、北去廥各四尺，高一尺。（简75-81）〔2〕

侧房在其正房东南，与正房相连，朝南有门，房后有小堂，墙的中央有新挖的洞，洞通房中。洞下面与小堂地面齐，上高二尺三寸，下宽二尺五寸，上面像猪洞形状，用来挖洞的工具像是宽刃的凿，凿的痕迹宽二（？）又三分之二寸。挖下的土在小堂上，散布的土都对着洞，是由这里钻进房中的，房中和洞里外土上有膝部和手的印痕各六处，外面土上有秦纂履的印痕四处，长二尺二寸。履印前部花纹密，长四寸，中部花纹稀，长五寸，跟部花纹密，长三寸。履印像是旧履。房的北面有墙，墙高七尺，墙的北面就是街巷，北墙距小堂的北部边缘一丈，东墙距房五步的地方，墙上有不大的新缺口，缺口顺着内外的方向，好像人脚越墙的痕迹，都不能量定长宽，小堂下和墙外的地面坚硬，不能查知人的遗迹。不知盗窃犯人数和到什么地方去了。房中有竹床，床在房的东北部，床东面、北面各距墙四尺，床高一尺。

---

〔1〕 陈康颐主编：《应用法医学各论》，上海医科大学出版社1990年版，第209页。

〔2〕 睡虎地秦墓竹简整理小组编：《睡虎地秦墓竹简》，文物出版社1990年版，第160页。

《封诊式》还记录了一则关于争夺斩获首级的式例，官府对首级进行了检验，以确定其死因及身份：

> 诊首□发，其右角痏一所，衰五寸，深到骨，类剑迹；其头所不齐残残然。以书讂首曰："有失伍及迟不来者，遣来识戏次。"（简 35—36）[1]

检验首级，小发，左额角上有伤一处，长五寸，深到骨，像是剑的痕迹，其被割断的颈部短而不整齐，用文书征求辨认首级说："如有掉队迟到的，派来军戏偏师驻地辨认。"

通过上述式例可以看到，秦代司法官吏已经意识到现场遗留的痕迹，对于验明案情的重大价值。因此，非常重视对痕迹的勘查检验，并详细记录。经过长期的实践操作，已经积淀了较为丰富的勘验经验，形成了较为完整的技术流程。在阐释勘验吊死尸体的要求与经验时，检验索沟之后要解开衣服勘验全身，尤其应当查验头发里头和会阴部位，"及视索迹郁之状。道索终所试脱头；能脱，乃□其衣，尽视其身、头发中及篡"。《洗冤集录》阐释了检验细节的重要性，"检妇人，无伤损处，须看阴门，恐自此入刀于腹内。离皮浅则脐上下微有血沁，深则无。……如男子，须看顶心，恐有平头钉；粪门，恐有硬物自此入"。[2]"应检验死人，诸处伤损并无，不是病状，难为定验者，先须勒下骨肉次第等人状讫，然后剃除死人发髻，恐生前被人将刃物钉入囟门或脑中，杀害性命。"[3]古代法医学认为这些细致部位至关重要，但却容易被忽略。古代有采用铁钉敲入头顶杀人的案例："庄遵为扬州刺史，曾巡行部内，忽闻哭声，惧而不哀。驻车问之，答曰：'夫遭火烧死。'遵令吏守其尸，乃有蝇集于首，披髻视之，得铁钉焉。因知此妇与人共杀其夫也。"[4]

（3）注重勘验经验的总结。

秦代司法勘验实践最为可贵之处，在于注重总结勘验的经验与方法，这

对于中国传统勘验技术与经验的传承无疑意义重大。"经死"爱书即为典型例证：

> 诊必先谨审视其迹，当独抵死（尸）所，即视索终，终所党有通迹，乃视舌出不出，头足去终所及地各几可（何），遗矢弱（溺）不殹（也）？乃解索，视口鼻渭（喟）然不殹（也）？及视索迹郁之状。道索终所试脱头；能脱，乃□其衣，尽视其身、头发中及篡。舌不出，口鼻不渭（喟）然，索迹不郁，索终急不能脱，□死难审殹（也）。节（即）死久，口鼻或不能渭（喟）然者。（简68-72）[1]

检验时必须首先仔细观察痕迹，应独自到达尸体所在地点，观察束绳地方，束绳处如有绳套的痕迹，然后看舌是否吐出，头脚离束绳处及地面的距离，有没有流出屎尿？然后解下绳索，看口鼻内有无气体排出，并看绳索痕迹瘀血的情况，试验尸体的头能否从束在头上的绳中脱出，如能脱出，便剥下衣服，彻底检查尸体各部分、头发内及会阴部。如果舌吐不出，口鼻没有叹气的样子，绳子的痕迹不瘀血，绳索紧紧系在颈上不能将头脱出，就不能确定是自缢。如果死去已久，口鼻也不会出现像叹气的样子。

"经死"式例，先记述案件勘验的具体情况，然后归纳勘验的规则，生动、具体，反映出秦代勘验技术与经验已经达到了相当的高度。此外，《奏谳书》中也记载了有关伤情检验的案例，显示了勘验取证对于证明案件事实的重要作用。

由上可见，秦代的司法官吏已意识到证据在定罪量刑中的重要性，因而在刑侦过程中注重对证据的收集，经过长期实践的摸索，已确立了一套细微有效的取证方法。在遥远的两千多年前的秦，勘查取证的经验和技术能达到这种程度，不能不让人深感惊讶。这也让我们进一步认识到，秦代司法官吏在侦查和审断案件的过程中，不仅强调口供的重要性，也非常重视物证、人证、勘验结论等客观证据的运用，较为充分地体现了综合性的刑事证据原则。

---

〔1〕 睡虎地秦墓竹简整理小组编：《睡虎地秦墓竹简》，文物出版社1990年版，第158—159页。

五、审断中的证据运用

秦代刑事案件的司法程序，由告诉或举劾，至勘察取证，最后进入审断环节。经过考察出土文献与传世文献，发现秦代审断主要包含两个环节：第一步是质证，对案件相关的证据进行核验，以便明晰案情；第二步是判决，根据质证环节核实的供证、物证等主客观证据，认定案件事实，最后据此予以判决。也就是说，其由"审"与"判"两个环节构成，前者核实相关证据、验明案情，后者作出决断，两者是整个刑事证据链条中的核心环节。

（一）展辞质证

"质证"，是近现代司法审判的程序或环节，指当事人、诉讼代理人及第三人在法庭的主持下，对当事人及第三人提出的证据就其真实性、合法性、关联性以及证明力的有无、大小予以说明和质辩的活动或过程。在中国古代，当然不存在此制度与语汇。但是，中国古代很早就已经架构了一套较为完整的司法审判程序。判官主导的审判环节，告方与被告方到堂接受讯问，《封诊式》"讯狱"曰："凡讯狱，必先尽听其言而书之，各展其辞。"（简2）以核验证据，并据此决断案件。最早有关原、被告到法庭质证的记载，应当是在西周时期。《尚书·吕刑》曰："两造具备，师听五辞。"[1]两造，指的就是原告和被告。审讯时，诉讼双方，即原告、被告应当到庭，接受判官的讯问。

西周时期的"两造具备"、坐地质辩的庭审制度，在春秋战国时期被沿袭。《春秋左传·襄公十年》载：楚国"王叔陈生与伯舆争政。王右伯舆，王叔陈生怒而出奔。及河，王复之，杀史狡以说焉。不入，遂处之。晋侯使士匄平王室，王叔与伯舆讼焉，王叔之宰与伯舆之大夫瑕禽坐狱于王庭，士匄听之"。[2]这起案件中，王叔与伯舆发生狱讼，王叔派家臣宰与伯舆的大夫在王庭上进行质证。

《左传纪事本末》中记载了一起著名的案件——"卫侯与元咺讼"。案件的起因较为复杂，晋文公向卫国卫侯发出请求，欲借道卫国而救宋国，被卫

---

〔1〕（清）阮元校刻：《十三经注疏》（清嘉庆刊本）（一），《尚书正义》，中华书局2009年版，第530页。

〔2〕（清）阮元校刻：《十三经注疏》（清嘉庆刊本）（四），《春秋左传正义》，中华书局2009年版，第4230页。

侯拒绝。于是晋文公想要攻打卫国，卫侯为躲避而离开卫国，委托自己的弟弟叔武和大夫元咺摄政，后来晋文公放弃攻打卫国。由于歂犬向卫侯进谗言，叔武和元咺之子元角被诛杀，元咺逃往晋国。晋文公把卫侯冤杀叔武与元角的事诉诸周襄王，于是引发了历史上著名的"卫侯与元咺讼"案。卫文侯由于身份显贵不能坐质于法庭，案件由卫侯的代理人鍼庄子与元咺在法庭上进行质证。在司法官士荣的主持下，原告元咺与被告的代理人鍼庄子在法庭上展现了两造到庭、坐地对质的场景。

元咺首先叙述了卫侯避晋出奔，让叔武摄政，回来后又将其诛杀的过程。随后，两方展开针锋相对的质证。鍼庄子说，此皆歂犬馋谮之言，以致卫君误听，不完全是卫侯的错误。元咺说，歂犬初与我言，要拥立叔武。我若从之，卫侯难道还能复人？只是因为我仰慕叔武爱兄之心，所以拒绝了歂犬之请。卫侯假如没有猜忌之意，就不会相信歂犬的谗言。卫侯先杀我儿子元角，便是有了要杀我之心了。这时，司法官士荣插话责备道，你元咺挟杀子之怨，非为叔武也。元咺辩解道，我常说，杀子是私怨，守国是大事，不敢以私怨而废大事。当时叔武写信给晋国，要求复权于其兄，书稿正是出于我之手。如果我要挟私怨，岂能如此？原只想是卫侯一时之误，还是希望他悔悟，没想到又杀其弟叔武，使他蒙受如此的冤屈。士荣又说，叔武无篡位之想，卫侯也已原谅，误杀叔武，不是卫侯之本意。元咺对曰，卫侯既然知道叔武没有篡位之心，那么歂犬所言都是虚谬，该当何罪？明明是假手歂犬，让他先行回国，杀死叔武，怎么能说不知道？这时候鍼庄子低头不语，自知理亏。接着士荣又进行提问，元咺据实陈述。最后，士荣说："卫侯固然不是，汝为其臣，既然忠心为君，如何君一入国，汝便出奔？不朝不贺，是何道理？"元咺答道："咺奉叔武守国，实出君命，君对叔武尚不能容，岂能容乎？咺之逃，非贪生怕死，实欲为叔武伸不白之冤耳！"

经过法庭上的激烈质证，士荣、元咺的反复辩驳，验证原告元咺事真理直，被告卫侯事伪理屈，法官士荣审判不公。最后判决结果为："卫侯不胜，杀士荣，刖鍼庄子……执卫侯，归之京师，置诸深室。"[1]这是春秋战国时期一则比较典型的质证案例，让我们了解中国封建社会早期，法庭审理过程中

---

〔1〕（清）阮元校刻：《十三经注疏》（清嘉庆刊本）（四），《春秋左传正义》，中华书局2009年版，第3964-3965页。

原被告双方质证的情形。

秦代继承西周以来法庭审理的质证程序，并使之制度化。官吏在侦查环节收集到证据之后，在庭审过程中还需要对证据进行确认，即质证程序。虽然秦律中没有规定刑事被告人辩护的权利，但是，在庭审过程中，原告、被告及判官所作的陈述和辩护，是要记录在案的。如前所述，《讯狱》篇强调凡审理案件，必须"各展其辞"，使受审者各自陈述。

前文所述《岳麓书院藏秦简》（三）中"识劫𡟰案"，庭审过程中，自告人𡟰供述了自己的匿赀行为，也供述了识对自己的勒索行为，而被告识对勒索的控告予以否认，认为自己是据权索取应得财产，原被告双方各展其辞，法官也进行了诘问，经过质证，最后对双方均作出有罪判决。

《岳麓书院藏秦简》（三）"识劫𡟰案"[1] 庭审质证

庭 审 质 证	奏 谳	大女子𡟰自告曰：七月为小走马粪（羛）占家赀（赀）。粪（羛）当□大夫建、公卒昌、士五（伍）积、喜、遗钱六万八千三百，有券，𡟰匿不占吏为赀（赀）。𡟰有市布肆一、舍客室一。公士识劫𡟰曰：以肆、室鼠（予）识。不鼠（予）识，识且告𡟰匿赀（赀）。𡟰恐，即以肆、室鼠（予）识；为建等折弃券，弗责。先自告，告识劫𡟰。（简 0023/0035 正-1320 正）	案 件 概 述
	𡟰 曰	与粪（羛）同居，故大夫沛妾。沛御𡟰，𡟰产粪（羛）、女姝。沛妻危以十岁时死，沛不取（娶）妻。居可二岁，沛免𡟰为庶人，妻𡟰。𡟰有（又）产男必、女若。居二岁，沛告宗人、里人大夫快、臣、走马拳、上造嘉、颉曰：沛有子𡟰所四人，不取（娶）妻矣。欲令𡟰入宗，出里单赋，与里人通饮食。快等曰：可。𡟰即入宗，里人不幸死者出单赋，如它人妻。居六岁，沛死。粪（羛）代为户、爵后，有肆、宅。识故为沛隶，同居。沛以三岁时为识取（娶）妻；居一岁为识买室，价五千钱，分马一匹、稻田廿（二十）亩，异识。识从军，沛死。谓𡟰曰：沛未死时言以肆、舍客室鼠（予）识，识欲得。𡟰谓：沛死时不令鼠（予）识，识弗当得。识曰：𡟰匿赀（赀），不鼠（予）识，识且告𡟰。𡟰以匿赀（赀）故，即鼠（予）肆、室。沛未死，弗欲以肆、舍客室鼠（予）识。不告𡟰，籍不为妻、为免妾故。它如前。（简 1326 正-1201 正）	自 告 者 供 辞

---

[1] 朱汉民、陈松长主编：《岳麓书院藏秦简》（三），上海辞书出版社 2013 年版，第 153-160 页。

续表

庭审质证	识曰	自小为沛隶。沛令上造狗求上造羽子女黔为识妻。令狗告羽曰：且以布肆、舍客室鼠（予）识。羽乃许识。沛已（已）为识取（娶）黔，即为识买室，分识马、田，异识，而不以肆、舍客室鼠（予）识。识亦（？）弗（？）求（？），识已（？已）受它。军归，沛已（已）死。识已沛未死言谓婐：婐不以肆、室鼠（予）识，识且告婐匿訾（赀）。婐乃鼠（予）识，识即弗告。识以沛言求肆、室，非劫婐。不智（知）婐曰劫之故。它如婐。（简1201正-0046正）	被告辩辞
	建昌积喜遗曰	故为沛舍人。【沛】贷建等钱，以市贩，共分赢。市折，建负七百，昌三万三千，积六千六百，喜二万二千，遗六千。券责建等，建等未偿，识欲告婐，婐即折券，不责建。它如婐。 姝、快、臣、拳、嘉、颉言如婐。 狗、羽、黔言如识。（简0041正-0046正）	证人证辞
	诘识	沛未死虽告狗、羽，且以肆、舍客室鼠（予）识，而后不鼠（予）识，识弗求，已（已）为识更买室，分识田、马，异识；沛死时有（又）不令，萧（义）巳（已）代为户后，有肆、宅，识弗当得。何故尚求肆、室曰：不鼠（予）识，识且告婐匿訾（赀）？婐即以其故鼠（予）识，是劫婐，而云非劫，何解？（简1198正-J60正）	庭审诘问
	识曰	□欲得肆、室，婐不鼠（予）识。识诚恐谓且告婐，婐乃鼠（予）识。识实弗当得。上以识为劫婐，罪识，识毋（无）以避。毋（无）它解。罪。它如前。（简J60正-0042正）	被告辩辞

《封诊式》中记载了多则有关原被告双方到庭受审的案例。如"毒言"爰书中，一方面，记录了某里百姓二十余人联合控告同里百姓丙"口舌有毒"的事实；另一方面，也全面系统地记录了被告人的抗辩辞：

> 讯丙，辞曰：外大母同里丁坐有宁毒言，以卅余岁时迁。丙家即有祠，召甲等，甲等不肯来，亦未尝召丙饮。里即有祠，丙与里人及甲等会饮食，皆莫肯与丙共杯器……丙而不把毒，毋它坐。（简92-94）[1]

---

〔1〕 睡虎地秦墓竹简整理小组编：《睡虎地秦墓竹简》，文物出版社1990年版，第162-163页。

即被告人辩称，他之所以被指控"口舌之毒"，是因为早年外祖母曾被以"口舌之毒"的罪名，在三十岁时受到流放的处罚。因此，他本人很早就被同里人怀疑为"口舌有毒"的人，在祭祀和日常交往中，同里的人都不肯同他"会饮食"，但他为自己"不把毒"而辩解。

当然，听取和记录辩护词，并不等于承认被告人对自己的行为所进行的辩护，但在某种程度上默认了刑事被告人的辩护权利。在《法律答问》中，有"告人盗百一十，问盗百""告人盗千钱，问盗六百七十""甲告乙盗牛若贼伤人，今乙不盗牛，不伤人""甲告乙盗牛，今乙盗羊，不盗牛"等记载。法庭之所以能作出与原告不同的判决，其中就包括有被告人对自己行为所进行的辩护，并在查实中得到法庭的证实和承认。对于刑事被告人的供辞进行查证核实以及听取和记录本人为自身行为的辩护，在一定程度上反映了客观性的刑事证据原则。

（二）据证决狱

秦司法官吏通过听取控告、讯问被告、询问证人及勘查和检验活动，搜集、认定证据，最终验明案情、据证断决。秦汉时期，审理案件称为"鞫狱"。[1]案件经过庭审之后，作出断决，并向当事人宣读判决结果，叫作"读鞫"。

---

〔1〕鞫，通"鞫"。《汉书·刑法志》载："今遣廷史与郡鞫狱，任轻禄薄。"颜师古注，引李奇曰："鞫，穷也。狱事穷竟也。"《汉书·赵广汉传》载："又坐贼杀不辜，鞫狱故不以实，擅斥除骑士乏军兴数罪。"对于"读鞫"，学界多有研究，示例：张建国先生指出，"鞫"文书的内容是对犯罪事实的总结。在"鞫"程序结束后，程序中的"读鞫"是面对罪囚宣读"鞫"文书，也就是说"读鞫"程序紧跟着"鞫"程序后，并没有到行刑的阶段。他明确指出贾公彦解释"读鞫"为"行刑之时"宣读罪状是错误的，认为贾公彦将"鞫"与"读鞫"混为一谈是望文生义的结果。（张建国：《帝制时代的中国法》，法律出版社1999年版，第311页）闫晓君先生认为："案件审讯后，作出判决，并'读鞫'。鞫，是审讯的意思……读鞫，就是宣读判决书。宣读后，当事人如果服罪，则照判决执行。"他认为这个观点不完全准确，将"读鞫"解释为宣判，是对汉人郑司农注的误解。（闫晓君：《秦汉法律研究》，法律出版社2012年版，第87页）宫宅洁先生对"鞫"和"读鞫"的程序做了界定，他指出读鞫是"为了对确认的事实援引律令，还要经过一个'读鞫'程序，即向被告宣读确认的事实"。〔[日]宫宅洁：《秦汉时期的审判制度》，载杨一凡、寺田浩明主编：《中国法制史考证》（丙编第一卷），中国社会科学出版社2003年版，第311页〕青年学者欧扬则认为："'读鞫'时间上在行刑之前，程序上独立于论罪，内容上是宣读罪状，其基础是司法官吏的'鞫狱'工作，性质上不能说是宣判。如果一定要类比当下刑事司法程序，那'读鞫'可以类比为当代的宣读法庭查明案件事实，而判决书不仅包括案件事实，还有定罪量刑部分。"（欧扬："读鞫与乞鞫新探"，载《湖南大学学报》2016年第4期）笔者认为，读鞫是判官经过核查证据、验明案情之后，对做出的最终判决结论向被告宣读，让其知晓。读鞫之后，将步入乞鞫或刑罚执行程序。

《礼记·文王世子》："公族其有死罪，则磬于甸人。其刑罪，则纤剸，亦告于甸人。"郑玄注："告读为鞠，读书用法曰鞠。"〔1〕《周礼·秋官·小司寇》注疏："以五刑听万民之狱讼，附于刑，用情讯之。至于甸，乃弊之，读书则用法"，郑玄注："郑司农云：读书则用法，如今时读鞠已乃论之。"贾公彦疏："鞠谓劾囚之要辞，行刑之时，读已乃论其罪也。"〔2〕《汉书》载："张敞……上具狱事，有可却，却之；不可者，不得已，为涕泣，面而封之。其爱人如此。"晋灼注："面对囚读而封之，使其闻见，死而无恨也。"〔3〕经过查实证据、验明案情、作出判决之后，向被告宣读。体现司法诏明的同时，也给罪犯申辩、避免冤屈提供了程序上的救济。

《封诊式》中的"告子"和"告臣"爰书，记载了父亲控告儿子、主人控告奴婢这类特殊类型的案例。即使是这样的案件，也应当通过相关证据查明案件事实，然后根据法律进行判决。"告子"爰书中，既有父亲对其子犯不孝罪的控告辞："甲亲子同里士伍丙不孝，谒杀，敢告。"也有儿子"诚不孝"的供述："甲亲子，诚不孝甲所，无它坐罪。""告臣"爰书中，既记录有主人控告奴隶："骄悍，不田作，不听甲令。谒卖公，斩以为城旦，受价钱。"也记录有奴婢对自己罪行的招供："甲臣，诚悍，不听甲。甲未尝身免丙。丙无病殴，无它坐罪。"通过对原被告双方言辞证据进行核验，确认案件事实之后，司法官吏方据证作出判决。由此可见，秦代司法官吏在审判过程中，是重视证据、尊重事实并依据法律进行定罪科刑的。

通过对《封诊式》和《奏谳书》中记载的秦代案例来看，在秦代的司法审判实践中，对大多数案件的判决都是在审定证据、认定案情的基础上依据相关律文作出的。前文列举过的发生于公元前214年的女子婢被劫案就是较为典型的一例。官吏将全案证据——被害人控诉、证人证言、物证及被告人的供述等反复进行印证，直至证据确凿充分，案件事实确定无误才作出判决。

前文所述《奏谳书》记载的"南郡卒史瞗复攸庳等狱簿案"，覆狱官吏对

────────────

　〔1〕（清）阮元校刻：《十三经注疏》（清嘉庆刊本）（三），《礼记正义》，中华书局2009年版，第3050页。

　〔2〕（清）阮元校刻：《十三经注疏》（清嘉庆刊本）（二），《周礼注疏》，中华书局2009年版，第1886页。

　〔3〕（汉）班固撰：《汉书》卷四六《张敞传》，中华书局2012年版。下同，以下该书只注篇目。

应当承担责任的相关官吏分别进行了讯问，经过一番较为复杂的质证之后，核实了案件的证据，查清了案情，确认了相关官吏的罪责。同时，逮捕了丢弃名册逃跑的官吏，并将其押赴攸县，确认应当捕拿的战败新黔首，以便对他们施加刑罚。最终，覆狱法官在事实清楚、证据确凿的基础上依律据证作出判决：

> 律：儋乏不斗，斩。篡遂纵囚，死罪囚，黥为城旦，上造以上耐为鬼薪，以此当庫。当之：庫当耐为鬼薪。庫系。讯者七人，其一人系，六人不系。不存皆不讯。（简158–161）〔1〕

《律》载："儋乏不斗，斩。"按照此律对他们论处。"篡遂纵囚，死罪囚，黥为城旦，上造以上耐为鬼薪。"按此律文论庫的罪。断决：庫耐为鬼薪。庫在押，已审讯的共七人，其中一人拘押，六人未拘押。尚未传讯到庭的，均未审问。按此律文论广的罪。

可见，在审判定罪过程中，秦代司法官吏奉行了客观定罪的原则，依据法律、注重证据。为了保证法官能够依律据证断案，秦律规定失刑罪、不直罪和纵囚罪，对司法官吏从法律上加以约制，避免其违背事实和法律进行枉法裁判。《法律答问》中有关于此的定义：

> 论狱何谓"不直"？何谓"纵囚"？罪当重而端轻之，当轻而端重之，是谓"不直"。当论而端弗论，及易其狱，端令不致，论出之，是谓"纵囚"。（简93）〔2〕

意为断狱中什么情形为"不直"？什么情形为"纵囚"？罪应重而故意轻判，应轻判而故意重判，称为"不直"。应当论罪而故意不论，以及故意从轻认定案情，使其达不到判罪标准，于是判其无罪，称为"纵囚"。

《法律答问》中还记载有对纠正错误判决的答问，例如：

> 士伍甲盗，以得时值赃，赃值过六百六十，吏弗值，其狱鞫乃值赃，

---

〔1〕 张家山二四七号汉墓竹简整理小组编著：《张家山汉墓竹简［二四七号墓］》，文物出版社2006年版，第104–105页。

〔2〕 睡虎地秦墓竹简整理小组编：《睡虎地秦墓竹简》，文物出版社1990年版，第115页。

赃值百一十，以论耐，问甲及吏何论？甲当黥为城旦；吏为失刑罪，或端为，为不直。（简33-34）[1]

意为甲盗窃，若在捕获时估其赃值超过六百六十钱，但吏当时未估价，到审讯时才估，赃值为一百一十钱，因而判处耐刑，问如何论处甲和吏？甲应当黥为城旦；吏以用刑不当论处，若是出于故意，则以不公论处。另外一例同此例恰好相反，

士伍甲盗，以得时值赃，赃值百一十，吏弗值，狱鞫乃值赃，赃值过六百六十，黥甲为城旦，问甲及吏何论？甲当耐为隶臣，吏为失刑罪。甲有罪，吏知而端重若轻之，论何殹？为不直。（简35-36）[2]

意为甲盗窃，若在捕获时估其赃值应为一百一十钱，但吏当时未估价，到审讯时才估，赃值超过六百六十钱，因而将甲黥为城旦，问如何论处甲和吏？甲应耐为隶臣，吏以失刑论罪。

上述两则答问，都是由于司法官吏未及时清点赃物和估价赃值而发生的错判。前一例低估了赃值，对应判处黥为城旦刑的重罪而轻判耐为隶臣；后者则高估了赃值，对应判处耐为隶臣的轻罪重判为黥为城旦刑。通过核验，重新断决，一则纠正了错判，将黥为城旦改判耐为隶臣，将耐为隶臣改判黥为城旦；二则区别主观上故意或过失的不同，对办案致误的吏，作出不同处罚：若为故意，以"不直"论处；若是过失，则以"失刑"论处。这体现出秦代的司法审判中具有据证改判、维护司法公正的一面。

最后，引《奏谳书》中记载的最后一则案例"得微难狱"为例，以图表的形式展示秦代刑事证据在诉讼审判各环节的具体运用。

---

〔1〕 睡虎地秦墓竹简整理小组编：《睡虎地秦墓竹简》，文物出版社1990年版，第101页。
〔2〕 睡虎地秦墓竹简整理小组编：《睡虎地秦墓竹简》，文物出版社1990年版，第102页。

《奏谳书》"得微难狱"[1]中刑事证据在审判环节的具体运用

总称	程序		案件文辞举例	备注
治狱	举劾		六月癸卯，典赢告曰：不知何人刺女子婢冣里中，夺钱，不知之所。（简197）	本案原告为官吏，故为举劾
	讯	被害人陈述	婢曰：但钱千二百，操簦，道市归，到巷中，或道后类堲拊，婢债，有顷乃起，钱已亡，不知何人之所。其拊婢疾，类男子。呼盗，女子甗出，谓婢背有笄刀，乃自知伤。（简198-199）	侦查
		证人证言	唷曰：病卧内中，不见出入者。（简203） 走马仆曰：公士孔以此鞭予仆，不知安取。（简215-216） 孔妻女曰：孔雅佩刀，今弗佩，不知存所。（简218）	取证
		嫌犯供述	孔曰：为走士，未尝佩鞭刀、盗伤人，毋坐也。（简214） 孔曰：未尝予仆鞭，不知云故。（简216）	
	狱	诘问	诘讯孔，改曰：得鞭予仆，前忘，即曰弗予。（简217） 诘讯女孔，孔曰：买鞭刀不知何人所，佩之市，人盗绀刀，即以鞭予仆。前曰得鞭及未尝佩，谩。（简218-219） 诘孔：何故以空鞭予仆，谩曰弗予，雅佩鞭刀，又曰未尝，孔毋解。（简219-220） 即急讯磔，恐猬欲笞，改曰：贫急毋作业，恒游旗下，数见卖人券，言雅欲剽盗，佯为券，操，视可盗，盗置券其旁，令吏求卖市者，毋言。孔见一女子操簦但钱，其时吏悉令黔首之田救螽，邑中少人，孔自以为利，足刺杀女子夺钱，即从到巷中，左右瞻毋人，以刀刺夺钱去走。前匿弗言，罪。（简220-224）	质证
		复问	问如辞。（简224）	确认证据
		据证鞫案	孔端为券，贼刺人，盗夺钱，置券其旁，令吏勿知，未尝有。黔首畏害之，出入不敢，若斯甚大害也。（简225）	确定案件事实
	俱证呈报		六年八月丙子朔壬辰，咸阳丞、礼敢言之。为奏廿二牒。（简227-228）	
	据证判决		孔完为城旦。（简224）	

---

[1] 张家山二四七号汉墓竹简整理小组编著：《张家山汉墓竹简［二四七号墓］》，文物出版社2006年版，第109-110页。

六、乞鞫与覆狱中的证据运用

"案犯（或称被告）论决后，本人及其直系亲属不认为犯罪或认为适用法律不当，可以请求重新审理，秦汉法律称之为乞鞫。"[1]由于刑事案件的复杂性，加之时代所限，审判技术和水平相对落后，造成错判、误判的情况是难免的。因此秦设置乞鞫程序，如果有确凿证据证明原审的判决确属错判、误判，则经"覆狱"改判。这种司法监督程序的存在，为当事人提供了一条权利救济途径，使得一些错误的案件得以纠正，并为依法断案提供了制度保障。[2]乞鞫程序之启动，是在司法官吏宣读罪状之后。

秦简《法律答问》中有关于乞鞫的规定，就目前资料所现应该是最早的规定。

> 以乞鞫及为人乞鞫者，狱已断乃听，且未断犹听殹？狱断乃听之。（简115）[3]

已请求重审及为他人请求重审的，是在案件判决以后受理，还是在尚未判决之前就受理？在案件判决之后再受理。

该项法律规定证明在秦代司法程序中确实存在乞鞫制度。该规定涵盖了如下内容：第一，当事人对判决不服，有权提出重新审判的请求。第二，该请求可以由本人提出，也可以由他人代为提出。第三，司法机关对于乞鞫的请求，在判决之后才能受理。《史记》中的记载也印证了秦代乞鞫制度的存在，如《史记·夏侯婴列传》（索隐）注曰："案晋灼云：狱结竟，呼囚鞫语罪状，囚其称枉欲乞鞫者，许之也。"[4]第四，结合《二年律令·具律》规定："气（乞）鞫不审，驾（加）罪一等；其欲復气（乞）鞫，当刑者，刑

---

[1] 南玉泉："秦汉的乞鞫与覆狱"，载《上海师范大学学报（哲学社会科学版）》2017年第1期。

[2] 参引刘海年：《战国秦代法制管窥》，法律出版社2006年版，第200页。

[3] 张家山二四七号汉墓竹简整理小组编著：《张家山汉墓竹简［二四七号墓］》，文物出版社2006年版，第120页。

[4] 《史记》卷九五《夏侯婴列传》。

乃听之。"（简 114）〔1〕允许二次乞鞫，但是判处肉刑的，应当先执行肉刑后，方可再乞鞫。"若第一次乞鞫则肉刑不应执行。当然，若初次判决后未乞鞫，被执行肉刑后在规定的期限内乞鞫也是允许的。乞鞫不影响劳役刑的执行。第一次乞鞫相当于我们现在的一审上诉，第二次乞鞫'刑乃听之'则相当于现在生效案件的再审申诉了。"〔2〕

　　案件经乞鞫之后，若符合再审要求，则进入"覆狱"程序。经考证，秦代司法程序中已经确立了较为完整的覆狱制度。传世文献中有关于覆狱的记载，例如，《史记》卷一五《六国年表》记载，公元前 213 年，"适治狱不直者筑长城。及（取）南方越地。覆狱故失"。〔3〕覆狱制度在出土文献中的记载甚多。《岳麓书院藏秦简》（四）中记载了一项事关"覆狱"的秦令：

　　　　御史言，令覆狱乘恒马者，日行八十里，请，许。如有所留避，不从令，赀二甲。（简 0698 正-0641 正）〔4〕

　　意为：秦令规定负责覆狱的官吏使用恒马时，必须达到日行八十里，以及时处理覆狱事务，违反此令，则要被判处赀二甲之刑。

　　《里耶秦简》所载地方政府公文中，存在关于覆狱制度的记录。例如：

　　　　卅年十一月庚申朔丙子，发弩守涓敢言之：廷下御史书曰县□治狱及覆狱者，或一人独讯囚，啬夫长、丞、正、监非能与□□殹，不参不便。书到尉言。今已到，敢言之。（简 8-141+8-668）〔5〕

　　即要求治狱与覆狱时不能单独一人讯问，讯囚人数达到三人为宜。简文中，御史同时提及"治狱"和"覆狱"，由此可见，治狱与覆狱应为相对不同的司法程序。

---

〔1〕 张家山二四七号汉墓竹简整理小组编著：《张家山汉墓竹简［二四七号墓］》，文物出版社 2006 年版，第 24 页。

〔2〕 南玉泉："秦汉的乞鞫与覆狱"，载《上海师范大学学报（哲学社会科学版）》2017 年第 1 期。

〔3〕 《史记》卷一五《六国年表第三》。

〔4〕 陈松长主编：《岳麓书院藏秦简》（四），上海辞书出版社 2015 年版，第 198 页。

〔5〕 陈伟主编：《里耶秦简牍校释》（第一卷），武汉大学出版社 2012 年版，第 81 页。

廿六年八月庚戌朔丙子，司空守樛敢言：前日言竟陵汉阴狼假迁陵公船一，袤三丈三尺，名曰□，以求故荆积瓦。未归船。狼属司马昌官。谒告昌官，令狼归船。报曰：狼有逮在覆狱已卒史衰、义所。（简 8-135）[1]

公元前 221 年，樛在文书中提及竟陵县人狼借迁陵县官府公船用以运输过去楚国的陶器，未及时归还船只。行文至其所属长官司马昌处，发现狼已经被逮捕并关押在覆狱卒史衰、义处。

《里耶秦简》中关于"覆狱"的记载还有：

> 覆狱沅陵狱佐已治在所洞庭。（简 8-492）[2]
> 酉阳覆狱治所。（简 8-1295）[3]
> 覆狱沅陵狱佐已治所发。（简 8-1729）[4]

这是秦洞庭郡的属县沅陵、酉阳，所进行的覆狱活动。

《岳麓书院藏秦简》（三）的出版，对于复原秦代乞鞫与覆狱制度的研究意义重大。当中记载了几则乞鞫案例，示例如下：

第十一则案例"得之强与弃妻奸案"。名为姿的女子被其夫得之休弃。但一天傍晚相遇后，得之突然将她扑倒在地，撩起她的裙子，欲强奸之。姿不从反抗，得之对其进行殴打。姿恐惧中生智，还是回自家好。得之同意了姿的要求。走到家门口，遇到旁人颠，姿遂呼救，得之强奸未遂。这起案件的特殊之处在于，原审作出判决之后，被告得之不承认自己的行为是强奸，遂乞鞫，经覆狱判定为"乞鞫不审"，即不实。得之对覆狱还不服，又再次乞鞫。判官最后对得之两次"乞鞫不审"的行为作出处罚判决。

〔1〕 陈伟主编：《里耶秦简牍校释》（第一卷），武汉大学出版社 2012 年版，第 72 页。
〔2〕 陈伟主编：《里耶秦简牍校释》（第一卷），武汉大学出版社 2012 年版，第 169 页。
〔3〕 陈伟主编：《里耶秦简牍校释》（第一卷），武汉大学出版社 2012 年版，第 308 页。
〔4〕 陈伟主编：《里耶秦简牍校释》（第一卷），武汉大学出版社 2012 年版，第 383 页。

"得之强与弃妻奸案"〔1〕乞鞫审判程序

名称	程序	案件文辞举例	备注
得之强与弃妻奸案	覆视其狱	夋告：为得之妻而弃。晦逢得之，得之捽偃夋，欲与夋奸。有（又）殴夋。夋【言如告。】得之曰：捽偃夋，欲与奸。它如夋。●其鞫曰：得之强与人奸，未蚀。审。丞雕论耐得之为隶臣。（简0442正-残119/0629正）	原审案情及判决
	乞鞫	●元年四月，得之乞鞫曰：和与夋卧，不奸。●廷史赐等覆之：●夋：得之屏、欲与夋奸，夋弗听，捽捞殴夋。它如故狱。●得之改曰：欲强与夋奸，未蚀。它如夋。●其鞫曰：得之殴屏夋，欲强与奸，未蚀。气（乞）鞫不审。审。●廷报：毄（系）得之城旦六岁。（简残120/0509正-0482正）	得之第一次乞鞫状辞与判决
	再乞鞫	【……当阳隶臣得之气（乞）鞫曰：……】不（?）强（?）与（?）妻（?）夋奸，未蚀。当阳论耐【得之为】隶臣。得之气（乞）鞫，廷覆之，以得之不审，毄（系）得之城旦【……】（简1846正-0453正）	得之第二次乞鞫状辞
	庭审	●今讯得之，得之曰：逢夋和与奸。未已（已），闻人声。即起，和与偕之夋里门宿。得之【□】弗能与奸。它如气（乞）鞫书。 ●夋曰：晦逢得之，得之欲与夋奸。……夋弗听，即捽倍（踣）屏夋，欲强与夋奸，夋与务，殴捞夋。夋恐，即逯谓得之：遒之夋里门宿。到里门宿，【逢颠，弗能】与夋奸，即去。它如故狱。（简0482正-0306/1832正）	第二次乞鞫庭讯记录
	质证	颠曰：见得之牵夋，夋谓颠：救吾！得之言曰：我□□□□□殴也。颠弗救，去，不智（知）它。睢曰：夋言：逢得之，得之欲与夋奸。夋弗听，即殴【……】（简1820正-1776正）	证人证辞
	诘证	●得之改曰：逢夋，欲与奸。夋不肯，得之即捽屏夋，揭裙欲强与奸。与得之务，未蚀奸，夋谓得之：遒之夋里门宿。得之与偕，欲与奸，夋不肯，有（又）殴之。它如夋。 ●诘得之：得之强与夋奸，未蚀，可（何）故而气（乞）鞫？得之曰：幸吏不得得之请（情）。【□】气（乞）鞫，气（乞）鞫为不审。辠（罪）殴。（简0441正-残117/103/124正）	诘问

---

〔1〕 朱汉民、陈松长：《岳麓书院藏秦简》（三），上海辞书出版社2013年版，第196-201页。

续表

名称	程序	案件文辞举例	备注
得之强与弃妻奸案	鞫之	得之气（乞）鞫不审。审。●谓当阳啬夫：当阳隶臣得之气（乞）鞫曰：□□不强与弃妇委奸，未蚀，当阳论耐；得之气（乞）鞫，廷有（又）论敳（系）城旦，皆不当。（简0424正-0425正）	确定案件事实
	覆之	得之去敳（系）亡，巳（已）论敳（系）十二岁，而来气（乞）鞫，气（乞）鞫不如辞。以敳（系）子县。其敳（系）得之城旦六岁，備前十二岁敳（系）日。（简0425正-0429正）	判决

通过以上图示梳理，此则乞鞫案件的流程清晰展现：得之因欲强奸弃妻委，当阳县丞"论耐得之为隶臣"。公元前246年，得之不服判决第一次乞鞫，"廷史赐等覆之"，断决"乞鞫不实"，"系得之城旦六岁"。得之仍然不服，遂再次乞鞫。经审讯核查，再次认定"乞鞫不实"，终判："其敳（系）得之城旦六岁，備前十二岁敳（系）日"，即再论处系城旦六岁，此前十二岁系日也要执行。

此案件鲜明印证了张家山汉简《二年律令·具律》关于乞鞫的规定："罪人狱已决，自以罪不当，欲乞鞫者，许之。气（乞）鞫不审，驾（加）罪一等。"（简115）透过此则案例，我们对秦代乞鞫制度有进一步了解，对于秦代司法制度的研究亦有推进之功效。初审判决结果宣告之后，被告不服不仅可以乞鞫，而且对于乞鞫判决结果可以再次乞鞫，这在现有的其他史料中未曾见到过。

第十二则案例"田与市和奸案"，是另一则乞鞫案件，该案件简文残损严重，但基本案情保留清楚，较完整地展示了乞鞫的程序，与"得之强与弃妻奸案"相互印证。该案件对于由"读鞫"而至"乞鞫"的情节，记录更为详细，是我们进一步研究秦代乞鞫制度的珍稀范例。

"田与市和奸案"[1]乞鞫审判程序

名称	程序	案件文辞举例	备注
田与市和奸案	乞鞫	□隶臣田负斧质气（乞）鞫曰：故【……】（残简314/496 正）	
	覆视其狱	今讯田，田曰：市，田姑姊子，虽与和奸，与叚（假）子□【……】不奸。毋智捕田，田仁（认）奸，其实未奸。辤（辞）丞祒谒更治，祒不许。］它如气（乞）鞫书。（简 1777 正-0439 正）	（简残）原审案情乞鞫缘由
	庭审质证	●毋智曰：狱史相□……捕（?）□□□□□□告（?）□□见（?）任（?）智（?），自（?）内（?）□侯（?），且田来，与市卧，上□上，即（?）捕诣田、市，服仁（认）奸。未论，市弟大夫骊、亲走马路后请贷毋智钱四千，曰：更言吏不捕田、市校上。毋智【□】受钱，恐吏智（知），不敢自言。環（还）钱。它如故狱。（简 0630 正-0426 正）	捕吏证辞
	庭审	●相曰：主治瓣（辨）市。闻田数从市奸毄（系）所，令毋智捕。弗治（笞）谅（掠），田、市仁（认）奸。它如毋智。（简 0426 正-0430 正）	
		●骊、路曰：市令骊、路货毋智。以告田，田曰：斳（专）为之。它如毋智。（简 0430 正）	证人证辞
		●田妻曰：□市□……【……。它如】田。（残简 367 正-1831 正）	
		市言如毋智。（简 1831 正）	被告供辞
	质证	●田曰：毋智不捕田校上。捕田时，田不奸。骊、路以市言，告田货毋智钱。田幸除毋（无）皋（罪），即弗止。不智（知）市、毋智云故。它如骊、路及前。爨等言如故狱。（简 0437 正-0438 正）	乞鞫者辩辞
		●祒曰：论坐田，田谒更治。[2] 祒谓：巳（已）服仁（认）奸，今狱夬（决）乃曰不奸。田尝□毋智，今转□，且有（又）为（?）皋（罪）。田即受令（命）。（简 0438 正-0444 正）	原审县丞证辞

---

[1] 朱汉民、陈松长主编：《岳麓书院藏秦简》（三），上海辞书出版社 2013 年版，第 205-211 页。

[2] "谒更治"，即请求对案件进行重新审断，"乞鞫"之意。

续表

名称	程序	案件文辞举例	备注
田与市和奸案		●以言不同，诣讯。言各如前。 诘相：令毋智捕田、市，可（何）解？ 相曰：怒田、市奸官府。毋（无）它解。 ●诘田：夏阳吏不治（笞）谅（掠），田、市仁（认）奸。今覆吏讯市，市言如故狱。田云未奸，可（何）解？ 田曰：未奸，而毋（无）以解市言。 【●诘毋智/市：……诘毋智/市曰：……毋（无）它解。】 ●问：骊、路以赦前货毋智，以后遝。它如辩（辞）。（简0444正-0436正）	诘 问
	据证鞫案	●鞫之：田与市和奸，毋智捕校上。田虽不服，而毋（无）以解骊、路、毋智、市言。田负斧质气（乞）鞫不审。遝已巳赦。它为后发觉。皆审。 ●谓魏啬夫：重泉隶臣田负斧质气（乞）鞫曰：不与女子市奸，夏阳论耐田为隶臣，不当。（简0435正-0434正）	确定案件实事
	据证判决	●覆之：市仁（认）与田和奸，隶臣毋智捕校上。田不服，而毋（无）以解市、毋智言。其气（乞）鞫不审。田毄（系）子县。当毄（系）城旦十二岁，遝已巳赦。其赦除田，复为隶臣。腾（?）诣（?）重泉、夏阳。（简0434正-0440正）	覆狱判决

《岳麓书院藏秦简》（三）中的"讄、妘刑杀人等案"，疑为发生于公元前219年的一则乞鞫案件，但是简文严重残损，无法复原案例全貌。但是能够看到乞鞫程序的基本框架，与前述乞鞫案件相呼应。陈列如下：

> ●十月癸酉，佐就曰：士五（伍）讄刑人（?）市舍□【……】为狱□状。【……】□□定（?）曰：讄饮宗妘，亡【……】□□□不可起，怒，以刀刑（?），弃刀【……】为气（乞）鞫奏状。不（?）得。诊、问。鞫：讄刑审，妘杀疑。九月丙寅，丞相、史如论令妘赎舂。仓人【……】为覆奏状。●九月丙辰，隶臣哀诣隶臣喜，告盗杀人。问，喜辩（辞）如告。鞫、审。己卯，丞相、史如论磔【……】（简0448-1

正-0455 正）〔1〕

案件按照程序乞鞫审理，首先陈述案情、原审情况，乞鞫状，经覆视其狱，最后至鞫、审。

1989 年在湖北省云梦县发掘的龙岗六号秦墓中，出土了大量秦简。根据出土器物，可以确定该墓的年代为统一秦王朝的最末期。〔2〕其中，还出土了一枚木牍。该木牍记载的也是一则秦代的乞鞫案例。该案例的内容分为三行被记录于木牍的正反两面，其文如下：

> ·鞫之，辟死论不当为城旦，吏论失者已坐以论。九月丙申，沙羡丞甲、史丙免辟死为庶人，令（正面）
> 自尚也。（反面）〔3〕

确定罪状，所下辟死为城旦的判决不妥当，量刑有误的官吏已承担了罪责。九月丙申日，沙羡县丞甲、史丙宣布免辟死的刑徒身份，恢复其庶人的地位，并恢复他自由。〔4〕

该木牍所载内容，应该是复制记录乞鞫结果的文书。经过分析可知，此则案例的内容与上述"毛诬讲盗牛案"相类似，两者均是乞鞫案件。两则案例的共同之处在于，经过乞鞫复审，案件事实被重新认定，宣告被告无罪。同时，原审官吏受到了制裁。

可见，乞鞫与覆狱制度在秦代刑事诉讼程序中占有重要的地位。尽管时代所限，该项制度不够完善与成熟，但其历史意义重大。通过这一司法审判环节，我们再次看到秦代司法官吏在刑事案件的审理过程中，不轻纳口供，而是重视物证、证人证言、勘验伤情等客观性证据在认定案件事实中所发挥

---

〔1〕　朱汉民、陈松长主编：《岳麓书院藏秦简》（三），上海辞书出版社 2013 年版，第 175-176 页。

〔2〕　湖北省文物考古研究所、孝感地区博物馆、云梦县博物馆："云梦龙岗秦汉墓地第一次发掘简报"，载《江汉考古》1990 年第 3 期。

〔3〕　中国文物研究所、湖北省文物考古研究所编：《龙岗秦简》，中华书局 2001 年版，第 145 页。

〔4〕　该译文参引：【日】籾山明：《中国古代诉讼制度研究》，李力译，上海古籍出版社 2009 年版，第 118 页。

的决定性作用。在复审环节，全面核验案件证据，排除案件疑点，重新认定案件事实，平复冤滞。该制度不仅为当事人设置了一条权利救济的途径，同时也对法官"据确证""循实情"断案在法律上与程序上起到制约作用，这在一定程度上维护了封建专制制度下的司法公正。

下 篇

汉代刑事证据文明的推进

秦王朝盛极而衰，如昙花一现，其正反两方面的政事治道为后继的汉王朝提供了宝贵经验与深刻教训。西汉统治者领略了秦王朝"国强法备"时的兴盛，也经历了其"国衰法败"时的没落。既看到了"法善"推动帝国趋向强盛，也看到了"法恶"牵引帝国走向溃亡。因而，对秦代的刑事证据制度，汉统治者采取了扬弃的态度，一方面继承了其强大帝国时期较为理性的刑事证据制度，另一方面又抛弃了其衰败时期证据运用的主观随意性。

一、汉代刑事证据规则

（一）循证断案、据律量刑

经过细致考察汉代出土文献和传世文献，我们可以发现汉代刑事证据中具有浓厚的客观、理性色彩，表现为"循证断案""据律量刑"。首先，汉代制定了较为完备的实体法律。西汉的法律包括汉初编撰的《九章律》，惠帝时的《傍章律》十八篇，文景时的《酎金律》、"铸钱伪黄金弃市律"，武帝时的《越宫律》二十七篇、《朝律》六篇以及《上计律》等，后世对这些法典的修改和补充则以令的方式进行。汉武帝时"律令凡三百五十九章，大辟四百九十条，千八百八十二事，死罪决事比万三千四百七十二事。文书盈于几阁，典者不能遍睹"。[1] 其次，汉代具备了较为完善的程序法律，如《张家山汉简·二年律令》中"具律""告律""捕律"就属于程序法方面的内容。此外，《汉书》《后汉书》中有关"时令诉讼""巡案""录囚""谳狱"等方面的规定，都属于程序方面的法律规定。这些较为完备的实体法和程序法为汉司法官吏循证断案、据律量刑提供了制度保障。

---

〔1〕《历代刑法志》，群众出版社 1988 年版，第 18 页。

张家山汉简《奏谳书》中所记载的案件皆以证据为推导方向，并根据相应的律文定罪。试例：

> 符曰：诚亡，诈自以为未有名数，以令自占书名数，为大夫明隶，明嫁符隐官解妻，弗告亡，它如。
>
> 解曰：符有名数明所，解以为无恢人也，娶以为妻，不知前亡，乃后为明隶，它如符。
>
> 诘解：符虽有名数明所，而实亡人也。律：娶亡人为妻，黥为城旦，弗知，非有减也。解虽弗知，当以娶亡人为妻论。何解？
>
> 解曰：罪，无解。明言如符、解。问解故黥劓，它如辞。
>
> 鞫：符亡，诈自占书名数，解娶为妻，不知其亡，审。疑解罪，系，它县论，敢谳之。吏议：符有数明所，明嫁为解妻，解不知其亡，不当论。或曰：符虽已诈书名数，实亡人也。解虽不知其情，当以娶亡人为妻论，斩左止为城旦。
>
> 廷报曰：娶亡人为妻论之。（简28-35）[1]

本案证据为原被告双方的言辞、证人"明"的证言"明言如符、解"，并经过反复质证，从而确定了案件事实。最终依律"娶亡人为妻，黥为城旦，弗知，非有减也"，作出判决"娶亡人为妻论之"。这项案例比较鲜明地反映了汉"据证定案""依律科刑"的客观性原则。

《汉书》所载张释之断"犯跸"案，也可以作为例证：

> 上行出中渭桥，有一人从桥下走出，乘舆马惊。于是使骑捕，属之廷尉。释之治问。曰："县人来，闻跸，匿桥下。久之，以为行已过，即出，见乘舆车骑，即走耳。"廷尉奏当，一人犯跸，当罚金。文帝怒曰："此人亲惊吾马，吾马赖柔和，令他马，固不败伤我乎？而廷尉乃当之罚金！"释之曰："法者天子所与天下公共也。今法如此而更重之，是法不信于民也。且方其时，上使立诛之则已。今既下廷尉，廷尉，天下之平也，一倾而天下用法皆为轻重，民安所措其手足？唯陛下察之。"良久，

---

[1] 张家山二四七号汉墓竹简整理小组编著：《张家山汉墓竹简［二四七号墓］》，文物出版社2006年版，第94页。

上曰："廷尉当是也。"〔1〕

此案，廷尉释之通过相关证据审核案件，查明事实，并依律作出"当罚金"的处罚，最终获得了皇帝的认同。

接下来《汉书》记载："其后人有盗高庙座前玉环，得，文帝怒，下廷尉治。案盗宗庙服御物者为奏，当弃市。上大怒曰：'人亡道，乃盗先帝器！吾属廷尉者，欲致之族，而君以法奏之，非吾所以共承宗庙意也。'释之免冠顿首谢曰：'法如是足也。且罪等，然以逆顺为基。今盗宗庙器而族之，有如万分一，假令愚民取长陵一抔土，陛下且何以加其法虖？'文帝与太后言之，乃许廷尉当。"〔2〕

"犯跸"案之后，有人盗窃了高庙座前的玉环，被捕获，文帝发怒，令廷尉治。张释之核查罪证，并依照当时法律中关于偷盗宗庙服饰器物的条文，奏请判处斩首。汉文帝勃然大怒道："那人胡作非为，居然偷盗先帝宗庙中的器物！我之所以交付给廷尉审理，是想灭其族，而你却按照通常的法律条文奏请，这不是我所用来恭敬承奉先人的本意。"张释之脱帽叩头辩解："按照法令这样判处已经到极限了。况且斩首与灭族同是死罪，但以逆顺轻重的程度为根据。今日偷盗宗庙的器物便诛灭他的全族，假设愚民偷挖了长陵上的一捧土，陛下将又怎样施加给他刑罚呢？"后来文帝和薄太后谈论了这件事，便批准了廷尉的判决。

汉代刑事证据制度这种客观性的规则，戴炎辉先生指出其源自"罪刑法定主义"："我国旧律对犯罪的处罚，采取客观的、具体的态度。盖由于罪刑法定主义的要求，以防止官司的擅断。这种主义，自秦汉以来，一直保守到清末的现行刑律。故同一罪质的犯罪，依其主体、客体、方法、犯意、处所、数量（日数、人数、赃数等）及其他情况，而另立罪名，各异其刑。如阑入（明清律为擅入）及其他犯罪，视其为宫、殿、上阁内、御在所，以及宫城、皇城、诸处守当、州镇戍城、县城等，各立罪名，亦异其刑；盗罪之刑，亦视其客体而异。于殴伤杀，则视伤害程度及方法、主体、客体及责任形式

---

〔1〕《汉书》卷五〇《张释之列传》。
〔2〕《汉书》卷五〇《张释之列传》。

（谋、故、斗、戏、过失等），其刑互异。"[1]

（二）讯验明白、理无可疑

"讯验明白、案件事实理无可疑"，是汉代审理重大刑事案件的证据规则。此规则，在司法实践中体现较为鲜明，从出土的简牍法制文献中可以找到诸多的案例对此进行印证。兹试例如下：

> 遒九月庚辰甲渠第四守候长居延市阳里上造原宪与主官人谭与宪争言斗，宪以剑击伤谭匈（胸）一所，骑马驰南去。候即时与令史立等遂捕到宪治所，不能及。验问燧长王长，辞曰：宪带剑，持官弩一、箭十一枚，大搽谭革驼一，盛糒三斗、米五斗，骑马蘭越燧南塞天田出，西南去。以此知而劾无长吏教使，劾者状具此。（新简 EPT68·24-28）[2]

这是甘肃居延出土汉简中记载的一起刑事案件。案件证据包括：勘验胸部的剑伤；剑、弩、箭十一枚等物证；包括在劾状之中的证人证言等。从该案卷的记载来看，汉代司法官吏非常注重证据之间的相互印证，通过证据来认定案件事实，并作为最终定案的依据。

《后汉书·郭陈列传》记载：

> 有兄弟共杀人者，而罪未有所归。帝以兄不训弟，故报兄重而减弟死。
> 中常侍孙章宣诏，误言两报重，尚书奏章矫制，罪当腰斩。帝复召躬问之，躬对"章应罚金。"帝曰："章矫诏杀人，何谓罚金？"躬曰："法令有故、误，章传命之谬，于事为误，误者其文则轻。"帝曰："章与囚同县，疑其故也。"躬曰："周道如砥，其直如矢。君子不逆诈。君王法天，刑不可以委屈生意。"[3]

---

[1] 罪刑法定主义是欧洲资产阶级革命的产物，体现了近代资产阶级弘扬的个人自由精神及以此为本位的自由、民主、秩序和人权的价值追求。笔者认为，近现代资产阶级倡导的这种罪刑法定主义不可能存在于以家族宗法制度为基础，以君主专制为核心的中国古代刑法之中。但是，从春秋时期公布成文法开始，中国古代统治者便通过明晰、严谨的法律条文来抑制犯罪，将之作为定国安邦、维持社会秩序的工具。戴氏认为中国古代罪刑法定主义从秦汉以来，一直保守到清末的现行刑律。（戴炎辉：《中国法制史》，三民书局 1966 年版，第 30-31 页）

[2] 甘肃省文物考古研究所等编：《居延新简——甲渠候官与第四燧》，文物出版社 1990 年版，第 457 页。

[3] 《后汉书》卷四六《郭陈列传》。

此案中，显宗担心孙章矫诏是故意所为。因为孙章与囚犯同县，郭躬却认为孙章矫诏是属于正常的失误非故意所为，并劝显宗作为君主效法于天，量刑不能任意曲法，妄加判断，以莫须有的罪名强加于人，不要随便怀疑别人的动机。

（三）讯录供证

汉代，被告人的如实供述是澄清案情的关键，也是定罪量刑的重要证据，无被告人供辞，一般不能定罪。通过庭审，获得嫌犯供辞，并将之同其他证据进行印证，以验明案件事实，达到断案的确定性。"招认之被重视，盖被告对自己的行为最为清楚，作为判断的基础，亦最有价值；且裁判要使被告心服，而心服宜以被告自招为印证。"[1]

汉承袭秦审录供辞的程序。审讯过程中，官吏根据已经了解的案情讯问犯罪嫌疑人，由犯罪嫌疑人供述事实经过。法官认为未尽其情，就需要继续诘问，甚至拷掠，直至犯罪嫌疑人"诘之极"而"毋解"或"辞服"为止。

《奏谳书》记载的一则案例可以窥见汉代如何讯问被告，节选原文如下：

十年七月辛卯朔癸巳，胡状、丞憙敢谳之。

劾曰：临淄狱史阑令女子南冠缟冠，伴病卧车中，袭大夫虞传，以阑出关。

今阑曰：南齐国族田氏，徙处长安。阑送行，娶为妻，与偕归临淄，未出关得，它如劾。

南言如劾及阑。

诘问，阑非当得娶南为妻也，而娶以为妻，与偕归临淄，是阑来诱及奸，南亡之诸侯，阑匿之也，何解。

阑曰：来送南而娶为妻，非来诱也。吏以为奸及匿南，罪，无解。

诘阑：律所以禁从诸侯来诱者，令它国毋得娶它国人也。阑虽不故来，而实诱汉民之齐国，即从诸侯来诱也，何解。

阑曰：罪，毋解……（简17—22）[2]

这是关于擅娶他国女子为妻的一起案件。在案件的审理过程中，判官首

---

〔1〕 戴炎辉：《中国法制史》，三民书局1966年版，第170页。

〔2〕 张家山二四七号汉墓竹简整理小组编著：《张家山汉墓竹简［二四七号墓］》，文物出版社2006年版，第93页。

先围绕告劾的内容进行讯问，在被告初步回答所问之后，判官接着其供辞进行诘问，经过反复审问直至澄清案情，使犯罪嫌疑人理屈词穷、认罪服法。

汉代在刑事审判中为获取供辞，也采取刑讯的方法。如果在讯问过程中，犯罪嫌疑人供辞不实，或者其供辞与官府已掌握的事实不符，判官就可以"动刑"，威逼其如实供述。正如陈顾远所言："刑讯者，讯问狱囚以刑求之之谓。盖在昔并不重视证据，而惟取于口供，从而法官对于狱囚，遂得以榜掠之，而为法之所许；尤其关于盗命重案，为录口供，视为当然有刑讯之必要。"[1]在汉代通过刑讯获取口供是法律所允许的，但对其作出了限制性规定。景帝中元六年（公元前144年），专门制定了《箠令》，对刑讯工具及如何行刑作出了具体的规定："笞者，箠长五尺，其本大一寸，其竹也，末薄半寸，皆平其节。当笞者，笞臀。毋得更人，毕一罪乃更人。"[2]东汉章帝在诏书中也曾说："律云：掠者唯得榜、笞、立。"[3]可见，汉代法律是允许刑讯的，并且将其写入律文之中。据《陈书·沈洙传》载："范泉今牒述《汉书》云：'死罪及除名罪证明白，考掠已至而抵隐不服者，处当列上。'杜预注曰：'处当证验明白之状。列其抵隐之意。'"应当说刑讯在汉代断狱过程中是普遍采取的逼录供辞手段，如杜周所言："会狱，吏因责如章告劾，不服，以掠笞定之。"[4]西汉刑讯断狱成风，官吏以苛暴为能，造成了大量冤狱。《汉书·杜周传》记载，武帝时"狱久者至更数赦十余岁而相告言，大氐尽诋以不道，以上廷尉及中都官，诏狱逮至六七万人，吏所增加十有余万。"即依法逮至六七万人，官吏又巧文致罪的增加十余万人。宣帝时廷尉路温舒上书皇帝，指斥这种凄惨情景："今治狱吏……上下相驱，以刻为明；深者获公名，平者多后患。故治狱之吏皆欲人死，非憎人也，自安之道在人之死。"因此，被判罪处死的人，鲜血流淌满市，因罪受刑的人到处都是。每年被处以大辟之刑的人数以万计。他进一步指出："夫人情安则乐生，痛则思死。棰楚之下，何求而不得？"所以，被囚受审的人，难以忍受拷打的痛苦，就假造供辞，承认罪过。讯审官吏觉得如此得来很便利，就指划、引导他招供。上报的时候害怕

〔1〕 陈顾远：《中国法制史概要》，三民书局1964年版，第174—175页。

〔2〕 《汉书》卷二三《刑法志》。

〔3〕 《后汉书》卷三《肃宗孝章帝纪》。

〔4〕 《汉书》卷六〇《杜周传》。

被发现，就对奏书反复修改，使之没有破绽。奏书上所定成立的罪名，即使是咎繇来断狱，也会认为被审讯者死有余辜。为什么会如此？因为奏书经过多次修改，以法律条文罗织的罪名清楚无误。所以断狱之官援引法律陷人于罪，刻薄残酷，没有限度，不顾国患。他还引用俗语说："画地为狱，议不入；刻木为吏，期不对。"以此形容人们痛恨执法苛暴官吏的悲愤之情，最后他痛斥道："故天下之患，莫深于狱；败法乱正，离亲塞道，莫甚乎治狱之吏。"[1]

《长沙五一广场东汉简牍选释》（以下简称《选释》）所载司法文书中有一则案例，由于刑讯导致虚假供辞，"畏痛自诬"。"长沙郡大守府"要求重新验明案情。

> 府告兼贼曹史汤、临湘：临湘言，攸右尉谢栩与贼捕掾黄忠等别问傃赵明宅者，完城旦徒孙诗，住立，诗畏痛自诬：南阳新野男子陈育、李昌、董孟陵、赵□□等劫杀明及王得等。推辟谒舍，亭例船刺无次公等名。县不与栩等集问诗，诗自诬，无检验。又诗辞：于其门闻不处姓名三男子言渚下有流死二人。逐捕名李光、陈常等，自期有书。案□移汤书。诗辞：持船于湘中糶（糴）米，见流死人。县又不绿（录）汤书而未杀，不塞所问，巨异不相应，何？咎在主者不欲实事。记到，汤、县各实核不相应状，明正处言，皆会月十五日。毋佝（拘）毄（系）无罪、殴击人。有府君教。
>
> 五月九日开
>
> 永元十五年五月七日昼漏尽起府。（木牍 CWJ1③：285）[2]

---

〔1〕《汉书》卷五一《路温舒传》。

〔2〕 长沙市文物考古研究所等编：《长沙五一广场东汉简牍选释》，中西书局 2015 年版，第 202 页。按："府告"，《居延新简释粹》载："六月己巳，府告□□，居延有亡人，广地第八燧举赤表□留迟□举表□"（74EJT22：11C）。薛英群等先生认为，"府"指"都尉府"，"府告"指"都尉府给其下属塞、部、燧所下的书面通告"。（参见薛英群、何双全、李永良：《居延新简释粹》，兰州大学出版社 1988 年版，第 94 页）《长沙五一广场东汉简牍发掘简报》载："府告临湘言部乡有秩利汉□□"（木牍 CWJ1③：265-14）。释曰："府，长沙太守府。内容为太守府给临湘县的指示，事项涉及该县某乡有秩名利汉者。"（参见长沙市文物考古研究所："长沙五一广场东汉简牍发掘简报"，载《文物》2013 年第 6 期）由此，木牍 CWJ1③：285 号牍文所记载的，则是一份发给"兼贼曹史汤"和临湘县的公文。"兼贼曹史汤"，以及后面的第一个"临湘"，均为"府告"的对象。（参见赵平安、罗小华："长沙五一广场所出东汉简牍 J1③：285 号木牍解读"，载《齐鲁学刊》2013 年第 4 期）"推辟"，"分析调查"，高恒先生指出："案验，即考实罪行。……推辟也就是案验。……推辟□，强调查明事实。"（见氏文："汉简中所见举、劾、案验文书辑释"，载李学勤、谢桂华主编：《简帛研究二〇〇一》，广西师范大学出版社 2001 年版）

该司法文书内容主要围绕一起死亡案件的调查、核验展开。"长沙郡大守府"通告"兼贼曹史汤"，先转发临湘县的报告，告知攸县右尉谢栩与贼捕掾黄忠等关于审讯孙诗的方式不当：通过"住立"刑讯逼供，孙诗畏痛做了假证。临湘县经调查走访后，证明"诗自诬无检验"，即其伪证完全无根据，与事实不符，且差距甚大。"咎在主者不欲实事"，错在主事者不愿实事求是，一味无凭据拘押无罪，屈打逼供。故要求兼贼曹史汤及相关诸县再核实与事实不相应的情况，并于当月十五日回报。[1]

路温舒看到，狱吏在断案过程中普遍使用刑讯，造成冤滥横生，已严重损坏了司法审判的正常进行。汉代这种惨烈的刑讯之风，使得最高统治者皇帝也不能坐视不问，开始下令禁止。章帝元和元年（公元 84 年）下了一道禁令："自往者大狱以来，掠考多酷，钻钻之后，惨苦无极。念其痛毒，怵然动心。《书》曰：'鞭作官刑'岂云若此？宜及秋冬理狱，明为其禁。"[2]

（四）探求心证

汉代奉行春秋决狱，在司法审判中开启了论心定罪的原则。这一原则强调究查行为人的"主观心念"，[3]即以儒家的纲常伦理为标准，考究犯罪嫌疑人主观上为"善"抑或"恶"，并以此主观"心证"作为确定其罪行成立与否的依据。作为一种法律观念，论心定罪的历史可谓源远流长。《尚书·舜典》载："眚灾肆赦，怙终贼刑。"[4]据孔颖达疏，眚灾指因过失误致危害；肆赦，即缓刑赦免；怙终，指故意坚持犯罪；贼刑，轻者判刑，重者处死。可见，根据主观心理状态来决定刑罚的轻重。《尚书·康诰》中周公教导康叔："人有小罪，非眚，乃惟终，自作不典，式尔，有厥罪小，乃不可不杀。乃有大罪，非终，乃惟眚灾，适尔，既道极厥辜，时乃不可杀。"[5]贯穿其中的刑法思想，与《舜典》可谓一脉相承。将论心定罪这种思想明确提出，并

---

〔1〕参见长沙文物考古所："湖南长沙五一广场东汉简牍发掘简报"，载《文物》2013 年第 6 期。

〔2〕《后汉书》卷三《肃宗孝章帝纪》。

〔3〕黄源盛："两汉春秋折狱'原心定罪'的刑法理论"，载柳立言主编：《传统中国法律的理念与实践》，我国台湾地区"中研院"历史语言研究所 2008 年版，第 77 页。

〔4〕（清）阮元校刻：《十三经注疏》（清嘉庆刊本）（一），《尚书正义》卷三，中华书局 2009 年版，第 270 页。

〔5〕（清）阮元校刻：《十三经注疏》（清嘉庆刊本）（一），《尚书正义》卷一四，中华书局 2009 年版，第 432 页。

成为一项定型的原则，是由汉儒所倡议的。两汉将论心定罪具体落实于理论与实践当中。我们先来看两则董仲舒断狱的案例：

> 甲夫乙，将船。会海风盛，船没溺，流尸亡不得葬。四月，甲母丙即嫁甲。欲皆何论？或曰：甲夫死未葬，法无许嫁，以私为人妻，当弃市。议曰：臣愚以为，《春秋》之义，言夫人归于齐。言夫死无男，有更嫁之道也。妇人无专制擅恣之行，听从为顺，嫁之者归也。甲又尊者所嫁，无淫衍之心，非私为人妻也。明于决事，皆无罪名，不当坐。[1]

本案虽夫死未葬，法不许嫁，但该女再嫁是出于尊长之意，并非淫心所趋。根据儒家纲常，尊者有教令权，该女必须遵守，所以不构成犯罪。以现代的法学观点来看，或许可以解释为缺少犯罪构成的主观要件。董仲舒对另一则案件的释解与此类似：

> 甲父乙与丙争言相斗，丙以佩刀刺乙，甲即以杖击丙，误伤乙，甲当何论？或曰殴父也，当枭首。论曰：臣愚以父子至亲也，闻其斗，莫不有怵怅之心，扶杖而救之，非所以欲诟父也。春秋之义，许止父病，进药于其父而卒，君子原心，赦而不诛。甲非律所谓殴父，不当坐。[2]

董仲舒之断，并未机械地引用律条，除了看行为后果之外，更关注主观动机，原心而断。可见，就是因为考察行为的角度不同，决定了行为人的生与死。若仅从客观行为的角度论断，为"殴父"，依律当"枭首"；若考究心证，是欲行孝而非殴父。原心而论，"非律所谓殴父，不当坐"。

论心定罪的原则影响甚大，起于两汉，经由魏晋，迄至明清，司法实践中一直存在着以心证决狱讼的现象。《史记》《汉书》及《后汉书》中均记载有此类的案件。试例如下：

《史记·梁孝王世家》描绘的"悉烧梁之反辞"案："故《春秋》曰君子大居正，守之福，宣公为之。"[3]《史记·儒林列传》记述的"吕步舒治淮南

---

〔1〕 程树德：《九朝律考》，中华书局 2006 年版，第 164-165 页。

〔2〕 程树德：《九朝律考》，中华书局 2006 年版，第 164 页。

〔3〕 《史记》卷五八《梁孝王世家》。

狱"案："以春秋之义正之，天子皆以为是。"〔1〕《汉书·淮南王传》记载的"淮南王安谋反"案中，膠西王端在议淮南王安的行为时说："《春秋》曰：'臣毋将，将而诛。'安罪重于将，谓反形已定，当伏法。"〔2〕《汉书·孙宝传》所载的"非造意者放归田里"案："自劾矫制，奏商为乱首，春秋之义，诛首恶而已。"〔3〕《后汉书·赵熹列传》所述"余党徙京师近郡"案："熹上言，恶恶止其身。"〔4〕《后汉书·张皓列传》中的"春秋采善书恶"案："晧上疏谏曰：'《春秋》采善书恶，圣主不罪刍荛。……'帝乃悟，减腾死罪一等，余皆司寇。"〔5〕

以上所列举典籍中的案例，论断均引儒家经义来考究行为人的主观动机，以"心证"为依据论证罪的轻或重。

通过以上论证可以看出，探求心证强调在定罪量刑环节考究行为人的主观动机，即以纲常伦理为依据，区分其内心的"恶与善""故意与过失"，并作出罪的有无、宽严的处理。这种主观性倾向的证据原则，尽管为秦以来苛酷的刑罚注入一股轻刑化、人性化的温泉，但其危害性也是显而易见的。这种"心证"的考究方法，由于操作形式的不可控性，加之监督制约机制的缺乏，从而为审断官吏提供了过大的自由裁量空间，使得贪官污吏滥罚擅断的方便之门大开，在一定程度上造成了司法审判制度的确定性与可预测性的缺失。

在刑事案件的审断过程中口供虽然至关重要，但是司法官吏更注重多种证据形式的综合应用，以排除疑点，追求定案的确定性。"古代审判活动虽然存在注重口供的弊端，但也很重视其他证据与口供的综合运用，对于刑讯的使用，很多朝代都有严格的限制。"〔6〕这种综合性的证据原则在西周时已经萌芽，《礼记·王制》篇记述："司寇正刑明辟，以听狱颂。必三刺，有旨无简不听。附从轻，赦从重。凡制五刑，必即天论，邮罚丽于事。凡听五刑之讼，必原父

---

〔1〕《史记》卷一二一《儒林列传》。

〔2〕《史记》卷一一八《淮南衡山列传》。

〔3〕《汉书》卷七七《孙宝传》。

〔4〕《后汉书》卷二六《赵熹列传》。

〔5〕《后汉书》卷五六《张皓列传》。

〔6〕杨一凡、徐立志主编，杨一凡等整理：《历代判例判牍》（第一册），中国社会科学出版社2005年版，第7-8页。

子之亲，立君臣之义以权之。意论轻重之序，慎测浅深之量以别之。悉其聪明，致其忠爱以尽之。疑狱，氾与众共之；众疑赦之。必察小大之比以成之。"[1]

司寇之官应明法断罪，凡是制定五等轻重的刑罚，必须考虑到天伦关系，同时定罪量刑必须遵从客观事实，查明罪行的大小，适用与之相应的律文定罪。凡是受理五等刑的案件，必须体察父子之亲和君臣之义，考虑其是否为孝、忠而犯法，仔细探究其罪行浅深的分量。也就是说，判官量刑既要考究行为人的主观心念，看其是否符合纲常伦理，同时，也要尊重客观事实，做到主客观相一致。这种综合性的证据原则在汉司法制度中多有表现。如《汉书·淮南衡山王传》记载，赵王彭祖、列侯臣让等四十三人商议："淮南王刘安大逆不道，谋反之罪证据确凿，理当处死。"胶西王刘端说："淮南王刘安无法无天，不走正道，心怀叵测，扰乱天下，惑乱百姓，背叛祖宗，妄作妖言。《春秋》曰：'臣毋将，将而诛。'刘安的罪行不是刚刚萌发，谋反已是事实。依我之见，将其谋反之具验明之后，即可正法。"[2]胶西王刘端议本案，除引《春秋》"君亲无将，将而诛之"的纲常伦理大义对其声讨之外，还提出验明"其书节印图"等谋反的物证。这使得客观证据与主观心证相结合，法与理交互印证，显示判决理由充足。

从《奏谳书》为我们提供的案例来看，汉代判官断狱非常重视对告诉人的诉言、被告人的供述、证人证言等主观证据的确认；同时，注重将这些主观证据与书证、物证、勘验报告等客观证据进行相互印证，使得主客观证据统一，以便准确地定罪量刑。现将《奏谳书》中所载汉高祖十一年（公元前196年）发生的一则案件录写如下，通过该案的分析说明，来了解汉代司法审判中综合性刑事证据的具体应用。

（高祖）十一年八月甲申朔乙丑，夷道介、丞嘉敢谳之。六月戊子发弩九诣男子毋忧，告为都尉屯，已受致书，行未到，去亡。·毋忧曰：蛮夷，大男子，岁出五十六钱以当繇赋，不当为屯。尉窑遣毋忧为屯，行未到，去亡。它如九。·窑曰：南郡尉发屯有令，变夷律不曰勿令为

---

〔1〕　参阅孙希旦：《礼记·集解》卷一四《王制第五之三》，文史哲出版社1972年版，第335-336页。

〔2〕　《汉书》卷四四《淮南王传》。

屯，即遣之，不知亡故，它如毋忧。诘毋忧：律，变夷男子岁出賨钱，以当繇赋，非曰勿令为屯也，及虽不当为屯，窖已遣毋忧，即屯卒，已去亡，何解？毋忧曰：有君长，岁出賨钱，以当繇赋，即复也，存吏，毋解。问：如辞。·鞫之：毋忧变夷大男子，岁出賨钱，以当繇赋，窖遣为屯，去亡，得，皆审。·疑毋忧罪，它县论，敢谳之，谒报，署狱史曹发。吏当：毋忧当要（腰）斩，或曰不当论。廷报：当要（腰）斩。（简1—7）[1]

该份"奏谳书"或案例可分为三部分：第一，"十一年八月甲申朔己丑，夷道介、丞嘉敢谳之"。这部分主要说明的是上奏的时间和上奏人。第二，"六月戊子发弩九诣男子毋忧……得，皆审"。这部分为案件事实的认证部分。第三，"疑毋忧罪，它县论，敢谳之，谒报，署狱史曹发。吏当：毋忧当要（腰）斩，或曰不当论。廷报：当要（腰）斩"，为议罪定刑部分。下面对该案查证情况予以分析。

该案例中，首先是举告人控告毋忧应征屯边，在接到屯边的通知后未到达屯边地时逃跑。随后是被告人毋忧供述（或辩解），即蛮夷成年男子每年上缴五十六钱作为应服繇役赋税，不应再屯边，县尉窖派发毋忧屯边，未到目的地即逃走，其他与发弩九所说一致。接着案件的证人提供证言，根据南郡尉颁发的屯边令文派发毋忧屯边，蛮夷法律没有规定蛮夷人每年出五十六钱的繇赋，就不再屯边，因而就派发毋忧屯边；其逃跑的原因不详，其他如毋忧所述。此环节结束之后，审案官吏根据被告供述和证人证言对被告进行讯诘，被告毋忧进行回答。"问，如辞"为汉代司法文书用语，即经再次讯问，与前述供辞相同。之后，法庭作出对案件事实的认定，即"鞫之"部分。其中，"得，皆审"，"得"可理解为"犯罪嫌疑人已羁押在案"，"皆审"相当于现代司法判决中"事实清楚，证据确实充分"。由于对被告毋忧如何定罪存有疑惑，因而将此案件事实及相关证据呈报上级官吏。最终廷尉作出决断"当腰斩"。从该案例的事实论证部分来看，注重告诉人的告诉、被告人的供述或辩解、证人证言之间的相互印证；同时，审判官吏还根据案件情况对被

---

[1] 张家山二四七号汉墓竹简整理小组编著：《张家山汉墓竹简［二四七号墓］》，文物出版社2006年版，第91页。

告人进行反复诘问，弄清案件事实，最后达到"审"或"皆审"。该案件展示了汉代刑事证据在案件诉讼审理中的应用情况，其中较为充分地表现了刑事证据的综合性特征。

再来看《奏谳书》中记载的汉高祖七年（公元前200年）发生的一起盗米案：

> 七年八月己未江陵丞言：醴阳令恢盗县官米二百六十三石八斗，恢秩六百石，爵左庶长□□□□从史石盗醴阳巳乡县官米二百六十三石八斗，令舍人五兴、义与石卖，得金六斤三两，钱万五千五十，罪，它如书。兴、义皆言如恢。问：恢盗臧过六百六十钱，石亡不讯，它如辞。鞫：恢，吏，盗过六百六十钱，审。当：恢当黥为城旦，毋得以爵减免赎。（简69—72）[1]

该案的证据方面包括三个部分：江陵丞告诉部分；证人兴、义二人的证言和被告人恢的口供；审问查证情况。第一部分，江陵丞告诉部分较为详细地记述了醴阳令恢的秩、爵及盗县官米的具体地点、参与盗米的人员及销赃获款情况。第二部分，简短地记述了证人兴、义的证言与被告人恢的供述一致。第三部分，记述审问查证情况，证实恢盗县官米的价值确实超过六百六十钱；另一证人石在逃，无法讯问。通过对以上三部分证据的分析，可以看出，汉代判官在审判的过程中，注重证据之间的相互印证。最后在案件事实清楚、查证属实的基础上据律定罪量刑。

董仲舒《春秋决狱》也含有依据混合原则定罪的成分。从现存的实例来看，在定罪量刑时，他并非全置客观事实于不顾，也并非惟主观意念是论。所谓"必本其事，而原其志"，意即审理案件时应当以犯罪的客观事实为根据，进而深入推究行为人的主观心念。黄源盛指出，虽然在做结论时，可以清晰地嗅出，他是比较倾向于主观方面的，但这种强调"志"的善恶是合宜的，不能因此得出为动机论的结论。讲白些，他只不过是想跳脱当时僵化而严酷的律条，主张从案件的实际出发，综合考量行为人主客观方面的情状而

---

[1]　张家山二四七号汉墓竹简整理小组编著：《张家山汉墓竹简［二四七号墓］》，文物出版社2006年版，第98页。

后作最后的裁决。试举董仲舒一则"春秋决狱"的判例，加以分析：

> 甲为武库卒，盗强弩弦，一时与弩异处，当何论？论曰：兵所居比司马，阑入者髡，重武备，责精兵也。弩檗机郭，弦轴异处，盗之不至，盗武库兵陈。论曰：大车无輗，小车无轨，何以行之？甲盗武库兵，当弃市乎？曰：虽与弩异处，不得弦不可谓弩，矢射不中，与无矢同，入与无镞同。律曰：此边郡兵所藏直百钱者，当从弃市。[1]

董仲舒指出，虽然只盗弩弦，未盗走弩，但依据法律规定超过值百钱，当弃市。从此例可以看出，"春秋决狱"并非置法律于不顾，一味主观臆断。

二、汉代刑事证据的种类

通过研究现有的法律文献发现，汉代证据的种类在继承秦代的基础上，趋于完善。可以说，现代的证据类别，除了像 DNA、指纹鉴定等这些高科技的证据形式以外，其他的普通证据形式在汉代大多都已出现。下面详细加以介绍。

（一）言辞证据

在汉代刑事案件审判中，言辞证据是至关重要的证据形式，主要涵盖被告人供辞、被害人陈辞及证人证言等。

1. 供辞

口供在汉代诉讼过程中，为法定的证据材料之一。在审判过程中，口供主要是通过法官的询问得来。被告初步回答所问，司法官接着针对被告的口供进行诘问，然后被告申辩，司法官再诘问，经多次反复，直至澄清事实，被告服罪为止。在此过程中，如果被告不招供，或者招供不实，法官就可以采取刑讯的方法。这点在前面介绍主观证据的时候已做过论述，不再复述。

被告人的供述在汉简中多有显现，例如：

《奏谳书》案例四比较典型地记录了一位名为"符"的被告人，在审断过程中，她自我陈述道：

> 诚亡，诈自以为未有名数，以令自占书名数，为大夫明隶，明嫁符

---

〔1〕 程树德：《九朝律考》，中华书局 2006 年版，第 164 页。

隐官解妻，弗告亡，……（简 28-29）〔1〕

符对指控的自我供述，是对其定罪量刑的重要证据。

汉代司法官吏在侦查案件的过程中重视录取被告人的口供，并将之作为定罪量刑的重要依据。但是，审讯严格依照法律程序进行，首先要告知被告人如实供述的法律规定。并非如人们所想象的，古代司法官吏可以随意地讯问犯罪嫌疑人，可以随意地对之进行刑讯。

《汉书》记载的"淮南王刘安谋反案"，刘安欲谋反，召见伍被共同策划。后来阴谋败露，伍被"自诣"，即自首，供述了与淮南王谋反事宜："伍被自诣吏，具告与淮南王谋反。"〔2〕皇帝随机对谋反行为加以惩治。

2. 证辞

证人证言是查破、裁断案件的重要依据之一，证言对断案的意义重大。证人，汉代称其为"左""证左"。〔3〕汉代法律相比秦律而言，更加重视询问证人，要求证人必须据实陈述。《汉书·高帝纪》记载："吏以文法教训辨告，勿笞辱。"〔4〕即在审讯前，吏首先要向原、被告及证人"辨告"法律。所谓"辨告"就是司法官对证人讲明相关的法律内容，如实质对案件。对此，《二年律令·具律》中有明确规定：

证不言请（情），以出入罪人者，死罪黥为城旦舂，它各以其所出入罪反罪之。狱未鞫而更言请（情）者，除。吏谨先以辨告证。（简 110）〔5〕

意为陈述事实时，没有反映真实案情，对所述他人之罪轻重不实，除诬告死罪判黥城旦舂外，诬告其他罪皆以所诬告罪反坐之；在案件事实未确定之前更正其言辞的，不予处罚。受案官吏应预先告之相关的规定。在简牍法

〔1〕 张家山二四七号汉墓竹简整理小组编著：《张家山汉墓竹简［二四七号墓］》，文物出版社 2006 年版，第 94 页。

〔2〕《汉书》卷四四《淮南衡山济北王传》。

〔3〕《汉书》卷六六《杨敞传》："事下廷尉，廷尉定国考问，左验明白。"颜师古注："左，证左也，言当时在其左右见此事者也。"

〔4〕《汉书》卷一《高帝纪下》。

〔5〕 张家山二四七号汉墓竹简整理小组编著：《张家山汉墓竹简［二四七号墓］》，文物出版社 2006 年版，第 24 页。

律文献记载的案例中对此多有记载，为论证之便摘录如下：

《居延汉简释文合校》：

> 先以证不言请（情）出入罪人辞（3·35）
> □先以证不言请（情）出入罪□（7·20）
> 官先以证不言请（情）出入（38·27）〔1〕

《居延新简》：

> □先以证不［言］请（情）律辨告，乃验问定……（E·P·T52：417）
> 建武五年二月丙午朔甲戌，掾谭召万岁候长宪诣官，先以证不言请（情），辞已定，满三……（E·P·F22：288）
> 而更不言诏（情）书律辨告。乃讯由辞曰：公乘，居延肩水里，年五十五岁，姓李氏，乃永光四年八月丁丑……（E·P·S4·T2：7）〔2〕

由此可知，证人证言作为一种证据形式在汉代广泛存在。敦煌悬泉汉简中有一则关于调查证人的记载：

> 五凤二年四月癸未朔丁未，平望士吏安士敢言之。爰书：戍卒南阳郡山都西平里莊疆友等四人守候，中部司马丞仁、史丞德，前得勿赍卖财物敦煌吏，证财物不以实，律辨告，洒爰书。疆友等皆对曰：不赍卖财物敦煌吏民所，皆相牵证任。它如爰书，敢言之。（悬泉汉简Ⅱ0314②：302）〔3〕

此简是平望部士吏安士整理上报的一份文书。平望部接到爰书，要求对四名戍卒赍卖财物之事进行调查取证，四名戍卒互相作证并担保。文中的

---

〔1〕 谢桂华、李均明、朱国炤：《居延汉简释文合校》，文物出版社1987年版，第4页、第12、第64页。

〔2〕 甘肃省文物考古研究所等编：《居延新简——甲渠候官与第四燧》，文物出版社1990年版，第256页、第495、第554页。以上所录简文，有的是该律文的概括，如"证不言请（情）出入罪"；有的是该律文的残篇，如"□先以证不言请（情）出入罪□"；有的是该律文的节录，如"□先以证不言请（情）出入罪□"。

〔3〕 胡平生、张德芳编撰：《敦煌悬泉汉简释粹》，上海古籍出版社2001年版，第26页。

"相牵证任"是汉代的一种特殊的证言，称为"相证"，即当事人互相作证并担保，写成文书，上报法司。[1]

证人证言对案件事实的认定至关重要，简牍文献中记录的诸多案例可以鲜明地印证这一点，试例如下：

> 史商敢言之。爰书：郭卒魏郡内安定里霍不职等五人□□□□□敞剑庭刺伤状，先以"证不言请（情）出入罪人"辞□乃爰书：不职等辞县爵里年姓各如牒。不职等辞曰：敞实剑庭自刺伤，皆证，所置辞审它如……（合校简 3·35）[2]

史商报告。爰书：郭卒魏郡内安定里霍不职等五人，□□□□□关于敞拔剑刺伤一事。首先宣示"不如实反映案情"的法律责任，然后根据爰书验问不职等五人。县、里、年龄、姓名，各自均如附册。根据不职等供述可知，敞确实是拔剑刺伤了自己。所有的证明供述均无谎言。其他如……

《居延新简》中也记载有多人作证的案例，例如：

> 建始元年四月甲午朔乙未，临木候长宪敢言之。爰书：杂与候史辅，验问燧长忠等七人。先以"从所主及它部官卒买□三日而不更言请（情）书"律辨告，乃验问，隧长忠等辞皆曰名郡县爵里年姓官除各如牒。忠等毋从所生卒及它□。（新简 E·P·T51：228）[3]

此例中，戍卒赏等六人作证，证明隧长忠没有犯询问所涉罪行。再如：

> 建武四年三月壬午朔己亥，万岁候长宪敢言之。官记曰：第一隧长秦恭时之俱起隧取鼓一，持之吞远隧，李丹、孙诩证之状。验问，俱言前言状。（新简 E·P·F22·329）[4]

---

〔1〕 参见连邵名："西域木简所见《汉律》中的'证不言请'律"，载《文物》1986年第11期。

〔2〕 谢桂华、李均明、朱国炤：《居延汉简释文合校》，文物出版社1987年版，第4页。

〔3〕 甘肃省文物考古研究所等编：《居延新简——甲渠候官与第四燧》，文物出版社1990年版，第192页。

〔4〕 甘肃省文物考古研究所等编：《居延新简——甲渠候官与第四燧》，文物出版社1990年版，第498页。

此案记录了李丹、孙诩两名证人作证的情节。

由于犯罪嫌疑人的供辞可信度不高，尤其是刑讯得来的口供，多值得怀疑。这就需要其他证据加以证明或予以补充，形成一个证据链，增强定罪量刑的准确性。这样，证人证言就显得尤为必要。因此，汉代对比较简单的案件也要求有证人证言，重大案件则要求获取众多证人提供证言。所以，以上列举的案例都是多人提供的证言。为了获取证人的证言，有时不顾路途遥远，异地传讯证人到案发地或罪犯拘押地作证，如：

> 元延二年八月庚寅朔甲午，都乡啬夫武敢言之……褒葆俱送证女子赵佳张掖郡中。谨案户……留如律令，敢言之。八月丁酉居延丞……（合校简181·2A）[1]

此为护送证人前往作证的通行证，不仅表明汉代异地传讯证人情形的存在，也表明诉讼中对作为证据的证人证言的重视。

汉代非常重视对证人的征召，获取证言，以验明案情。《文物》2013年第6期"长沙五一广场东汉简牍发掘简报"收录一则当值官吏的举劾报告，是关于五位主管官员未及时执行太守府征召证人的诏令。

> 案：都乡利里大男张雄、南乡匠里舒俊、逢门里朱循、东门里乐竟、中乡泉阳里熊赵皆坐。雄贼曹掾，俊循吏，竟骖驾，赵驿曹史。驿卒李崇当为屈甫证。二年十二月卅一日，被府都部书：逐召崇，不得。雄、俊、循、竟典主者掾史，知崇当为甫要证，被书召崇，皆不以徼逮为意，不承用诏书。
> 发觉得。
> 永初三年正月壬辰朔十二日壬寅，直符户曹史盛劾，敢言之。谨移狱，谒以律令从事，敢言之。（J1③：281-5A）[2]

东汉永初二年（108年）十二月接到太守府关于征召重要证人驿卒李崇的指令后，作为主管官员的贼曹掾张雄、循吏舒俊等五人不作为，不及时办

---

〔1〕 谢桂华、李均明、朱国炤：《居延汉简释文合校》，文物出版社1987年版，第290页。

〔2〕 长沙市文物考古研究所："湖南长沙五一广场东汉简牍发掘简报"，载《文物》2013年第6期。

理，有违诏书宗旨，故值班户曹史举劾之。[1]

此则式例在《选释》中亦有记载，较之简报所载，展示内容更为完整，释读亦更加准确：

A 面

鞫：雄、俊、循、竟、赵，大男，皆坐。雄，贼曹掾；俊、循，史；竟，骖驾；赵，驿曹史。驿卒李崇当为屈甫证。二年十二月廿一日，被府都部书，逐召崇，不得。雄、俊、循、竟、赵典主者掾史，知崇当为甫要证，被书召崇，皆不以微逮为意，不承用诏书。发觉得。直符户曹史盛劾，辞如劾。案：辟都、南、中乡，未言。雄、俊、循、竟、赵辞皆有名数，爵公士以上。癸酉赦令后以来，无它犯坐罪耐以上，不当请。永初三年正月十四日乙巳，临湘令丹、守丞晧、掾商、狱助史护，以劾律爵咸（减）论，雄、俊、循、竟、赵耐为司寇，衣服如法，司空作，计其年。

B 面

得平。（木牍 CWJ1③：201-1）[2]

相对于"简报"，《选释》所载内容，变化甚大，具体表现为：首先，"简报"记载郡府都部征召证人命令的时间为"二年十二月卅一日"，而《选释》将该时间改为"二年十二月廿一日"。其次，《选释》将"简报"中"案"的内容改为"鞫"，随后又增加了"案"的内容，大意为：调查临湘县所属都乡、南乡、中乡，没有报告。雄、俊、循、竟、赵五人均有户籍，爵

---

〔1〕　此例应为举劾文书的下半段，上半段缺失。"都乡"，县治所在乡。"贼曹""驿曹"皆县属曹，前者主逐捕盗贼，后者主邮驿事。"循吏"，或即史籍所谓循行，《续汉书·百官志》注引《汉官》见"循行二百六十人"。"骖驾"，主车驾，或即史籍所谓参乘或司御，前者如《史记·项羽本纪》："沛公之参乘樊哙者也。"后者见《汉书·夏侯婴传》：夏侯婴，"为沛厩司御"。"屈甫证"、"甫要证"义同，皆指重要案件的证人。"被府都部书"，指接受郡府都部的命令文书。"微逮"，徵召与逮捕，司法习用语。"不以微逮为意"，指不把微逮的任务放在心里，即不作为。"不承用诏书"，指不执行诏书的指令，汉代罪名之一，《晋书·刑罚志》："及旧典有奉诏不敬、不承用诏书，汉氏施行有小愆之反不如令，辄劾不承用诏书，又减以丁酉诏书。丁酉诏书，汉文所下，不宜复以为法，故别为之《留律》。""发觉得"，指案情被发现并拘得当事人。（参见李均明："长沙五一广场出土东汉木牍'直符'文书解析"，载《齐鲁学刊》2013 年第 4 期）

〔2〕　长沙市文物考古研究所等编：《长沙五一广场东汉简牍选释》，中西书局 2015 年版，第 220 页。

位在公士以上。癸酉赦令发布后，没有新的较重罪行。不应当上报。永初三年（109 年）正月十四日乙巳，临湘县县令丹、守丞晧、掾史商及狱助史护，依据劾律有关爵减规定，处雄等耐为司寇，穿着服刑的囚服，发往司空劳作，得到公平处理。[1]

《选释》中，还载有另一则关于证人证言的式例：

> 父母。虽产子，不成人。妻与宏和奸，及华取钱、衣物亡，以华、海相与俱居，有（又）通财，义不应盗。废，即华从弟。废虽送华，道宿庐，华奸时，废得卧，出，不觉。仵不知情（木牍 CWJ1①：96）[2]

这是一则关于通奸与盗窃的刑事案件，简牍严重残缺，上下文皆不全，无法整体释义，前后当有一枚或多枚简与之编联。残简大意为：妻子与名为宏者通奸，及名为华者盗取钱与衣物逃跑，与华、海一起居住，共同拥有财产。华的堂弟名废，他送华途中住宿，华犯奸时，废在睡觉。名为仵者不知道案情。案中诸位具体角色、何种关系、通奸与盗窃案的关联性亦不明确。但是，就当前内容释解，名为废的人，并未实际参与犯罪，其表述可作为证人证言无异。

《汉书》记载的案件中，有关于证人证言的内容。试例如下：

"淮南王刘安谋反案"，刘安谋反行为败露的重要原因，是其孙子刘建向廷尉提供的证辞，"辞引太子及党与"。

> 建具知太子之欲谋杀汉中尉，即使所善寿春严正上书天子曰："毒药苦口利病，忠言逆耳利行。今淮南王孙建材能高，淮南王后荼、荼子迁常疾害建。建父不害无罪，擅数系，欲杀之。今建在，可征问，具知淮南王阴事。"

> 书既闻，上以其事下廷尉、河南治。是岁元朔六年也……河南治建，

---

〔1〕 "衣服如法，司空作"，意为：按法律规定令已决犯身着囚服，收入司空机构从事劳役，执行刑罚。此应是判决词中的固定用语。湖南益阳兔子山遗址所发掘木牍——"张勋主守盗案"中，也有关于此的内容："衣服如法……收入司空作。"（湖南省文物考古研究所："二十年风云激荡 两千年沉寂后显真容"，《中国文物报》2013 年 12 月 6 日，第 6—7 版。）

〔2〕 长沙市文物考古研究所等编：《长沙五一广场东汉简牍选释》，中西书局 2015 年版，第 130 页。

辞引太子及党与。[1]

即河南令讯问刘建，刘建供出了太子及其党羽。淮南王谋反的阴谋遂开始败露。

《汉书·张汤传》载：

> 河东人李文，故尝与汤有隙，已而为御史中丞，荐数从中文事有可以伤汤者，不能为地。汤有所爱史鲁谒居，知汤弗平，使人上飞变告文奸事，事下汤，汤治论杀文，而汤心知谒居为之。上问："变事从迹安起？"汤阳惊曰："此殆文故人怨之。"谒居病卧闾里主人，汤自往视病，为谒居摩足，赵国以冶铸为业，王数讼铁官事，汤常排赵王。赵王求汤阴事。谒居尝案赵王，赵王怨之，并上书告："汤大臣也，史谒居有病，汤至为摩足，疑与为大奸。"事下延尉。谒居病死，事连其弟，弟系导官。汤亦治它囚导官，见谒居弟，欲阴为之，而阳不省。谒居弟不知而怨汤，使人上书，告汤与谒居谋，共变李文。

御史中丞李文曾经跟张汤有嫌隙，多次从宫廷文书内容发现可以用来害张汤的问题，不留一点余地。张汤的属吏鲁谒居，知道张汤为此愤愤不平，指使一个人上紧急奏章告发李文的坏事。这事交张汤处理，张汤审理判决杀掉了李文，而张汤内心知道这事是鲁谒居干的。鲁谒居病死后，问题牵连到他的弟弟，他的弟弟被关押在导官署。张汤也到导官署审理其他囚犯，看见了鲁谒居的弟弟，想暗地帮他的忙，而假装不理睬他。鲁谒居的弟弟由此怨恨张汤，派人上书告发张汤和鲁谒居密谋，共同告发李文。此事件中，鲁谒居的弟弟对张汤的揭发，即属于证人证言。

> 汤数行丞相事，知此三长史素贵，常陵折之。故三长史合谋曰："始汤约与君谢，已而卖君；今欲劾君以宗庙事，此欲代君耳。吾知汤阴事。"使吏捕案汤左田信等，曰汤且欲为请奏，信辄先知之，居物致富，与汤分之。及它奸事。事辞颇闻。[2]

---

〔1〕《汉书》卷四四《淮南衡山济北王传》。
〔2〕《汉书》卷五九《张汤传》。

张汤多次兼理丞相职务，知道三个长史一向骄矜，就时常欺侮压抑他们。因此，三个长史一起谋划惩治张汤。于是派法官逮捕审查张汤的属下田信等人，录取张汤的有罪证辞。张汤将要奏请皇上的事宜，田信常常先知悉，因而囤积物资发了财，再与张汤分赃，以及其他坏事。有关这些事情的供辞很多都传播开来。

汉代法律儒家化也影响到了诉讼中的举证制度。汉宣帝四年（公元前 70 年）颁布的"亲亲得相首匿"诏，对于亲属间的举证义务作出规定。诏曰：

> 父子之亲，夫妇之道，天性也。虽有患祸，犹蒙死而存之。诚爱结于心，仁厚之至也，岂能违之哉！自今子首匿父母，妻匿夫，孙匿大父母，皆勿坐。其父母匿子，夫匿妻，大父母匿孙，罪殊死，皆上请廷尉以闻。师古注："凡首匿者，言为谋首而藏匿罪人。"〔1〕

按此诏令规定，一定范围内的亲属犯罪，可以相互隐瞒，而不受法律追究或加刑。既然如此，诏令所规定的亲属犯罪，也可以不提供证言。因此，瞿同祖提出："法律上既容许亲属容隐，禁止亲属相告奸，同时也就不要求亲属在法庭上作证人。"〔2〕

因为证人对认定事实、审定案件作用重大，所以，若证人拒绝作证，或提供虚假证辞，汉代司法官吏还会对证人进行刑讯，即"反拷证人"。典型的例证为《后汉书》记载的戴就受刑案：

> 幽囚考掠，五毒参至。就慷慨直辞，色不变容。又烧鋘斧，使就挟于肘腋。就语狱卒："可熟烧斧，勿令冷。"每上彭考，因止饭食不肯下，肉焦毁臛地者，掇而食之。主者穷竭酷惨，无复余方，乃卧就覆船下，以马通熏之。一夜二日，皆谓已死，发船视之，就方张眼大骂曰："何不益火，而使灭绝！"又复烧地，以大针刺指爪中，使以把土，爪悉堕落。〔3〕

〔1〕《汉书》卷八《宣帝纪》。
〔2〕 瞿同祖：《中国法律与中国社会》，商务印书馆 1947 年版，第 43-44 页。
〔3〕《后汉书》卷八一《独行列传》。

司法官为获取戴就证言，反复动用残酷至极的刑罚，但是没有达到逼取证言的目的。

通过考查，不难发现，言辞证据在汉代案件审断环节扮演着至关重要的角色，是其最终定罪的基本依据。一般情形下，没有言辞证据，尤其是被告人的口供是不能定罪的。被告人的"辞服"是司法官吏要达到的一项定罪标准。如前文所分析，这里有技术落后的因素，但更主要的是观念使然。

（二）物证

物证被称为"赃状""物"，以其外部特征、物质属性以及所处位置，能够一定程度上还原案件事实或痕迹。物证主要包括作案工具、现场遗留物、赃物、血迹、脚印等。汉代刑事案件审断注重对物证的收集，并将之与言辞证据进行印证，以求确凿定案。

西汉时期，淮南王刘安、江都王刘建谋反的案件，均是在掌握了相关物证后进行定罪诛罚的。淮南王刘安谋反时，"吏因捕太子、王后，围王宫，尽捕王宾客在国中者，索得反具以闻"。其中的"反具"，就是谋反的物证，即淮南王刘安制造的为其当皇帝后使用的各种符玺图印，包括"皇帝玺""丞相、御史大夫、将军、吏中两千石、都关令、丞印，及旁近郡太守、都尉印，汉使节法官"。这些物证较为显明地证明了刘安谋反意图的存在，因而大臣们议曰："淮南王安大逆无道，谋反明白，当伏诛。"[1] 江都王刘建谋反也是"积数岁，事发觉，汉遣丞相长史与江都相杂案，索得兵器、玺、绶、节反具，有司请捕诛建"。[2]"兵器、玺、绶、节"便是该案的物证，就是"黄屋盖""皇帝玺""将军印"及"汉使节"等。

出土汉代简牍文献记载有很多涵盖物证的式例。例如，《长沙东牌楼东汉简牍》记录了一起官文书失窃的刑事案件。

"素上言盗取文书案"卷一（简六）载：

　　□头死罪敢言之

---

〔1〕《汉书》卷四四《淮南衡山济北王传》。

〔2〕《汉书》卷五三《景十三王传》。

□子默[1]盗取文书，亡。佳则……亭长[2]刘

□文楳雄弗力精人兵诣觉所□捕何人

□刘播、左萌与至广乐停止，佳在治□日餔

□□盗取佳文书，筒二枚、钱二千、大刀一口。时长

□草于宫南苑二中得□□□□□付[3]

“素上言盗取文书案”卷二（简七）载：

□□□□□□□□□□□□……文楳雄劾精人兵诣觉□所，□捕何人

不得实问[4]。佳辞：随府五官刘掾檐文书，当□

时于长兰亭北五里下留饮水，何人从草中□

兰亭长张姓，发民作亭颜，与进雄衷□□

刘掾从少胡久□坂（?）驿卒番钟随踵□

一所昏寘疏纪长兰山中，尽力游登，□□

无。素惶恐叩头，死罪死罪敢言之。□

□知□□[5]

---

〔1〕“子默”应为人名，前残缺字应为“男”。汉简中人名有不出现姓氏者，如《敦煌汉简释文》：“告东累亭长政□到招男子禹。”（简2397）

〔2〕汉代乡、里之间有“亭”，设亭长、求盗、亭父和亭佐，理社会治安、诉讼之事。“亭”，《说文》：“亭，民所安定也，亭有楼，从高省。”《汉书》卷八九《循吏传》载：“使邮亭乡官皆畜鸡豚。”颜师古注“亭”：“邮行书舍，谓传送文书所止处，亦如今之驿馆矣。”“亭长”，邮亭长吏，执掌复杂，包括禁盗贼，受词讼，管理客舍，迎送邮传，等等。《续汉书·百官五》县乡条云：“亭有亭长，以禁盗贼。”本注曰：“亭长，主求捕盗贼，承望都尉。”注引《汉官仪》：“亭长徼巡尉、游徼。亭长皆习设，备五兵……设十里一亭，亭长、亭侯。五里一邮，邮间相去二里半，司奸盗。亭长持二尺板以劾贼，索绳以收执盗。”注又引《风俗通》云：“汉家因秦，十里一亭。亭，留也。盖行旅宿会之所馆。亭史旧名负弩，改为长，或谓亭父。”

〔3〕长沙文物考古研究所、中国文物研究所编：《长沙东牌楼东汉简牍》，文物出版社2006年版，第74-75页。

〔4〕“不得实问”，笔者认为此句在“实问”前断句更妥，接上句为：“捕何人不得，实问，佳辞……”

〔5〕长沙文物考古研究所、中国文物研究所编：《长沙东牌楼东汉简牍》，文物出版社2006年版，第75页。

这是一起盗窃案件，盗取公文书的嫌犯被捕获，同时查获物证"筒二枚、钱二千、大刀一口"。试释大致内容：一名官吏向上级报告，有人盗取官文书后逃亡，未找到。被盗的官吏性供称：跟随刘姓邮亭长吏前往广乐亭……到了日餔时左右，天色渐晚，在距长兰亭北五里的地方停下饮水，不知何人从草丛中出来盗走两枚文书筒，两千铜钱，还有一把大刀。当时张姓长兰亭长正组织人力修亭……一直到黄昏都在长兰亭山附近搜寻。

《选释》记录了诸多关于物证的式例。

例一：

> 后呼谓赣等曰：婢子持央物还。放复射林等一发，不中。赣等其□
> 尾、近以桄更掘沙土，貍（埋）臧（赃）物。事已，俱渡湘，弃栱西市渚下，各别□（木牍 CWJ1③：303）[1]

此段简文残损，系一份文书的中间部分，其前后当还有其他木牍与之编联。尽管是残简，但解读简文内容，显然是一起刑事案件。简文中所见呼、赣、央、放、林、尾、近、栱等均为人名。应为案件行为人供述，具体内容不详，大致为劫掠案件，包含有埋藏物证赃物的情节。

例二：

> 又子、斗、配、酌、曾、予、邯、永、贴等十三人，倍奴谋杀主。三人以上相与功盗，为群盗。谋祠（伺）而诛诅，共杀人，强盗臧（赃）百钱以上，根本造计谋皆行……（木牍 CWJ1③：135）[2]

这是一起多人谋杀劫财的"群盗"[3]案件。共同谋杀人，抢劫一百多赃钱。

例三：

> 案：秩无故入人庐舍，盗牛一头，凡赃七千二百。秩盗臧（赃）五百以上，数罪，发觉得。均谨已劾。尽力实核，辞有增……（木牍 CWJ1

---

〔1〕 长沙市文物考古研究所等编：《长沙五一广场东汉简牍选释》，中西书局 2015 年版，第 141 页。

〔2〕 长沙市文物考古研究所等编：《长沙五一广场东汉简牍选释》，中西书局 2015 年版，第 211 页。

〔3〕 "群盗"，张家山汉简《二年律令》："盗五人以上相与功盗，为群盗。"《晋书·刑法志》引张斐《律表》曰："三人谓之群，取非其物谓之盗。"

③：252）〔1〕

这是一起盗牛案件，大意为：名为秩的人，闯入他人庐舍盗走一头牛，赃值七千二百钱。赃值超过五百钱，构成数罪。赃值七千二百钱的牛，即为犯罪物证。〔2〕

例四：

> 月时米、粟，候、誧皆受，不雇直，受所监臧（赃）并二千二百，凡臧（赃）三万三千七百。（木牍 CWJ1③：263-17）〔3〕

文书缺损，大意为：公职人员贪赃犯罪案件，罪名为"受所监"，贪污米、粟二千二百，总共三万三千七百。赃值是定罪的物证。

例五：

> 追逐助，收捕开。考问，具服，即汉威证，凡臧（赃）三千。开盗臧（赃）五百以上，数……（木牍 CWJ1③：263-99）〔4〕

这是一例捕获盗贼的刑事案件，简文中"助""开"及"汉"均为人名。赃三千与五百，为盗贼犯罪物证。

《奏谳书》所载的案例，其量刑断罪多有物证的运用。例如"醴阳令恢盗

---

〔1〕 长沙市文物考古研究所等编：《长沙五一广场东汉简牍选释》，中西书局 2015 年版，第 222 页。

〔2〕《二年律令·盗律》对汉初盗罪计赃作了规定："盗臧（赃）直（值）过六百六十钱，黥为城旦春。六百六十到二百廿钱，完为城旦春。不盈二百廿到百一十钱，耐为隶臣妾。不盈百一十钱到廿二钱，罚金四两。不盈廿二钱到一钱，罚金一两。"（简 55-56）（《张家山二四七号汉墓竹简整理小组编著：《张家山汉墓竹简［二四七号墓］》，文物出版社 2006 年版，第 16 页）即计赃等级分五等：六百六十钱以上，黥为城旦春；二百二十钱至六百六十钱以下，完为城旦春；一百一十钱至二百二十钱以下，耐为隶臣妾；二十二钱至一百一十钱以下，罚金四两；一钱至二十二钱以下，罚金一两。但汉代关于盗罪计赃的规定有变化，《汉书·萧望之传》载："案验之大臣……受所监臧二百五十以上，请逮捕系治。"颜注："二百五十以上者，当时律令坐罪之次，若今律条言一尺以上、一匹以上矣。"（《汉书》卷七八《萧望之传》）沈家本记曰："似以二百五十以上为一级，五百以上为一级，满三十万为一级，百万以上为一级，约分四级。"（徐世虹主编：《沈家本全集》第四卷，中国政法大学出版社 2010 年版，第 261 页）

〔3〕 长沙市文物考古研究所等编：《长沙五一广场东汉简牍选释》，中西书局 2015 年版，第 224 页。

〔4〕 长沙市文物考古研究所等编：《长沙五一广场东汉简牍选释》，中西书局 2015 年版，第 237 页。

县官米"案中，"官米二百六十三石八斗""金六斤三两"及"钱一万五千零五十"〔1〕均是物证。

《居延新简》中记载了一起盗窃边塞官兵、穿越边境，企图逃亡他国的刑事案件，在证据的陈列中展示了诸多的物证。摘录如下：

> 常及客民赵阆、范翁一等五人具亡，皆共盗官兵，臧千钱以上，带刀、剑及铍各一，又持锥、小尺白刀、箴各一……（新简 E. P. T68·60–62）〔2〕

常、赵阆及范翁一等五人"共盗官兵"，现均已死亡，查获物证"臧千钱以上"及"刀""剑""铍""锥""小尺白刀""箴"各一件。

《居延汉简释文合校》中也有关于物证的记载，如：

> □君单衣一领□廿三，帀槖絮三枚，革履二两，夜亡去□。（合校简346·30，346·43）〔3〕

携带君单衣一领、驼絮三枚及皮衣二两逃亡而去。

考查可见，汉代在诉讼审断环节重视物证的作用，使得其刑事证据的客观性原则得以进一步强化。

（三）勘验爰书

汉代继承了秦代重视勘查检验制度的传统，刑事案件案发后，在抓捕逃犯的同时，官府要立即指派法司对现场进行勘查检验，采集证据。通过对传世经典文献和出土法律文献的相关内容进行分析，可以发现汉代的勘验制度已趋于规范。经过勘查检验获取证据，并将之作为断罪量刑的有力依据，这在当时已是普遍性做法。《汉书·薛宣传》记载了有关伤情的"疻""痏"等词语，"廷尉直以为：律曰'斗以刃伤人，完为城旦，其贼加罪一等，与谋者同罪。'诏书无以诋欺成罪。传曰：'遇人不以义而见疻者，与痏人之罪钧，

---

〔1〕 张家山二四七号汉墓竹简整理小组编著：《张家山汉墓竹简［二四七号墓］》，文物出版社2006年版，第98页。

〔2〕 甘肃省文物考古研究所等编：《居延新简——甲渠候官与第四燧》，文物出版社1990年版，第459页。

〔3〕 谢桂华、李均明、朱国炤：《居延汉简释文合校》，文物出版社1987年版，第539页。

恶不直也'"。[1]东汉应劭在《汉书集解》注："以手杖殴击人，剥其皮肤，肿起青黑而无创瘢者，律谓'痕痏'。"从这些简单的记述中，我们可以看到汉代已具备了一定的检验意识和技术，法律中也根据鉴定结论对伤害行为作了相应的处罚规定。

在《居延新简》中记录了诸多对现场勘察，对人身、尸体检验的爰书，说明汉代司法官吏的勘验取证行为已是通行的做法。他们通过勘验以发现、收集犯罪的痕迹，作为物证，为正确分析案情、判断案件性质、确定侦查方向以及最后破案提供线索及根据。现摘录如下，以作分析：

> □□内郡荡阴邑焦里田亥告曰：所与同郡县□□□□死亭东内中东，首正偃、目窅、口吟、两手捲、足展、衣□，□□当时死，身完，毋兵刃、木索迹。实疾死，审皆证□。（新简 E·P·T58·46）[2]

该简文虽然简短、残缺，但还是可以看出，该勘验文书由三部分组成：第一，告诉人的告诉——□□田亥报告说，同郡县的人死于亭东内中；第二，法医勘验——仰身、双目闭合、闭着嘴、双手捲握、脚伸展，尸体完好，没有兵刃、木棒、绳索的痕迹；第三，检验结论——确系疾病而死，勘验者一致验证。该项勘验爰书与《封诊式》中的《贼死》爰书所记录的情形类似，法司经过仔细查验，得出勘验结论，系因病致死，排除凶杀。

> ……夏侯谭争言斗，宪以所带剑刃击伤谭匈一所，广二寸、长六寸、深至骨。宪带剑持、官六石、具弩一、稟矢铜鍭十一枚，持大□橐一，盛糒米三斗、米五斗，骑马兰越燧南塞天田出……（新简 E·P·T68：20-22）[3]

此简意为，夏侯谭争吵，宪以佩剑刺伤谭胸部一处，伤口宽二寸、长六寸，剑伤深至骨头。宪持着剑，带着官薪六石、弩一具、稟矢铜鍭十一枚，持

〔1〕《汉书》卷八三《薛宣传》。
〔2〕甘肃省文物考古研究所等编：《居延新简——甲渠候官与第四燧》，文物出版社1990年版，第352页。
〔3〕甘肃省文物考古研究所等编：《居延新简——甲渠候官与第四燧》，文物出版社1990年版，第457页。

一大驼皮口袋，里面装着三斗糒米、五斗米，骑马穿越烽燧出南边塞逃亡……这是一则守备边塞的官员因饮酒而发生争斗，一方以剑刺伤对方，随后逃亡的案件。简牍对该案记载很完整，其中有对剑伤细致的勘验记录。

> ……所为官牧橐他戌夜僵卧草中以□行。谨案德、横□到橐他。尉辟推谨，毋刀刃、木索迹。德横皆证所言。它如爰书，敢……（新简 E·P·T 57：85）[1]

意为官所牧放的骆驼于戌之夜倒伏在草中。德与横赶到查验了骆驼，尉搜查了嫌犯，但是没有刀具、棍棒、绳子的痕迹。德与横均可证明。其他如爰书。谨此报告。该例简文部分残缺，但基本内容可以释读。这是一份对官牧骆驼死亡的勘验报告，经过查验，骆驼身上没有发现被伤害致死的痕迹。

> □□一所，广二寸、袤六寸。左臂二所，皆广二寸、长六寸；又手中创二所，广半寸、长三寸。右臂二所，其一□（新简 E·P·T 51：324）[2]

这份残简是对身体或尸体的勘验报告，即"□□有一处伤，伤口宽二寸、长六寸。左臂有两处伤，都是宽二寸、长六寸；手中也有两处伤，宽半寸、长三寸，右臂有两处伤，……"这份报告详细记录了受害者身体受伤害的部位和程度，为案件侦破和断罪量刑奠定了基础。

《新简》中还记载了一份简短的勘验报告，"面青色细身少发结衣绔"（简 E·P·T 20-17），即面色发青，身体消瘦，头发没有盘结，着套裤。

此外，《敦煌汉简释文》记录了一份与上述爰书相类似的勘验报告。

> 神爵二年十一月癸卯朔乙丑，县泉厩佐广敢言之。爰书：厩御千乘里畸利，谨告曰：所使食传马一匹，骓、牡，左剽，入坐，肥，齿二岁，高三尺一寸，□□□□送日逐王乘至冥安，病死。即与御张、乃始、冷

---

[1] 甘肃省文物考古研究所等编：《居延新简——甲渠候官与第四燧》，文物出版社1990年版，第343页。

[2] 甘肃省文物考古研究所等编：《居延新简——甲渠候官与第四燧》，文物出版社1990年版，第199页。

定杂诊：马死，毋兵刃、木索迹，病死。审证之，它如爰书，敢言之。
（敦煌汉简 1301）〔1〕

该爰书是一份关于传马死亡原因的勘验报告。记述告诉人的告诉、传马的详细特征及查验情况，最后得出鉴定结论：马身上没有兵刃、木棒、绳索的痕迹，系得病而死。

连云港市花果山云台砖厂出土的汉代简牍，当中有关于勘查检验的刑事案件。

简牍 1：

> 荣成里徐谭十月十四日甲辰，□□以刀刺西长里孙宣□
> 利□杂未宣梁里徐竖十月十七日丁未，卖刀□刃共伤衙何十八□
> 永昌里未毋□十一月二日，人侍□□刀刃口伤衙满里徐二□
> □知何人十一月六日乙丑夕，以刃伤利成里孙子游□赖头□
> □强盗所□湖母长子皂衣一英十七，俞君孙皂衣钱五十□
> 乡钱百一十并直三千四百〔2〕

该简牍记载了四例经过检验认定的刀刃伤人案件，时间依次为"十月十四日甲辰""十月十七日丁未""十一月二日""十一月六日乙丑"。同时，还有偷盗竹箧皂衣、钱物的具体数字。由于残损，未见治狱审理、断案裁决的内容。

简牍 2：

> 日大部新至□□巳□
> 日闻者卒卒县赋□□未府
> 日□□黠犯□至不□□□
> 日吏验事不□人□□□良民□盗贼〔3〕

《选释》载有伤情勘验的案件。试例如下：

例一：

> 男子曰：我穷人，勿迫我。缘还。详曰：何如？还者下马。男子以解

〔1〕吴礽骧、李永良、马建华释校：《敦煌汉简释文》，甘肃人民出版社 1991 年版，第 135 页。

〔2〕李洪甫："江苏连云港市花果山出土的汉代简牍"，载《考古》1982 年第 5 期。

〔3〕李洪甫："江苏连云港市花果山出土的汉代简牍"，载《考古》1982 年第 5 期。

刀刺详，不中；详以所有把刀斫男子，创二所。男子复走五步所，详追逐，及。男子还，反顾芗（向）详。尚持兵，未疆赴。详复斫男子，创二……

（木两行 CWJ1①：89—1）[1]

男子持刀行刺他人，未中，被害人持刀反刺该男子，造成两处创伤。司法官吏围绕行凶行为讯问供辞，进行察验。

例二：

延平元年十月乙巳朔八日壬子，兼狱史[2]封、行丞事永叩头死罪敢言之。

谨移案诊男子刘郎大奴官为亭长董仲所格杀爰书、象人一读。

（木两行 CWJ1①：110）[3]

这是一例奏谳的刑事案件，发生于东汉殇帝延平元年（公元 106 年）。名为封的狱史与名为永的行丞事，将经过验视的案件奏谳：男子刘郎被亭长董仲所杀的文书、木俑……"诊"，前文有释，即验视、勘验。

例三：

祖及建妻、女等俱归于西北山中，杀羊祷祠，事已，复亡。尚等不为收捕。又建、二男子杀根，截取左肩上肉，长、广各三寸，深至骨。部吏皆匿不言。书到，趣逐捕，必得，亟考实，并处绝。不言二男子。

（木两行 CWJ1②：122）[4]

这是一起有关凶杀的刑事案件，有勘验尸体伤痕的内容，"截取左肩上

<hr>

　〔1〕　长沙市文物考古研究所等编：《长沙五一广场东汉简牍选释》，中西书局 2015 年版，第 125 页。

　〔2〕　"狱史"，汉代县级属吏，决狱官吏。《汉书·路温舒传》载："稍习善，求为狱小吏，因学律令，转为狱史，县中疑事皆问焉。"《汉书·丙吉传》载："治律令，为鲁狱史。"尹湾汉墓简牍《东海郡吏员簿》载："海西吏员百七人：令一人，秩千石；丞一人，秩四百石；尉二人，秩四百石；官有秩一人；乡有秩四人；令史四人；狱史三人；官啬夫三人；乡啬夫十人；游徼四人；牢监一人；尉史三人；官佐七人；乡佐九人；亭长五十四人。凡百七人。"

　〔3〕　长沙市文物考古研究所等编：《长沙五一广场东汉简牍选释》，中西书局 2015 年版，第 133 页。

　〔4〕　长沙市文物考古研究所等编：《长沙五一广场东汉简牍选释》，中西书局 2015 年版，第 136 页。"趣逐捕"，汉代司法用语，即上级机关指示下级官吏立即展开抓捕，必须将逃犯捉拿归案。"趣"，立即、马上。《急就篇》卷四载："闾里乡县趣辟论"，颜师古注曰："趣，谓催速之也。"《汉书·曹参传》载："告舍人趣治行"，师古注曰："趣，读曰促，谓速也。"

肉，长、广各三寸，深至骨"。此份简文残缺，不仅涉及一起犯罪案件，应为一份文之中段，其前后当有一枚或多枚木牍编联。大致释文：名为祖的人，与名为建的妻、女等人逃至西北的山里，杀羊祭祀祈福之后，继续逃亡。尚等官吏没有及时追捕。此外，建伙同两男子杀死名为根的人，并割取左肩一块肉，造成长、宽各三寸的残痕，深至骨头。官吏均隐瞒不报。接到指令，立即展开逐捕，务必擒获嫌犯，验明案情并论决。

考查可见，汉代司法官吏在长期的实践中积累了较为丰富的勘验技术，将勘验得来的物证运用于随后进行的诉讼与审判工作，成为其最有说服力，也最具决定意义的法律依据。汉代广泛使用勘查技术，采集、检验刑事证据的做法，凸显了其理性的司法理念，不轻纳主观性刑事证据，而重视客观性刑事证据在诉讼审判环节中的作用。

（四）函调爰书

在对犯罪嫌疑人作出判决前，司法官吏必须要通知其原籍所在地。根据嫌疑犯的供述，将指示核实姓名、身份、经历以及查封资产的文书，送达其原籍所在的县、乡。这种证据形式在秦证据类别部分已做过较为详细的论述。

汉代也有该种形式证据的记录。在《新简》中记载有一则汉代法律规定：

> 移人在所县道官，县道官讯狱以报之，勿征逮。征逮者以擅移狱论。（新简 E·P·S4·T2-101）[1]

即案件有关人（包括证人）如在他县时，负责审理此案的县，无需将此人拘系到庭，而是请此人所在县讯问，将供辞报与审判此案的县。如果拘系之，将以擅自受理不属于管辖的案件论处。这是一项关于函调文书的法律规则。

《奏谳书》中也有函调爰书的记录。如，"问媚：年四十岁，它如辞"，即已问过，媚现年四十岁，其他情节如其所供述。经过核实确认了媚自身未供述的年龄。

此外，《居延汉简释文合校》载："□武（或）覆问毋有，云何？得盗械。"（合校 214·124）[2]即经过核查不存在，作何解释呢？为其戴上刑具。

〔1〕 甘肃省文物考古研究所等编：《居延新简——甲渠候官与第四燧》，文物出版社1990年版，第562页。

〔2〕 谢桂华、李均明、朱国炤：《居延汉简释文合校》，文物出版社1987年版，第343页。

这支简当是汉函调文书的残篇。

三、起诉中的证据运用

（一）起诉与证据

经过考察发现，汉代诉讼的提起包括自诉、告发、举劾、先自告及告捕。"自诉""告发"及"举劾"统称为告劾，"先自告"是自首行为，而"告捕"则是下行文书，即上级官吏督责下级捕捉嫌犯，验明案情。提起诉讼是"据证起诉"的过程，也是刑事证据形成与运用的首要环节，经由此开始收集各类证据，对案件事实予以调查和认定。

以下分别对汉代刑事案件的四种起诉方式加以论述，并作总结概括。

1. 自诉与证据

汉代的自诉既可以书面形式提起，又可以口头形式提起。

（1）自言

"自言"即自诉，应为汉代司法公文中的术语，指被害人向司法部门提起诉讼。在传世法律文献和简牍资料中记载颇多。受害者熟悉案件的起因和具体过程，其陈辞对案件的侦破和定罪量刑的确至关重要，因而在诉讼过程中也是一种重要的证据。

"言"当释为"诉讼"，"言"与"讼"可组成"言讼"。《后汉书·循吏传·许荆》载："人有蒋均者，兄弟争财，互相言讼。"[1]居延汉代出土简牍文献中，多有关于"自言"的文书，如《居延汉简释文合校》载："戍卒唐护等自言责孙游君等""甲渠士吏孙根自言：去岁官调，根为卒，责故甲渠施刑宋后，负驷望卒徐乐钱五百后至卒""移鳞得万岁里郑贞自言夫望之病不幸死，子男赦""长安世自言，常以令秋射，署功劳，中矢数于牒，它如爰"等。还有"自言书"，即自诉状。如《居延汉简释文合校》载：

> 给使长仁叩头言：搽毋恙。幸得畜见，搽数哀怜为移自言书居延，不宜以纳，前事欲颇案下使，仁叩头死罪死罪。仁数诣前少吏多所迫，叩头死罪死罪。居延即报仁书，唯搽言候以时下部，令仁蚤知其晓欲自

---

[1]《后汉书》卷七六《循吏传》。

言事，谨请书□□吏□叩□仁再拜白。（合校 157·10A）〔1〕

《长沙东牌楼东汉简牍》有一枚木简记录了汉灵帝光和六年（公元 183 年）一则经自诉引起的纠纷。

"光和六年（公元 183 年）监临湘李永、例督盗贼殷何上言李建与精张净田自相和从书"（简五）：

（1）光和六年九月已酉朔十日戊午，监临湘〔2〕李永、例督盗贼〔3〕殷何叩头死罪敢言之。

（2）中部督邮掾治所檄曰：民大男李建自言大男精张、精昔等。母妊有田十三石，前置三岁，田税禾当为百二下石。持丧葬皇宗

（3）事以，张、昔今强夺取田八石；比晓，张、昔不还田。民自言，辞如牒。张、昔何缘强夺建田？檄到，监部吏役摄张、昔，实核田

（4）所，畀付弹处罪法，明附证验，正处言。何叩头死罪死罪。奉按檄辄径到仇重亭部，考问张、昔，讯建父升辞，皆曰：

（5）升罗，张、昔县民。前不处年中，升娉（？）取张同产兄宗女妊为妻，产女替，替弟建，建弟颜，颜女弟条。昔则张弟男。宗病物

（6）故，丧尸在堂。后妊复物故。宗无男，有余财，田八石种。替、建皆尚幼小。张、升、昔供丧葬宗讫，升还罗，张、昔自垦食宗

（7）田。首核张为宗弟，建为妊敌（嫡）男，张、建自俱为口分

---

〔1〕 谢桂华、李均明、朱国炤：《居延汉简释文合校》，文物出版社 1987 年版，第 257 页。

〔2〕 "监临湘"，整理者认为应指下文"中部督邮"。（长沙文物考古研究所、中国文物研究所编：《长沙东牌楼东汉简牍》，文物出版社 2006 年版，第 74 页）考察已出土汉简和吴简，笔者认为，"监临湘"当为中部督邮的下属官吏，中部督邮一般由太守兼任，如东牌楼东汉简牍有残文书："□□兼中部督邮□"；"嘉禾元年十一月癸亥朔日长沙大守兼中部督邮书掾尤当察□"（《长沙走马楼三国吴简》壹 9641）；"大守兼中部劝农督邮"（《长沙走马楼三国吴简》叁 3886）；"嘉禾四年二月庚戌朔廿一日庚午长沙大守兼中部劝农督邮书掾昆当……"（《长沙走马楼三国吴简》壹 6971）。简文中的"监临湘李永"，即为监部派往临湘的属吏。

〔3〕 "例督盗贼"，整理者注解："可能就是临湘县尉。前引《续汉书·百官五》县条云：'尉，大县二人，小县一人。本注曰：……尉主盗贼。凡有贼发，主名不立，则推索行寻，案察奸究，以起端绪。'"此说颇值商榷，笔者认为，"督盗贼"应为官职，系县尉或督邮的属吏。前字"例"应与之分开，另有其意。《说文解字段注》"例"字云："释文，例本作列。盖古比例字只作列。"同书"列"字言："列之本义为分解。故其字从刀。齿分骨之从列。引申为行列之义。"故"例"与"列"应通用。

田。以上广二石种与张，下六石悉畀还建。张、昔今年所畀

(8) 建田六石，当分税张、建、昔等。自相和从，无复证调，尽力实核。辞有后情，续解复言。何诚惶诚

(9) 恐，叩头死罪敢言之。

(10) 监临湘李永、例督盗贼殷何言实核大男李建与精张诤田自相和从书。

诣在所

(11) 九月其廿六日若[1]

此则简牍基本完整，整理者注明为一邮亭传送的封检，正面存文11行。大致内容为，长沙郡中部督邮李永、临湘县尉殷何报告：中部督邮椽治所檄称：李建自诉精张、精昔等，云：其外祖父精宗无子，为其女精姃（李建之母）招赘婿李升，生长女替、长子建、次子颜、次女条。其后外祖父精宗、母精姃相继亡故，有余产及田十三石，丧事处理完毕后，赘婿李升返回本乡。因替、建皆幼小，外祖父精宗之弟精张、精昔自作主张，耕种其外祖父精宗及母精姃所遗留的田地八石。李建成人后向官府自诉，要求返还被强占的田地。最后和解结案，被告精张、精昔还原告李建六石田。

本案虽属于民事纠纷，但经官府后涉及刑事措施，故而引用佐证：中部督邮的檄书到了以后，监部吏役拘捕精张、精昔二人，核实田地所在之处，交付并处以罪法，明确地附上证据，公正地处理诉讼。县尉属吏殷何则称：收到该檄，曾直接去拘留精张、精昔的仇重亭部，拷问精张、精昔，核实案情，并向李建父李升讯问情况。

《选释》所载式例中，亦有“自言”的刑事案件，择录如下：

例一：

“男子袁立自言，麃亭长王固捕得贼杀人□”。具体内容如下：

永初三年八月戊午朔十六日癸酉，待事掾副叩头死罪敢□

[1] 长沙文物考古研究所、中国文物研究所编：《长沙东牌楼东汉简牍》，文物出版社2006年版，第73-74页。“若”与“诺”本为一字，“若”是“诺”的初文，“诺”是“若”的本义。参阅林小安：《殷契六书研究》（一），《出土文献研究》第3辑，中华书局1998年版，第14页。同氏《殷契本义论稿》，《出土文献研究》第5辑，科学出版社1999年版，第10-11页。

> 廷移府书曰：男子袁立自言，麋亭长王固捕得贼杀人□
> 待事掾尹副名印。
>
> 　　　　　　　　　　八月 日 邮人以来。
> 　　　　史 白开。（木牍 CWJ1①：92）〔1〕

该事件发生于东汉安帝永初三年（公元 109 年）。负责县亭杂务的尹副呈言，名为袁立的男子自我陈诉，麋亭的亭长王固捕捉到杀人的强盗。

例二：

> 未敢擅付。又次妻孝自言，皮买船，直未毕。今郡言，恐皮为奸诈，
> 不载。辞讼，当以时决皮。见左书到，亟实核奸诈，明正言处，会月十
> 七日。熹、福、元叩头死罪死罪。（木牍 CWJ1③：325-4-46）〔2〕

这个案例中，名为孝的"次妻"〔3〕自我陈辞，一位称做"皮"的买家，以赊欠的方式购船，但却迟迟没有付清欠款。今郡廷担心"皮为奸诈"，不运载官府货物。既已"辞讼"，应及时判决"皮"。请即刻按本文书附件的规定，核实"皮"之"奸诈"实情，"明正言处"，并于本月十七日将情况报告郡廷。

---

〔1〕 长沙市文物考古研究所等编：《长沙五一广场东汉简牍选释》，中西书局 2015 年版，第 126 页。"史"，指县级司法机构的令史。秦汉简牍司法文书中记载了令史参与审理的诸多式例。睡虎地秦简《法律答问》记载："赎罪不直，史不与啬夫和，问史可（何）论？当赀一盾。"（简 94）注曰："史，从事文书事务的小吏，见《编年纪》注〔四七〕。和，此处指合谋。本条史未与啬夫合谋，故判罪较轻。"刘海年先生对此提出质疑意见："这里说的史就是指县司法机构的令史，而啬夫则是指有权处理案件的县令、丞。"他将此简文释为："令史在执行职务时必须和其直接上司密切配合，否则出现差错要受惩罚。"（刘海年：《战国秦代法制管窥》，法律出版社 2006 年版，第 128 页）通过考证《岳麓书院藏秦简》系列、《里耶秦简》《张家山汉简》《选释》等秦汉简牍文献，秦汉时期的庭审一般由三位或三位以上不同职位的判官进行，由令史参与的判决是秦至汉初的通行做法。《里耶秦简》载："卅年十一月庚申朔丙子，发弩守涓敢言之：廷下御史书曰县□治狱及覆狱者，或一人独讯囚，啬夫长、丞、正、监非能与□□殹，不叁不便。书到尉言。今已到，敢言之。"（简 8-141+8-668）（陈伟主编：《里耶秦简牍校释》第一卷，武汉大学出版社 2012 年版）"叁"，意为三人。《战国策·齐策二》载："卫君为告仪，仪许诺，因与之参坐于卫君之前，犀首跪行，为仪千秋之祝。"高诱注："叁，三人并也。"

〔2〕 长沙市文物考古研究所等编：《长沙五一广场东汉简牍选释》，中西书局 2015 年版，第 170 页。

〔3〕 "次妻"，一说为次之妻，另一说为词序，即第二位妻子。此简文内容不全，应当为某册书当中之一枚，故无法判断女子孝具体为何人之次妻。

例三：

从沅陵男子杨仲方买之，益、息即卿婢者，付卿。多即将益、息归其主人。后可十余日，姜诣都部，自言系益、息都亭，后徙关司空可十三日所。县部贼捕掾珍（木牍CWJ1③：325-1-19）[1]

由于文书前后缺损，无法复原完整内容。其大意为：卿从男子杨仲方处买两个叫益和息的婢。多把两人押送给卿。十几天后姜控告，两个人一度被关押在都亭，后转移到关司空这个机构大约十几天。

《选释》中包含"自言"的式例还有：

辞曹史伉，助史脩、弘白：民诣都部督邮掾自言，辞如牒。（木牍CWJ1③：325-1-103）

兼辞曹史辉、助史襄白：民自言，辞如牒。（木牍CWJ1③：325-5-21）

廷留事曰：男子陈羌自言，男子董少从羌市马，未毕三千七百。留事到五月诡责治决。（木牍CWJ1③：325-4-43）

廷书曰：安成男子区意自言，故小武陵乡佐孙仓以永元十四年。（木牍CWJ1③：325-1-105）

□□妶名数户下。谭比自言，□還犨、妶等。又谭所讼辞讼事在乡，当为治决。请以谭、汜属南乡有秩明等治决，处言。（木牍CWJ1③：325-2-1）

如待自言辞，即少、鱼证……（木牍CWJ1③：325-5-6）

永初二年闰月乙未朔廿八日壬戌，领讼掾充、史凌叩头死罪敢言之。女子王刘自言，永元十七年四月不处日，刘夫盛父诸令盛赎母基持刘所有衣，凡十一种，从……（木牍CWJ1③：325-5-9）

南乡言女子范荣自言本……（木牍CWJ1③：325-1-119）

女子张基自言……（木牍CWJ1③：325-2-33）

南乡言女子周复自言须立秋书。（木牍CWJ1③：325-1-7）

延平元年三月戊寅朔六日癸未，行长沙大守文书事大守丞当谓临湘：

---

〔1〕　长沙市文物考古研究所等编：《长沙五一广场东汉简牍选释》，中西书局2015年版，第188页。

民自言，辞如牒，即如辞。书到，爰书听受，麦秋考实奸诈，明分别……（木牍 CWJ1③：263-21）〔1〕

在汉代简牍法律文献中，作为证据的受害者陈辞多有记载。法官一般要反复核实受害人所耳闻目睹的细小情节，并以此为查证线索展开调查。如《奏谳书》中，"十二月壬申，大夫所诣女子符，告亡"。即十二月壬申日，大夫所告一名为符的女子逃亡。随后案审官吏就原告大夫的控述对女子符进行讯诘，展开对案件事实的调查。

《汉书》记载王尊为美阳县令时，一女子告假子以其为妻，王尊以原告陈述为证据，断定假子有罪而将其射杀。案件具体内容为：

> 春正月，美阳女子告假子不孝，曰："儿常以我为妻，妒笞我。"尊闻之，遣吏收捕验问，辞服。尊曰："律无妻母之法，圣人所不忍书，此经所谓造狱者也。"尊于是出坐廷上，取不孝子县磔着树，使骑吏五人张弓射杀之，吏民惊骇。〔2〕

可见，作为证据的被害人陈辞，是案件查侦工作得以展开的首要一步。在侦查技术相对落后的古代，这无疑是至关重要的。

《汉书》中有多则关于自言的记载，试例如下：

《田叔传》记载："相初至官，民以王取其财物自言者百余人。叔取其渠率二十人笞，怒之曰：'王非汝主邪？何敢自言主！'"〔3〕即百余民众以自言的形式声讨王侵犯其财物的行为。

《韩延寿传》载："（韩延寿）行县至高陵，民有昆弟相与讼田自言，延寿大伤之，……"〔4〕即兄弟二人因田产纠纷而自言。

《朱博传》载："吏民数百人遮道自言，官寺尽满。从事白请且留此县录见诸自言者，事毕乃发，欲以观试博。博心知之，告外趣驾。既白驾办，博

---

〔1〕 长沙市文物考古研究所等编：《长沙五一广场东汉简牍选释》，中西书局 2015 年版，第155-225 页。

〔2〕 《汉书》卷七六《王尊传》。

〔3〕 《汉书》卷三七《田叔传》。

〔4〕 《汉书》卷七六《韩延寿传》。

出就车见自言者，使从事明敕告吏民：'欲言县丞尉者，刺史不察黄绶，各自诣郡。欲言二千石墨绶长吏者，行部还诣治所。'"[1]即数百民众拦路自行投诉，官署都挤满了。从事想借此考察朱博的能力，朱博从容应对，作了果断的处置。

汉代出土简牍文献中，关于"自言"的记载数量也比较多，以《居延汉简释文合校》为例：

例一：

"字初卿，在部中者，敢言之，尉史临，白故第五燧卒司马谊自言，除沙殄北，未得去年九月家属食，谊言部以移籍廪，令史田忠不肯与谊食……"（居延汉简 89·1-2)[2]

即尉史临说："第五烽燧的卒司马谊自行投诉，其除沙于殄北，去年九月没有获得应配送给家属的粮食，他将领取粮食的凭证交与配送部门，而令史不肯向其配送粮食……"

例二：

甲渠言，戍卒爰应，自言候长李顺使卒谢乙等八人，取薪运菱，验问未能会□。（居延汉简 33·19)[3]

这是一份残简，记述戍卒自行投诉候长李顺，派遣谢乙等八人运送材草……

例三：

"□寿自言，候长宪伤燧长忠，忠自伤，宪不伤忠，言府●一事一封。"（居延汉简 143·27，143·32，143·33)[4]

寿自行投诉说，候长宪伤害燧长忠，（查悉）忠系自伤，并非被宪所伤……

---

[1]　《汉书》卷八三《朱博传》。
[2]　谢桂华、李均明、朱国炤：《居延汉简释文合校》，文物出版社 1987 年版，第 155 页。
[3]　谢桂华、李均明、朱国炤：《居延汉简释文合校》，文物出版社 1987 年版，第 52 页。
[4]　谢桂华、李均明、朱国炤：《居延汉简释文合校》，文物出版社 1987 年版，第 238 页。

例四：

"卒胡朝等二十一人自言，不得盐，言府●一事集封　八月庚申，尉史常封。"（居延汉简136·44）[1]

卒胡朝等二十一人自行投诉说，没有获得盐……

以自言的方式提起诉讼，形式简单、操作便利，因而是一种具有普遍性的形式，尤其适合于不识文墨的广大乡民就简易的刑事案件向官府自行投诉。

（2）书告

书告，是指控告者以书面形式向地方或中央的司法机关提出诉讼，这种形式一般用于各种重大案件的诉讼与直诉。因上书的对象和方式不同，可分为普通上书与越诉。

普通上书是指案件受害方以书面材料提出诉讼，此类诉讼主要由当地司法机关受理。《奏谳书》中记载了多则书告案例，试例如下：

十一年八月甲申朔丙戌，"三月己巳大夫禄辞曰：六年二月中买婢媚士五点所，价钱万六千，迺三月丁巳亡"。（简8-9）

（汉高祖）十一年（公元前196年）八月初三日，"三月己巳日，大夫橡状辞：六年二月中，在士伍点住处买婢女媚，身价一万六千钱。三月丁巳日逃跑了。"

由于吏治弛懈和官吏腐败，常有地方官吏设置种种障碍，阻拦百姓提起诉讼。《潜夫论》的记载便是对此的揭露与批判："万官挠民，令长自衒，百姓废农桑而趋府庭者，非朝晡不得通，非意气不得见，讼不讼辄连月日，举室释作，以相瞻观，辞人之家，辄请邻里应对送饷，比事讫，竟亡一岁功。"[2]文中揭露了官吏贪腐无度，百般刁难，百姓讼事艰难。为了遏制这类弊端，官府设置了越诉程序。《周礼·秋官·大司寇》记载："凡远近惸独老幼之欲

〔1〕　谢桂华、李均明、朱国炤：《居延汉简释文合校》，文物出版社1987年版，第228页。

〔2〕　参见（汉）王符：《潜夫论》卷四《爱日第十八》，中华书局2018年版。《后汉书·王符传》载《爱日篇》作："冤民仰希申诉，而令长以神自畜，百姓废农桑而趋府廷者，相续道路，非朝餔不得通，非意气不得见。或连日累月，更相瞻视；或转请邻里，馈粮应对。岁功既亏，天下岂无受其饥者乎？"

有复于上而其上弗达者，立于肺石，三日，士听其辞，以告于上，而罪其长。郑玄注云：'复犹报也，……报之者，若上书诣公府言事矣。'"〔1〕凡是有冤情欲向上级官府申诉，应立于肺石之上三日，士方才听取其控辞，并禀告长官，以追究地方长官的罪责。"上书诣公府言事"就是汉代越诉的一种形式，沈家本认为颇类似于清代的京控。〔2〕

在汉代，越诉的典型方式是"诣阙上书"。诣阙上书，可以是一个人，如《汉书·江充传》记载，江充上殿告发太子刘丹与同母姐姐及赵王的后宫妃妾通奸乱伦，并与郡国的不法豪杰结交，胡作非为，官吏不能禁止。天子闻奏大怒，下令逮捕刘丹并最终将其处死。

> 齐遂绝迹亡，西入关，更名充。诣阙告太子丹与同产姊及王后宫奸乱，交通郡国豪猾，攻剽为奸，吏不能禁。书奏，天子怒，遣使者诏郡发吏卒围赵王宫，收捕太子丹，移系魏郡诏狱，与廷尉杂治，法至死。〔3〕

也可以是数人上书，如《汉书·酷吏传》载："兄云中为淮阳守，亦敢诛杀，吏民守阙告之，竟坐弃市。"〔4〕田云中为淮阳太守，亦敢实行杀伐之策，郡中官民到皇宫将其告下，被弃市处死。

汉代对于诣阙上书的人，由宫车司马负责接待。这在《汉书·百官公卿表》中有记载："属官有公交车司马。"颜师古注云："汉官仪云公交车司马掌殿司马门，夜徼宫中，天下上事及阙下凡所征召皆总领之，令秩六百石。"〔5〕

作为一种典型的越诉行为，诣阙上书存在的主要原因有以下方面。第一，地方司法机关不能秉公执法，公正判案，造成冤陷。这是诣阙上书出现的主要原因。所谓"刑罚不中，众冤失职，趋阙告诉者不绝"。〔6〕第二，因案情

---

〔1〕（清）阮元校刻：《十三经注疏》（二），《周礼注疏》卷三四，中华书局 2009 年版，第 1880-1881 页。

〔2〕（清）沈家本：《汉律摭遗》，载（清）沈家本撰，邓经元、骈宇骞点校：《历代刑法考》，中华书局 1985 年版，第 1478 页。

〔3〕《汉书》卷四五《江充传》。

〔4〕《汉书》卷九〇《酷吏传》。

〔5〕《汉书》卷一九上《百官公卿表》。

〔6〕《汉书》卷一〇《成帝纪》。

重大或被告人地位显赫，控告者不得不诣阙上书。第三，因地方官吏相互推诿，受害人无处申冤。《潜夫论·考绩》载："今……令长守相不思立功，贪残专恣，不奉法令，侵冤小民。州司不治，令远诣阙上书诉讼"，[1]便是对这种情形的概述。作为一种制度，诣阙上书一方面意图弥补地方司法程序的缺陷，减少冤狱及积压案件，以便缓和社会矛盾，维持统治秩序；另一方面，意图通过此种方法，查获危及政权的重大犯罪案件。但是，由于诣阙上书往往路途遥远，诉讼成本高昂，需要相当丰厚的财力为后盾。因而，前一种意图很难实现。正如《潜夫论·三式》所言："细民冤结无所控告，下土边远能诣阙者，万无数人。"[2]再者，中央司法官吏，大多缺乏对诣阙者仇苦的体味与理解，加之官僚作风与衙门习气，对诣阙案件很难及时进行审理。东汉顺帝时发生一事件：宁阳主簿上告朝廷，申诉其县令的冤情，但积压了六七年时间皇帝都未过问。于是主簿给皇帝上书："臣为陛下子，陛下为臣父。臣上奏章百余次，始终未被省阅，难道要臣到单于那里申诉吗？"[3]这位宁阳主簿的遭遇，在汉代，尤其在东汉颇具代表性。

通过考释简牍文献，发现一种新的诉讼方式"条言"。这种诉讼方式是将讼辞书于简牍之上，《汉书·薛宣传》载："（薛宣）入守左冯翊……宣察（杨）湛有改节敬宣之效，乃手自牒书，条其奸臧，封与湛曰：吏民条言君如牒，或议以为疑于主守盗。"颜师古注："牒书，为书于简牒也。"[4]"牒"是一种薄小的竹简，文书中常以编联方式使用，"吏民条言"书于"牒"。[5]木牍四"条言"当与文献类似，指的是男子烝备自行将其上言条列于简牍之上，以文书形式控告贼捕掾副。

《选释》中，载有"条言"的式例，择录如下：

> 左贼史迁、兼史脩、助史庞白。男子烝备条言：界上贼捕掾副在部
> 受所，臧（赃）罪狼藉。
> 教今白。案文书，番称前盗备禾。今副将备□称。左曹谨

〔1〕 参见《潜夫论》卷二《考绩第七》，中华书局 2018 年版。
〔2〕 参见《潜夫论》卷四《三式第十七》，中华书局 2018 年版。
〔3〕 《后汉书》卷五八《虞诩传》。
〔4〕 《汉书》卷八三《薛宣传》。
〔5〕 《汉书》卷五一《路温舒传》载："截以为牒"，颜师古注："小简曰牒，编联次之。"

实问备，辞：不自言，不以钱布与　副，恐猲……

条言副未有据、告者。丞优、掾畼……，副□□亡。

任五人。写移书桑乡贼捕掾并等考实。□考……宏□□□

所起及主名，副任具解到。复白。白草。

永初元年四月十八日庚戌　白。（木牍 CWJ1③：325-32）〔1〕

该则式例为临湘县左贼曹史、兼史、助史上报的文书，一桩经由县丞及有关曹掾审核的案件，呈于县令待其定夺批准。式例中，条言者，即原告，否认自己之前的控辞，使得案情不确定，需要核实证据。简文中下部分内容残损严重，可以解读大意。原告为该县男子烝备，控告其所在辖区名为副的贼捕掾，犯"赃罪狼藉"之罪。而当左贼曹再次询问烝备时，他却不承认曾告状及用钱、布向副行贿，"不自言，不以钱布与副"。鉴于案情反复，所以不得不交由桑乡贼捕掾并等再次调查核实。

2. 告发与证据

即当事人以外的同居、同伍、同里的普通百姓知悉犯罪后进行控告或揭发的行为。汉代的告发是继承秦代而来，是由行为人主动地或者由法律规定的强制性义务而引发的。《居延新简》中记载了一则告发案例：

□□内郡荡阴邑焦里田亥告曰：所与同郡县□□□□死亭东内中东……（新简 E·P·T58·46）〔2〕

即名为田亥的人报告说，同郡县的人死于亭东内中东首。

《汉书》中多有关于告发的记载，试例如下：

---

〔1〕 长沙市文物考古研究所等编：《长沙五一广场东汉简牍选释》，中西书局 2015 年版，第 158 页。"赃罪狼藉"，为罪名，属监守自盗一类职务犯罪。《后汉书·李膺传》曰："时宛陵大姓羊元群罢北海郡，臧罪狼藉，郡舍溷轩有奇巧，乃载之以归。""狼藉"，指行为不检点。《后汉书·张酺传》："郑据小人，为所侵冤。闻其儿为吏，放纵狼藉。取是曹子一人，足以警百。""任"，担保。《说文》："任，保也。"《周礼·大司徒》："令五家为比，使之相保。"郑玄注："保犹任也。""任五人"，应指为贼捕掾副提供保证的五位担保人，在待审期间其不会逃跑。"永初元年四月十八日庚戌"为草拟呈报的时间。"永初"为东汉安帝年号，其元年时当为公元 107 年。文首"君"为尊称，指临湘令。"诺"为后书批示文字，指县令同意此草稿的内容。

〔2〕 甘肃省文物考古研究所等编：《居延新简——甲渠候官与第四燧》，文物出版社 1990 年版，第 352 页。

《周亚夫传》载，周亚夫的儿子为父亲向工官买了五百具尚方甲楯，准备作为陪葬之物。雇工做事劳苦，还不给其工钱。雇工知道他偷买天子用具，怨恨他并密告朝廷他要谋反，事情连累到周亚夫，最终导致周亚夫入狱绝食而终。

> 亚夫子为父买工官尚方甲楯五百被可以葬者。取庸苦之，不与钱。庸知其盗买县官器，怨而上变告子，事连污亚夫。〔1〕

《王尊传》载："尊出行县，男子郭赐自言尊：'许仲家十余人共杀赐兄赏，公归舍。'"〔2〕即郭赐上告王尊说，其兄被许家十余人杀害。

《爰盎传》载："及绛侯就国，人上书告以为反，征系请室，诸公莫敢为言，唯盎明绛侯无罪。"〔3〕即等到绛侯被免除丞相回到封国，有人上书告发他谋反，绛侯被捕入狱，皇族和公卿没人敢替其说话，只有爰盎申辩绛侯无罪。

《陈平传》载："汉六年，有人上书告韩信反。"〔4〕

汉代为了纠举犯罪，对于告发属实者，法律规定给予奖励，如《二年律令·捕律》记载："诇告罪人，吏捕得之，半购诇者。"（简139）〔5〕即给予告发者一半的奖励，如同秦一样，应该是黄金一两。同时，汉律也明确作出规定，诸同居、同伍、同里及职务相关（包括相邻商贩）者均负有相互监督、举报罪行的义务。如《二年律令·盗律》规定：

> 劫人、谋劫人求钱财，虽未得若未劫，皆磔之。罪其妻、子，以为城旦舂。其妻子当坐者偏（编）捕，若告吏，吏捕得之，皆除坐者罪。（简68-69）〔6〕

这是关于同居者相告的法律规定。劫人、谋劫人案的亲属如不及时告发将以连坐论处，只有告发才能免除其连坐的罪责。

---

〔1〕《汉书》卷四〇《周亚夫传》。

〔2〕《汉书》卷七六《王尊传》。

〔3〕《汉书》卷四九《爰盎传》。

〔4〕《汉书》卷四〇《陈平传》。

〔5〕张家山二四七号汉墓竹简整理小组编著：《张家山汉墓竹简［二四七号墓］》，文物出版社2006年版，第27页。

〔6〕张家山二四七号汉墓竹简整理小组编著：《张家山汉墓竹简［二四七号墓］》，文物出版社2006年版，第18页。

《后汉书·百官志》记载有汉律关于同伍者相互伺察、有罪相告的规定："里有里魁，民有什伍，善恶以告。注曰：'里魁掌一里百家。什主十家，伍主五家，以相检察。民有善事恶事，以告监官。'"〔1〕这项义务在《二年律令·户律》中有具体的规定：

> 自五大夫以下，比地为伍，以辨□为信，居处相察，出入相司。有为盗贼及亡者，辄谒吏、典……不从律，罚金二两。（简305-306）〔2〕

即凡是爵位在五大夫以下者，相邻五家为一联保单位，相互监督，发现为盗贼及逃亡者，立即报官，违背者受处罚。《二年律令·钱律》中也规定了同居、同伍者有罪相互告发的法律义务：

> 盗铸钱及佐者，弃市。同居不告，赎耐。正典、田典、伍人不告，罚金四两。（简201）〔3〕

如果同居者对"盗铸钱"罪行不告发的，以"赎耐"论处。正典、田典、伍人不告发的，罚金四两。

不仅同居与同伍者有相互告发罪行的法律义务，而且因店铺相连的商贩之间，也有相互监督告发罪行的义务。《二年律令·市律》中规定：

> 市贩匿不自占租，坐所匿租臧（赃）为盗，没入其所贩卖及贾钱县官，夺之列。列长、伍人弗告，罚金各一斤。（简260）〔4〕

即商贩藏匿商物而不据实纳税的，对其本身进行处罚之外，与之同列的列长、同伍者也要受到处罚。

---

〔1〕《后汉书》志二八《百官五》。

〔2〕张家山二四七号汉墓竹简整理小组编著：《张家山汉墓竹简［二四七号墓］》，文物出版社2006年版，第51页。《汉书》卷一九《百官公卿表》记载，汉代爵级共分为二十等级，五大夫为第九爵，属于大夫之列。《周礼·地官·司徒》曰："五家为邻，四邻为里。"

〔3〕张家山二四七号汉墓竹简整理小组编著：《张家山汉墓竹简［二四七号墓］》，文物出版社2006年版，第35页。

〔4〕张家山二四七号汉墓竹简整理小组编著：《张家山汉墓竹简［二四七号墓］》，文物出版社2006年版，第44页。

考查可见，汉代统治者为了打击犯罪，稳定社会秩序，继承了秦代的做法，在法律上作出了较为周密的规定。不仅鼓励告发犯罪行为，而且设置了诸多主体之间的举告义务。这在一定程度上起到了防护和抑制犯罪行为发生的作用。

3. 举劾〔1〕与证据

"劾"是"上告下"诉讼行为的总称，诚如沈家本所云："告、劾是二事，告属下，劾属上。"〔2〕汉继承了秦代的举劾制度，即各级司法官吏代表官府举告犯罪行为。汉代在犯罪案件审理过程中，劾奏是必备程序，否则将视为违法，并追究相关者的法律责任。汉代诉讼程序在承袭秦代的基础上，更加完善、严密。根据《汉书·张汤列传》记载，汉代诉讼程序包括劾、掠治、传爰书、讯、鞫、论、报、执行等。

> 父为长安丞，出，汤为儿守舍。还，鼠盗肉，父怒，笞汤。汤掘熏得鼠及余肉，劾鼠掠治，传爰书，讯鞫论报，并取鼠与肉，具狱磔堂下。父见之，视文辞如老狱吏，大惊，遂使书狱。〔3〕

根据被举劾对象的不同，举劾可以分为对普通人犯罪的举劾和对官吏犯罪的举劾两种。

（1）对普通人犯罪的举劾

汉代负责纠察罪犯的基层组织机构为"亭"，"求盗"是亭中专门负责捕"盗"的官吏。《汉书·高帝纪》载："高祖为亭长，乃以竹皮为冠，令求盗之薛治之……"注引应劭曰："求盗者，亭卒。旧时亭有两卒，一为亭父，掌开闭埽除，一为求盗，掌逐捕盗贼。"〔4〕这是由秦代承继而来的。

---

〔1〕"劾"的字义，旧律尽管皆围绕治罪立义，但具体解释却颇有不同。《说文·力部》云："劾，法有罪也。"段注云："法者，谓以法施之。"《广韵》曰：'推穷罪人也。'"《急就篇》载"诸罚诈伪劾罪人"，颜师古注曰："劾，举案之也，有罪则举案。"《尚书正义·吕刑》云："汉世问罪谓之鞫，断狱谓之劾。"相较而言，四种释义以颜师古注为允当，颜注也是前有所承。《文选·通幽赋》载"妣聆呱而劾石兮"，注引项岱云："举罪曰劾"。

〔2〕（清）沈家本：《汉律摭遗》，载（清）沈家本撰，邓经元、骈宇骞点校：《历代刑法考》，中华书局1985年版，第1372页。

〔3〕《汉书》卷五九《张汤传》。

〔4〕《汉书》卷一上《高帝纪》。

悬泉汉简中记录了一则关于髡钳城旦刑徒减罪的案件，涉及"告劾"程序：

> 神爵四年十一月辛酉朔甲戌，悬泉置啬夫弘将徒缮置，敢言之廷：髡钳钛左止徒大男郭展奴自言，作满二岁□□七日谨移爰书以令，狱案奴初论年月日，当减罪为唯廷报，如律令。敢言之。
>
> 曰论某县，署作某官，尽神爵二年某月某日，积满若干岁，论以来未尝有它告劾若系，当以律减罪为某罪。它如爰书，敢言之。（简 T0209·③·56·57）
>
> 神爵四年十一月辛酉朔甲戌，悬泉置啬夫弘将徒缮置，敢言之廷：髡钳钛□山徒大男□□□□广川□……坐以县官事系□北阑亭长段间，神爵二年九月丙午诣广川郡广川县，徒敦煌郡效谷县冥安□□……四年十一月甲戌，积劳二岁六十七日，论以来未尝有它告劾若□□□减罪□□二岁完城旦，如爰书。敢言之。（简 T0309·③·276）[1]

事件发生于宣帝神爵四年（公元前58年）十一月十四日，两支简记录了悬泉置啬夫为髡钳钛左止徒，由于"论以来未尝有它告劾"而"当以律减罪为某罪"，将事项向上级报告。该份文书展示了减刑文书的书写要件及程序，颇为珍稀。

《奏谳书》中记载了有关基层官吏举劾普通人犯罪的案例，如："六月戊子发弩九诣男子毋忧，告为都尉屯，已受致书，行未到，去亡。"（简 1-2）[2]即六月戊子日，发弩卒九解送到男子毋忧，告发该犯接到都尉征发屯卒的文书后逃跑，不去指定地点报到。

《长沙东牌楼东汉简牍》收录有基层官吏据证举劾嫌犯的案件：

"某日刑案事目"（简七八）载：

（正面）

> 津史唐存、捕盗史黄敷、牛者赵周索取钱粮□。

---

〔1〕　李学勤、谢桂华主编：《简帛研究二〇〇一》，广西师范大学出版社 2001 年版，第 375 页。

〔2〕　张家山二四七号汉墓竹简整理小组编著：《张家山汉墓竹简〔二四七号墓〕》，文物出版社 2006 年版，第 91 页。

□□人男子邓远、邓甫对斗，皆□从。

　　□□□□男子胡杲杀李□妻妾□。

（背面）

　　预见金曹米史，敕令来〔1〕

《选释》中亦载有举劾的式例：

例一：

　　等证。案：夜、斗、功共撌（操）兵擎（牵）顿尼。夜略尼以为妻，臭知情，通行给饷。护踵追夜，夜斫伤尼，护其时刺夜，以辜立物故。夜强略人以为妻，贼伤尼，不直，数罪。斗，助者。护所杀有罪。斗、护各（木牍 CWJ1①：100）〔2〕

　　此案涉及杀伤人、掠人为妻等刑事犯罪，应为一份文之中段，其前后当有一枚或多枚木牍编联。通观此案，官吏已经查明案情，对主犯、从犯及帮助犯罪者均详细列明，对伤害情节、死亡认定清楚、明确，显然经过细致勘验，证据确凿。案情大意为：案件获得……等证。名为夜、斗、功的嫌犯，共同持兵器强行带走名为尼的女子。夜强行掠女子尼为妻，名为臭者知道其犯罪情况，在路上给与食物。名为护者随后紧紧追赶，女子尼被夜砍伤，护在此格斗过程中刺伤了夜，夜在保辜限内死亡。嫌犯夜掠迫女子为妻，并砍伤女子尼，行为恶劣，犯了数罪。斗是协助犯罪者。护将有罪的夜杀死……

例二：

　　永初元年正月癸酉朔廿日壬辰，东部劝农、贼捕掾迁、游徼尚、驷望亭长范叩头死罪敢言之。

　　廷书曰：言男子吴辅斗伤弟妻廉，亡。逐捕有书。辅以微辨（辩）贼伤廉，所犯无……

　　东部劝农贼捕掾黄迁名印。

　　〔1〕 长沙文物考古研究所、中国文物研究所编：《长沙东牌楼东汉简牍》，文物出版社 2006 年版，第 106 页。

　　〔2〕 长沙市文物考古研究所等编：《长沙五一广场东汉简牍选释》，中西书局 2015 年版，第 131 页。

正月　日　邮人以来。

史　白开。（木牍 CWJ1②：124）[1]

这是东部劝农掾和贼捕掾黄迁、游徼尚、驷望亭的亭长范，呈上的一份县亭文书，事发于东汉安帝永初元年（公元 107 年）。名为吴辅的男子将其弟妻廮打伤后逃亡，以文书作为依据予以抓捕。吴辅因微小的争论而打伤其弟妻廮，所犯之罪……

如果官吏未能积极行使其应尽的举劾职责，将受到处罚，轻为失职，重则坐罪。即使对于犯罪行为不知情，也要承担一定的法律责任。

例三：

A 面：

待事掾王纯叩头死罪白。男子黄前贼杀男子左建亡，与杀人宿命贼郭幽等俱强盗女子王绥牛，发觉。纯逐捕胡、幽，胡、幽不就捕，各拔刀戟□□□□刺击。纯格杀胡、幽。到今年二月不处日，纯使至醴陵追故市亭长庆陆，不在，同产兄宗、宗弟禹将二男子不处姓名，各掺兵，之纯门司候纯。三月不处日，宗、禹复至纯门。今月十三日，

B 面

禹于纯对门李平舍欲徼杀纯，平于道中告语纯，纯使弟子便归家取刀矛自捄，禹度平后落去。禹仇怨。奉公，纯孤单，妻子羸弱，恐为宗、禹所贼害。唯明廷财省，严部吏考实宗、禹及二男子，谋议形执。纯愚憃叩头死罪死罪。（木牍 CWJ1③：169）[2]

---

〔1〕 长沙市文物考古研究所等编：《长沙五一广场东汉简牍选释》，中西书局 2015 年版，第 137 页。"劝农掾"，汉代县一级属吏名，主农事。《后汉书·百官志》载："凡县主蛮夷曰道。……各署诸曹掾史。"本注曰："诸曹略如郡员，五官为廷掾，监乡五部，春夏为劝农掾，秋冬为制度掾。""贼捕掾"，亦县属吏，主捕盗事。严耕望引《御览》二六八《钟离意别传》："迁瑕丘令，男子倪直勇悍，……意到官，召署贼捕掾。"见严耕望：《中国地方行政制度史——秦汉地方行政制度》，上海古籍出版社 2007 年版，第 233 页。"游徼"，基层治安吏，主捕盗事。《后汉书·百官志》载："乡置有秩、三老、游徼。"本注曰："……游徼掌徼循，禁司奸盗。""逐捕有书"，指抓捕事宜有文件依据。

〔2〕 长沙市文物考古研究所等编：《长沙五一广场东汉简牍选释》，中西书局 2015 年版，第 217。"待事掾"，县曹掾之一，没有具体职掌，负责县廷杂务。参见（清）王昶辑：《金石萃编》卷一四《苍颉庙碑》，中国书店 1985 年版。

临湘县待曹掾王纯向上级呈辞，男子黄胡将男子左建杀死后逃亡，又与杀人惯犯郭幽合伙抢夺女子王绥的牛，被发觉。王纯遂率人追捕两名嫌犯，两犯拔刀反抗被击杀。至今年二月某日，王纯公差到醴陵县追捕故市亭长庆陆，不在家。黄胡兄长黄宗及其弟黄禹伙同不知姓名的二男子，携带武器在王纯家门口守候。三月某日黄宗、黄禹又至王纯家门口。四月十三日，黄禹改在王纯对门李平家附近守候，企图拦截击杀王纯，李平在路途中传信给王纯，王纯随即让弟子回家拿武器以自备防卫，黄禹随后离开。为此，王纯向县廷呈诉，黄胡、黄宗仇视秉公执法之人，其本人势力孤单，妻子羸弱，恐怕被两人贼害。恳请县廷派更多官吏参与侦办黄胡、黄宗案件，剖析案情，采取措施。

例四：

　　□□乡吏殼（系）共田者张助等七人。伯、温二人听卖田空草泽地，助等殼（系）□□二人，诉私市不当行。（木牍CWJ1③：325-4-38）[1]

乡吏拘捕了"共田者张助等七人"。"助"等认为"伯、温二人听卖田空草泽地"是一种违法行为。其理由是"田空草泽地"属"张助等七人"共同所有，"伯"和"温"两人不应"私市"七人共有田地。故此，"助"等指控"伯"和"温"两人"私市不当行"。

《二年律令·捕律》有关于官吏失职的法律惩处规定：

　　盗贼发，士吏、求盗部者，及令、丞、尉弗觉智（知），士吏、求盗皆以卒戍边二岁，令、丞、尉罚金各四两。令、丞、尉能先觉智（知），求捕其盗贼，及自劾，论吏部主者，除令、丞、尉罚。一岁中盗贼发而令、丞、尉所（？）不觉智（知）三发以上，皆为不胜任，免之。（简

---

〔1〕 长沙市文物考古研究所等编：《长沙五一广场东汉简牍选释》，中西书局2015年版，第169页。"听卖"，即公开售卖。"听"有"察是非"之意。其应为司法中一种受监督的公开买卖形式，特定物品须"听卖"而不可"私市"。《唐律疏议》载："其物可卖者，听卖。若经赦后百日，不改去及不卖者，论如律。"苏轼《论给田募役状》曰："出榜告示百姓。卖田……须先申官令佐，亲自相验，委是良田，方便收买。如官价低小，即听卖与其余人户，不得抑勒。如买瘠薄田，致久远召募不行，即官吏并科违制分故失定断，仍不以去官赦降原减。""私市"，则为私自买卖。

144-145)〔1〕

意为发生贼盗案件，士吏、求盗所管辖的地区及令、丞、尉未发觉，士吏、求盗以卒身份戍守边防两年，令、丞、尉各处罚金四两。如果令、丞及尉能够事先觉察将其捕获或者径行举劾，由直接负责的官吏承担责任，对令、丞及尉不予处罚。如果一年中发生三次以上未发觉贼盗犯罪的行为，令、丞及尉均免职。

这条律文在史籍中多有印证，如《汉书·酷吏传》载："于是作沈命法，曰：'群盗起不发觉，发觉而弗捕满品者，二千石以下至小吏主者皆死。'"〔2〕即发生众盗贼作乱的案件未能觉察，或者虽觉察而未捕满一定人数盗贼的，郡守官以下直至小吏主管人一律处死。

若是知而不举劾，则为见知故纵，《晋书·刑法志》曰："律之初制，无免坐之文，张汤、赵禹始作监临部主、见知故纵之例。其见知而故不举劾，各与同罪，失不举劾，各以赎论，其不见不知，不坐也，是以文约而例通。"〔3〕张汤、赵禹时方才制定见知故纵的制度，纠察部门的负责人知道犯罪而故意不举劾，以共同犯罪论处，如果是出于疏忽而未能举劾，以赎论之。这是对负有监管职责的官员不举劾犯罪专门制定的惩罚性法律。桓帝时甚至规定："长吏臧满三十万而不纠举者，刺史、二千石以纵避为罪。"〔4〕

（2）对官吏犯罪的举劾

秦汉时期，已形成一套对官吏较为严密的监察制度。监察官员发现官吏的犯罪行为，进行举劾，启动追究其刑事责任的诉讼程序。汉代出土简牍法律文献中记载了大量举劾官吏的案例，如《奏谳书》中的案例三是江陵丞等人对临菑（淄）狱史阑的劾；案例十四是安陆丞忠对狱史平舍匿无名数大男子种的劾。这些案例均是县级专管司法的丞对县级一般官吏的举劾。《合校》中记载了一桩关于两名戍卒相互斗伤的案件，因双方皆致伤，故对两人分别进行举劾，并行拘捕。两份劾文如下：

---

〔1〕　张家山二四七号汉墓竹简整理小组编著：《张家山汉墓竹简［二四七号墓］》，文物出版社2006年版，第28页。

〔2〕　《汉书》卷九〇《酷吏传》。

〔3〕　《晋书》志二〇《刑法》。

〔4〕　《后汉书》卷七《孝桓帝纪》。

戌卒东郡畔戌里靳黾，坐乃四月中不审日，行道到屋蘭界中与戌卒函何阳争言，斗，以剑击伤右手指二所。●地节三年八月己酉械击。（简13·6）

戌卒东郡□里，函何阳，坐斗以剑击伤戌卒同郡县戌里靳黾，右脾一所，地节三年八月辛卯械击。（合校简118·18）[1]

即东郡畔戌里靳黾的两名戌卒相互械击，两人皆致伤，一位伤右手指，一位伤右脾。

《汉书》中也记载了多则举劾官吏的案件，如《盖宽饶传》载："（盖宽饶）擢为司隶校尉，刺举无所回避，小大辄举，所劾奏众多。"[2]这是负有监察职责的司隶校尉举劾官吏的记载。"淮南王刘长谋反案"中对刘长的举劾较为典型。汉文帝六年（公元前174年），刘长策划用四十辆大车在谷口县谋反起事，并派出使者前往闽越、匈奴各处联络。朝廷发觉此事，治罪谋反者。"六年，令男子但等七十人与棘蒲侯柴武太子奇谋，以辇车四十乘反谷口，令人使闽越、匈奴。事觉，治之。"随后，丞相臣张苍、典客臣冯敬、行御史大夫事宗正臣逸、廷尉臣贺、备盗贼中尉臣福冒等审讯后，对其举劾，诸条罗列刘长的罪行：违天子诏、废法度、收聚逃亡罪人、谋反、擅罪人等等。

长废先帝法，不听天子诏，居处无度，为黄屋盖儗天子，擅为法令，不用汉法。及所置吏，以其郎中春为丞相，收聚汉诸侯人及有罪亡者，匿为居，为治家室，赐与财物、爵禄、田宅，爵或至关内侯，奉以二千石所当得。大夫但、士伍开章等七十人与棘蒲侯太子奇谋反，欲以危宗庙社稷，谋使闽越及匈奴发其兵。事觉，长安尉奇等往捕开章，长匿不予，与故中尉簡忌谋，杀以闭口，为棺椁衣衾，葬之肥陵，谩吏曰"不知安在"。又阳聚土，树表其上曰"开章死，葬此下"。及长身自贼杀无罪者一人；令吏论杀无罪者六人；为亡命弃市诈捕命者以除罪；擅罪人，无告劾系治城旦以上十四人；赦免罪人死罪十八人，城旦春以下五十八人；赐人爵关内侯以下九十四人。前日长病，陛下心忧之，使使者赐枣脯，长不肯见拜使者。南海民处庐江界中者反，淮南吏卒击之。陛下遣

---

〔1〕 谢桂华、李均明、朱国炤：《居延汉简释文合校》，文物出版社1987年版，第192页。

〔2〕 《汉书》卷七七《盖宽饶传》。

使者赍帛五千匹，以赐吏卒劳苦者。长不欲受赐，谩曰"无劳苦者"。南海王织上书献璧帛皇帝，忌擅燔其书，不以闻。吏请召治忌，长不遣，谩曰"忌病"。[1]

鉴于淮南王刘长的累累罪行，奏请应依法"弃市"，"长所犯不轨，当弃市，臣请论如法"。

《汉书·江充传》载，江充出使匈奴回来之后，被武帝任命为直指绣衣使者，监督三辅地区的盗贼，禁止权贵、豪族过分奢侈，超越制度。尊贵的外戚和皇帝的近臣多奢侈无度，违反制度，江充都加以举报、弹劾，并上书请求没收他们的车马，让他们在北军待命，准备攻打匈奴。

> 拜为直指绣衣使者，督三辅盗贼，禁察逾侈。贵戚近臣多奢僭，充皆举劾，奏请没入车马，令身待北军击匈奴。[2]

张汤的后人张放承继嗣位，张放任侍中中郎将，监平乐屯兵，设幕府，礼仪与将军相同。与皇上起卧，备受宠爱。当时皇上诸舅皆恨张放受宠，告诉太后。太后以皇上年少，行为不加节制，便严厉责备张放。当时多有灾异，人们都归咎于张放等人。于是丞相薛宣、御史大夫翟方进借机上奏，举劾张放的罪行：

> 放骄蹇纵恣，奢淫不制。前侍御史修等四人奉使至放家逐名捕贼，时放见在，奴从者闭门设兵弩射吏，距使者不肯内。知男子李游君欲献女，使乐府音监景武强求不得，使如康等之其家，贼伤三人。又以县官事怨乐府游徼莽，而使大奴骏等四十余人群党盛兵弩，白昼入乐府攻射官寺，缚束长吏子弟，研破器物，宫中皆奔走伏匿。奔自髡钳，衣赭衣，及守令史调等皆徒跣叩头谢放，放乃止。奴从者支属并乘权势为暴虐，至求吏妻不得，杀其夫，或恚一人，妄杀其亲属，辄亡人放弟，不得，幸得勿治。放行轻薄，连犯大恶，有感动阴阳之咎，为臣不忠首，罪名虽显，前蒙恩。骄逸悖理，与背畔无异，臣子之恶，莫大于是，不宜宿

---

[1]《汉书》卷四四《淮南王传》。
[2]《汉书》卷四五《江充传》。

卫在位。臣请免放归国，以销众邪之萌，厌海内之心。[1]

在汉代，举劾官吏犯罪要求有书面的劾状。《居延新简》中的"不侵守候长业劾亭长等盗官兵逃亡"的劾状较为典型，原文如下：

建武六年三月庚子朔甲辰，不侵守候长业敢言之：谨移劾状一编，敢言之。

迺今月三日壬寅，居延长安亭长王闳、闳子男同、攻虏亭长赵常及客民赵阆、范翁等五人俱亡，皆共盗官兵，臧千钱以上，带大刀、剑及钺各一，又持锥、小尺白刀、箴各一，兰越甲渠当曲隧塞，从河水中天田出。案：常等持禁物兰越塞，于边关傲逐捕未得，它案验未竟。兰越塞天田出入□状辞曰：公乘居延中宿里，年五十一岁，姓陈氏，今年正月中府补业守候长，署不侵部，主领吏迹候备虏盗贼为职。迺今月三日壬寅，居延常安亭长王闳、闳子男同、攻虏亭长赵常及客民赵阆、范翁等五人俱亡，皆共盗官兵，臧千钱以上，带大刀、剑及钺各一，又各持锥、小尺白刀、箴各一，兰越甲渠当曲隧塞，从河水中天田出。案：常等持禁物兰越塞，于边关傲逐捕未得，它案验未竟，以此知而劾无长吏使，劾者状具此。

三月己酉甲渠守候 移居延写移如律令。掾谭、令史嘉。（新简 E·P·T68：54-76）[2]

这篇递送劾状的文书，简文较为完整。劾状通常是逐级上报的，本案公诉人不侵守候长陈业将劾状报送甲渠候官，然后由候官转呈有关部门。劾状主要由呈文、劾文及状辞三部分合成。第一段为呈文，清楚地说明了起诉时间、起诉人、文件名称及数量；第二段为"劾文"，说明被告的犯罪事实及对其调查情况；第三段为"状辞"，包括原告身份的说明、被告的犯罪事实及调查情况；最后一段为上级机构甲渠候的转呈文。

---

［1］《汉书》卷五九《张汤传》。

［2］甘肃省文物考古研究所等编：《居延新简——甲渠候官与第四燧》，文物出版社 1990 年版，第459-460 页。居延，汉代县名，位于今内蒙古额济纳旗。常安、攻虏均为居延县所属亭名。不侵部，甲渠候官属部。参见李均明：《简牍法制论稿》，广西师范大学 2011 年版，第 82 页。

如果官吏"劾人不审"以及"轻罪重劾"则要承担"失"罪与"不直"罪的后果。《二年律令·具律》载："劾人不审为失，其轻罪也而故以重罪劾之为不直。"（简 112）[1]意为官府举劾嫌犯不当是过失行为，将轻罪故意举告成重罪为不直。

经过论证可知，举劾是官府对刑事案件主动进行纠举，类似于今天的公诉。汉律对于举劾制度作出了明确的法律规定，规制了明确的执行主体、具体的运行程序及严格的劾状形式。

通过对汉代诉讼提起方式的分析与论证，可以得出结论：同秦代一样，汉代刑事诉讼的提起是"据证起诉"的过程。告劾是启动诉讼必不可少的程序，通过告劾形成劾状，当中涵盖了启动刑事诉讼程序所要求的基本证据。以自诉、自首及告发三种方式提起的刑事诉讼，至少具备了供辞证据。如前所述，供辞证据包括被告的口供、原告的陈述及案外人的证人证言。而且，由以上所提供的材料可知，多数情况下起诉人还会同时提供一定的物证。举劾则更是一种据证起诉的方式，因为官吏之所以会举劾，要么是发现了杀伤、贼盗等犯罪事实，要么是接到了发生犯罪的举报。

可见，提起诉讼是整个刑事诉讼审判环节证据运用的首要步骤，也是获取刑事证据的最初环节。正因为如此，汉律中对刑事诉讼的提起作了严密的法律规制。强调了告劾的重要性，没有告劾而系人，则被视为违法，要受到法律制裁。西汉"治淮南王狱"，列举其罪行时，便有"擅罪人，无告劾系治城旦以上十四人"的记述。[2]《二年律令·具律》中对此作出了明确的规定："治狱者，各以其告劾治之。敢放讯杜雅，求其它罪，及人毋告劾而擅覆治之，皆以鞫狱故不直论。"（简 113）[3]即司法官吏应根据告劾内容审断案件。如敢制造障碍不法审讯，审断告劾以外的罪或者无告劾而擅自审断的，均以故意不如实断案论罪。

4."先自告"与证据

汉代的自首同秦一样，称为"先自告"。先自告是行为人犯罪后基于内心

---

[1]　张家山二四七号汉墓竹简整理小组编著：《张家山汉墓竹简［二四七号墓］》，文物出版社2006 年版，第 24 页。

[2]　《汉书》卷四四《淮南王传》。

[3]　张家山二四七号汉墓竹简整理小组编著：《张家山汉墓竹简［二四七号墓］》，文物出版社2006 年版，第 24 页。

的自我悔罪，或者希望得到宽恕而自愿到官府投案的行为。对于先自告，汉律一般予以从轻处罚。《汉书·刑法志》颜师古注曰："杀人先自告，谓杀人而自首，得免罪者也。"[1]《二年律令》中有类似的自首减罪的法律规定。

《具律》载：

> 有罪当耐，其法不名耐者，庶人以上耐为司寇，司寇耐为隶臣妾。隶臣妾及收人有耐罪，系城旦舂六岁。系日未备而复有耐罪，完为城旦舂。城旦舂有罪耐以上，黥之。其有赎罪以下，及老小不当刑、刑尽者，皆笞百。城旦刑尽而盗臧（赃）百一十钱以上，若贼伤人及杀人，而先自告也，皆弃市。（简 90-92）[2]

即城旦刑执行完毕又盗，赃值一百一十钱以上，或者贼伤人及杀人，随后自首者，均弃市处死。

《亡律》载："诸舍匿罪人，罪人自出，若先自告，罪减。"（简 167）[3]即犯罪后自首的，减轻处罚。《告律》载："有罪先自告，各减其罪一等，死罪黥以为城旦舂，城旦舂罪完为城旦舂，完为城旦舂罪……"（简 127）[4]该简对自首者各减等处罚的情况作了具体说明。《具律》还有关于"先自告"的程序性规定：

> 诸欲告罪人，及有罪先自告而远其县廷者，皆得告所在乡，乡官谨听，书其告，上县道官。廷士吏亦得听告。（简 101）[5]

即向官府控告罪人，以及有罪欲自首者，所居距县廷远，均可告于所辖乡。乡吏应当认真接纳，书写告辞，再上呈县廷。

[1]《汉书》卷二三《刑法志》。

[2] 张家山二四七号汉墓竹简整理小组编著：《张家山汉墓竹简〔二四七号墓〕》，文物出版社2006 年版，第 21 页。

[3] 张家山二四七号汉墓竹简整理小组编著：《张家山汉墓竹简〔二四七号墓〕》，文物出版社2006 年版，第 31 页。

[4] 张家山二四七号汉墓竹简整理小组编著：《张家山汉墓竹简〔二四七号墓〕》，文物出版社2006 年版，第 26 页。

[5] 张家山二四七号汉墓竹简整理小组编著：《张家山汉墓竹简〔二四七号墓〕》，文物出版社2006 年版，第 22-23 页。

此外，《二年律令》中还有自告除其罪的法律规定。例如："为人名田宅，能先告，除其罪。"（简323-324）[1]即冒名占有田宅的人，在官府发觉之前能自首的，免除其罪。

《汉书》中记载有关于"先自告"的案件，例如"衡山王刘赐谋反案"中，衡山王刘赐在谋反阴谋败露后自杀，其子刘孝遂自首谋反之事，由此被免除了谋反罪。"孝以为陈喜雅数与王计反，恐其发之，闻律先自告除其罪，又疑太子使白赢上书发其事，即先自告所与谋反者枚赫、陈喜等。廷尉治，事验，……孝先自告反，告除其罪。"[2]"淮南王刘安谋反案"中，刘安打算谋反，其谋士伍被参与策划。后刘安谋反事件泄露，伍被随即自首，并供述刘安谋反的情况。"后事发觉，被诣吏自告与淮南王谋反踪迹如此。"[3]

东汉时朝廷多次发布自告减罪的诏令，例如，《后汉书·显宗孝明帝纪》记载："建武中元二年十二月甲寅，诏曰：'方春戒节，人以耕桑。其敕有司务顺时气，使无烦扰。天下亡命殊死以下，听得赎论：……其未发觉，诏书到先自告者，半入赎。'"这是建武中元下发的诏令，引导非犯死罪的亡命罪徒到官府以财物赎罪，诏书下达之日能自首者，均可减半赎罪。"永平十五年春二月，诏亡命自殊死以下赎：死罪缣四十匹，右趾至髡钳旦春十匹，完城旦至司寇五匹；犯罪未发觉，诏书到日自告者，半入赎。"[4]与上条诏令相类似，对赎罪的标准作了具体规定。

同时，汉律也明确作出规定，对于刑尽而再犯罪的人，即使犯罪人自告，也不减轻其应受的刑罚。如《二年律令·具律》规定："城旦刑尽而盗臧（赃）百一十钱以上，若贼伤人及杀人，而先自告也，皆弃市。"（简91-92）[5]意为肉刑执行完毕之后盗赃一百一十钱以上的人，或者刑尽再伤人及杀人，即使自首，也要弃市处死。与此类似的规定还有："刑尽而贼伤人及杀人，先自

---

[1] 张家山二四七号汉墓竹简整理小组编著：《张家山汉墓竹简［二四七号墓］》，文物出版社2006年版，第53页。《汉书·刑法志》颜师古注曰："名田，占田也。各为立限，不使富者过制，则贫弱之家可足也。"

[2]《汉书》卷四四《衡山王传》。

[3]《汉书》卷四五《伍被传》。

[4]《后汉书》卷二《显宗孝明帝纪》。

[5] 张家山二四七号汉墓竹简整理小组编著：《张家山汉墓竹简［二四七号墓］》，文物出版社2006年版，第21页。

告也，弃市。"（简122）[1]

汉代对于再犯者自首不减刑的法律规定，在《汉书·刑法志》中也有记载："当斩右止，及杀人先自告，及吏坐受赇枉法，守县官财物而即盗之，已论命复有籍笞罪者，皆弃市。"[2]刑尽而又犯罪的人，主观恶性较大，即使自首也不应当减轻处罚。这一法律规定，符合汉代"原心定罪"的原则。汉律还规定了不孝罪及奴婢侵犯主人的犯罪，即使自首也不减刑。如《二年律令·告律》规定："杀伤大父母、父母，及奴婢杀伤主、主父母妻子，自告者皆不得减。"（简132）[3]即杀伤祖父母、父母，以及奴婢杀伤主人，主人的父母、妻子，即使犯罪后自首也不可减轻处罚。

经过以上分析可以看出，汉代继承了秦代关于自首的法律规定。一方面，为了审断罪行，化解矛盾，制定了自首减刑，甚至免刑的法律规定；另一方面，对于恶性犯罪、刑尽而再犯罪以及有悖伦常的犯罪行为，即使自首也不予减轻处罚。这样做，有利于打击严重危害社会秩序的刑事犯罪，也是出于对纲常伦理维护的考虑。

5. 告捕与证据

前述诉讼的提起，从文书角度而言，主要为上行文书或平行文书。还有一种"告捕"形式的下行文书，即上级官吏责令、督促下属捕捉嫌犯，验明证据，核实案情。此种诉讼形式，在《选释》中有多则式例。以第二十一则木牍为例，长沙大守府对验明案情、罪证明确的杀人、伤人及劫掠刑案，督责临湘县令及执法责任人限期追捕嫌犯。

> □府告临湘：前却，趣诡课左尉邠充、守右尉夏侯弘逐捕杀小史周讽男子冯五、□无什，及射伤乡掾区晃、佐区期，杀弟贼李凑，劫女子王绥牛者师寇、蒋隆等，及吏杀民贼朱祉、董贺、□范贺，亭长袁初、殷弘，男子王昌、丁怒、李高、张恭及不知何四男子等不得。令充、弘诣府对。案：祉、贺、□初、昌、怒、寇、高四男子等所犯皆无状，当

　　[1]　张家山二四七号汉墓竹简整理小组编著：《张家山汉墓竹简［二四七号墓］》，文物出版社2006年版，第25页。
　　[2]　《汉书》卷二三《刑法志》。
　　[3]　张家山二四七号汉墓竹简整理小组编著：《张家山汉墓竹简［二四七号墓］》，文物出版社2006年版，第26页。

必禽（擒）得。县、充、弘被书受诡逐捕连月，讫不捕得，□咎在不以盗贼责负为忧，当皆对如会。恐力未尽，且皆复假期。记到，县趣课充、弘逐捕祉、□贺、高、隆四男子等，复不发得。充、弘诣府对，会十六年正月廿五日。令卅日勉思谋略，有以自效，有……

　　□府君教。

　　长沙大守丞印。

　　永元十五年十二月廿日书漏尽起。（木牍 CWJ1③：291）〔1〕

　　简文大意为：长沙大守府告临湘县：之前退回的文书，责成左尉邽充、守右尉夏侯弘，追捕杀死小史周讽的嫌犯冯五、□无什，以及射伤乡掾区晃、佐区期，并杀死弟弟的嫌犯李凑。抢劫女子王绥牛的嫌犯师寇、蒋隆等。杀害百姓的官吏朱祉、董贺、□范贺，亭长袁初、殷弘，男子王昌、丁怒、李高、张恭，以及不明来处的四名男子未捕获。令执法责任人邽充、夏侯弘到长沙府报告。察验：朱祉、董贺、□范贺、袁初、王昌、丁怒、师寇、蒋隆、李高及四名男子所犯罪，均无罪状文书，必须将他们擒获。县令、邽充、夏侯弘接到责成司法文书数月，到期未捕得嫌犯，其罪责在于未重视惩治贼盗之事，恐怕未尽全力，而且均延长了追捕期限。县令主动责成邽充、夏侯弘追捕朱祉、□贺、李高、蒋隆及四名男子等。邽充、夏侯弘到长沙府汇报任务，截至十六年正月二十五日。令三十日努力思索谋略，以见成效……

　　（二）对起诉状的据证审核与处理

　　因为告诉同犯罪与刑罚紧密相关，事系当事人的人身权益，进而牵涉到国家的统治。因而，汉代在承继秦代告诉制度的基础上，进一步对告诉作了限制性规定。

　　1. 禁止"投书"〔2〕

　　汉律要求诉状必须书写告者的真实姓名，审判官吏亦不得根据匿名书信审断案件。《二年律令·具律》规定："毋敢以投书者言系治人。不从律者，

---

〔1〕　长沙市文物考古研究所等编：《长沙五一广场东汉简牍选释》，中西书局 2015 年版，第 139 页。简文"诡"，责成。《后汉书·孟尝傅》载："诡人采求"，注："诡，责也"。又称"诡责"，《后汉书·明帝纪》载："又郡县每因征发，轻为奸利，诡责羸弱，先急下贫。其务在均平，无令枉刻。""诡课"即责成临湘县催促执法者办理相关事宜。

〔2〕　"投书"，投匿名信。《睡虎地秦墓竹简·法律答问》注释，文物出版社 1990 年版，第 106 页。

以鞫狱故不直论。"（简 118）[1]即不得以匿名书信为依据拘捕审判人。违背者，以故意不据实断案论罪处罚。《后汉书》中记载有"飞书"，指的也是投递匿名信。如《后汉书·梁松传》记曰："（梁）松数位私书请托郡县，二年，发觉免宦，遂怀怨望。四年冬，乃县飞书诽谤，下狱死，国除。"李贤注："飞书者，无根而至，若飞来也，即今匿名书也。"[2]对"飞书"投告者，往往以"诽谤罪"弃市处死。

2. 诬告、告不审治罪

汉律承继秦律，对诬告及告不审加以治罪。诬告，指故意诬陷他人犯罪。告不审，在秦代刑事证据制度部分已作过论证，即控告他人有罪但不准确。

《二年律令·告律》将秦律规定的"诬告反坐"及告不审的罪责，进一步具体化："诬告人以死罪，黥为城旦舂，它各反其罪。告不审及有罪先自告，各减其罪一等。"（简 126-127）[3]以死罪诬告别人，"黥为城旦舂"，若诬告他人其他罪，则以所告之罪处罚诬告者。如果告他人有罪但不准确，则减轻一等罪处罚。即对于告不审，汉律规定的处罚要轻于对诬告罪的处罚。

《敦煌悬泉汉简》之《囚律》中也有"劾人不审，以其赎半论之"（Ⅰ 0112①：1）[4]的规定。

秦汉律之所以重惩诬告行为，因为诬告往往出于泄私愤，陷无罪者于有罪，这不仅直接侵害无辜者的人身权益，而且扰乱社会秩序，妨害阶级统治。汉历代统治者均严惩诬告行为。例如，宣帝时，长沙剌王建德以县官事怨人，教人诬告，被处以弃市罪，削八县。[5]元帝时陈汤上书言，康居王侍子非王子也。按验，实王子也。汤下狱当死。[6]

———————————

〔1〕 张家山二四七号汉墓竹简整理小组编著：《张家山汉墓竹简［二四七号墓］》，文物出版社 2006 年版，第 25 页。

〔2〕《后汉书》卷三四《梁松列传》。

〔3〕 张家山二四七号汉墓竹简整理小组编著：《张家山汉墓竹简［二四七号墓］》，文物出版社 2006 年版，第 26 页。《具律》亦有涉及"告不审"的规定："告，告之不审，鞫之不直，故纵弗刑，若论而失之，及守奴婢而亡之，篡遂纵之，及诸律令中曰同法、同罪，其所与同当刑复城旦舂，及曰黥，若鬼薪白粲当刑为城旦舂，及刑界主之罪也，皆如耐罪然。其纵之而令亡城旦舂、鬼薪白粲也，纵者黥为城旦舂。"（简 107-109）

〔4〕 胡平生、张德芳编撰：《敦煌悬泉汉简释粹》，上海古籍出版社 2001 年版，第 17 页。

〔5〕《汉书》卷五三《景十三王传》。

〔6〕《汉书》卷七〇《陈汤传》。

四、审判中的证据运用

审判程序首先要进行质证，包括听取被害人的陈述、讯诘被告及询问证人。通过这些环节收集和审查刑事证据，以便确定案件事实。对审讯过程中原告、被告和证人的言辞及其他证据的收集、审查情况，要制作详细的书面记录，称为"爰书"。这是法官最后进行量刑与断决的依据。《史记·酷吏列传》中便有"传爰书"的记载："劾鼠掠治，传爰书，讯鞫论报。"〔1〕以下详细论述刑事证据在整个案件鞫断环节中的具体运用。

（一）质证

汉代承袭秦代的质证制度，将原告的陈述、证人证言与被告的口供进行质对，以便澄清案件事实。在审讯过程中，原被告双方或其代理人必须到庭接受法官的讯问，进行质对。同时，由于证人提供的证言是重要的证据，对澄清案件事实意义重大。因此，证人也必须出庭作证，并参与质对。根据庭审对象身份的不同，汉代法庭质证程序中，法官的讯问方式分为两种：一种针对的是普通身份的原被告，双方各尽陈词，法官进行询问。如《奏谳书》中的第二则案例：

> 大夫禒辞曰：六年二月中买婢媚士五点所，价钱万六千，迺三月丁巳亡，求得媚，媚曰：不当为婢。
>
> 媚曰：故点婢，楚时去亡，降为汉，不书名数，点得媚，占数复婢媚，卖禒所，自当不当复受婢，即去亡，它如禒。
>
> 点曰：媚故点婢，楚时亡，六年二月中得媚，媚未有名数，即占数，卖禒所，它如禒、媚。
>
> 诘媚：媚故点婢，虽楚时去亡，降为汉，不书名数，点得，占数媚，媚复为婢，卖媚当也。去亡，何解？
>
> 媚曰：楚时亡，点乃以为汉，复婢，卖媚，自当不当复为婢，即去

---

〔1〕《史记》卷一二二《酷吏列传》裴骃集解引苏林曰："爰，易也。"司马贞索隐引韦昭曰："爰，换也。古者重刑，嫌有爱恶，故移换狱也，使他官考实之，故曰'传爰书'也。"《汉书·张汤传》引颜师古注："爰，换也。以文书代换其口辞也。"籾山明也提出，"毋庸赘言，这些文书是为了给县官做判决提供依据。因为这些文书就是爰书，所以才称其为'传爰书'"。（参见［日］籾山明："爰书新探——兼论汉代诉讼"，载《简帛研究译丛》第一辑，湖南出版社1996年版，第178页）

亡，无它解。（简 8—12）〔1〕

　　这是原告禄、被告媚及证人点三者在法官的主持下进行质证的情形。禄控诉说，自己以万六千钱从点处买得媚，三月丁巳日媚逃跑了，抓获她后，她说，自己不应当是奴婢；媚辩解道，她以前是点的婢女，楚时期就逃脱了，到了汉朝，没有上户籍。点抓住她后，仍将她作为奴婢，报了户口，卖给禄。她认为自己不应该还是奴婢，就逃跑了。其他情况，和禄所说的相同；证人点提供证言，媚以前是他的婢女，楚时期逃跑了，六年二月中找到她，她没有户口，给她报了户口，卖给了禄。其他情节，和禄、媚所说相同。法官诘问媚，你以前是点的奴婢，虽然楚时逃跑了，可是到汉朝后，你并没有申报户籍。点抓住你后，仍将你作为奴婢报了户口，将你卖与他人，符合法律。你逃跑了，怎么解释？媚回答道，楚时候她已经逃跑，点认为到了汉朝后她仍是他的奴婢，抓住她后就把她卖了。她认为自己不应当还是奴婢，就逃跑了。没有其他要辩解的。

　　这则案例较为清晰地记录了汉代庭审过程中的质证情形，首先是原告的控诉，其次是被告对原告控诉的回应，接着证人提供证言。然后法官进行讯问，当事人必须如实回答。《奏谳书》的第四则案例也对法庭的质证过程进行了详细地记录：

> 　　大夫所诣女子符，告亡。
> 　　符曰：诚亡，诈自以为未有名数，以令自占书名数，为大夫明隶，明嫁符隐官解妻，弗告亡，它如所。
> 　　解曰：符有名数明所，解以为无恢人也，娶以为妻，不知前亡，乃疑为明隶，它如符。
> 　　诘解：符虽有名数明所，而实亡人也。律：娶亡人为妻，黥为城旦，弗知，非有减也。解虽弗知，当以娶亡人为妻论。何解？
> 　　解曰：罪，无解。（简 28—31）〔2〕

　　〔1〕　张家山二四七号汉墓竹简整理小组编著：《张家山汉墓竹简［二四七号墓］》，文物出版社2006年版，第92页。

　　〔2〕　张家山二四七号汉墓竹简整理小组编著：《张家山汉墓竹简［二四七号墓］》，文物出版社2006年版，第94页。

即大夫控告女子符逃亡；女子符辩称，她是逃跑，并谎称自己户籍，依照法令的规定去报了户口，成为大夫明的奴隶。被嫁给隐官解为妻，但没有告诉他自己逃跑的事。其他情况和控告的相同。解说，符在明家有户口。他认为符没有什么特殊之处，不知她从前曾逃跑过，以为她是明的奴婢，其他情节与符所说相同。法官诘问解，符虽然在明家有户籍，而实际上是一个逃亡的人。法律规定："娶亡人为妻，黥以为城旦，弗知，非有减也"。你虽然不知道，仍应该按照娶逃亡者为妻论处。你有什么可以辩解的？解答道，自己认罪，没有要辩解的了。

通过展示案例可知，普通身份的原、被告双方在质证过程中进行控诉与供述，证人提供证言，法官随之反复讯问，直至澄清案件事实为止。如果原、被告对法官的讯问不如实回答，或者所答与法官了解到的案情不符，法官则可以用刑逼取。

另一种庭审质证针对的是达官、重臣之间的诉讼。这种庭审质证程序往往由皇帝亲自主持，或者由皇帝派特使主持讯问。原被告双方可以展开质辩，这同普通身份者之间的质证是完全不同的。《史记》中记载了此类一则著名的案件——"东朝廷辩"，此案由汉武帝主持，魏其侯窦婴和武安侯田蚡之间针锋相对质辩是非：

事件起因于任丞相的武安侯田蚡在酒宴上态势傲慢，大将军灌夫使酒骂座，招致田蚡的报复。田蚡指责灌夫在宴席上辱骂宾客、侮辱诏令，犯了不敬之罪，将他囚禁在室内。还想借机追查灌夫以前的错事，并派人追捕其亲属，都判了斩首示众之罪。魏其侯窦婴挺身而出，拼力相救，上书于汉武帝，皇上认同了他的意见，令双方"东朝廷辩之"。廷辩中，窦婴大力称道灌夫的长处，说他是酒后犯错误，而丞相却"以他事诬罪之"。田蚡则"盛毁灌夫所为横恣，罪逆不道"。魏其侯"度不可奈何，因言丞相短"。田蚡反驳说，天下幸而太平无事，我才得以做皇上的心腹，爱好音乐、狗马和田宅。我所喜欢的不过是歌伎艺人、巧匠这一些人，不像魏其侯和灌夫那样，招集天下的豪杰壮士，不分白天黑夜地商量讨论，"腹诽而心谤，不仰视天而俯画地"，[1]窥测于东、西两宫之间，希望天下发生变故，好让他们立功成事……双方廷辩后，

---

〔1〕《史记》卷一〇七《魏其侯窦婴列传》。

武帝又让在坐的大臣们谈论双方孰是孰非。

相对于秦代而言，汉代的质证程序已趋于规范化。汉律对原、被告及证人的质证行为作出了规定，他们必须如实举证，否则将承担法律责任。前文已叙述《二年律令·具律》中关于"证不言情"的法律规定，此外，汉代简牍文献中还有一条未署律名的规定："证财物故不以实，臧（赃）五百以上，辞已定，满三日而不更言请（情）者，以辞所出入罪人罪。"这是汉代的一项审讯制度，按其性质应当属于汉代《囚》律。在汉简中，凡记录审问案件的简牍几乎都有这条法律规定，意为在陈述案件事实时故意不如实提供财物数目，案件赃值达到五百钱以上者，如果供述后满三日不更正并说出实情，则以其供述所出入之罪反及其身。

现将所掌握简牍中的这类律文抄录一部分如下：

《居延新简》载：

> "□辞已定，满三日□。"（E·P·T5：111）

> "□故不以实，臧（赃）五百十以上令辨告。"（E·P·T51：290）

> "贾而买卖而不言证财物故不以实臧（赃）二五百□。"（E·P·T54：9）

> "□三日而不更言请（情）书律辨告。乃验问……"（E·P·T51：228）

> "□市券一。先以证财物故不以实。"（E·P·T51：509）

> "□先以证财物不以实律辨……"（E·P·T53：181）

> "而不更言请（情）所出入罪反罪之律辨告乃爰书验问恭辞曰上造居延临仁里年二十八岁……"（E·P·F22：330）

> "□□案，不□更言，以辞所出内（纳）罪人。"（E·P·W13）

> "建武四年三月壬午朔丁酉，万岁候长宪□□燧·谨召诣治所。先以证县官城楼守衙□而不更言请（情），辞所出入罪反罪之律辨告……"（E·P·F22：328）[1]

以上简文中的"赃五百以上""赃二百五十以上""县官城楼守衙"等

语，不是这条律文的组成部分，而是审判官问案时，根据审问案情的需要引用的有关令文。[1]

"长沙东牌楼东汉简"中记录有关于嫌犯询问与质辩的案例。

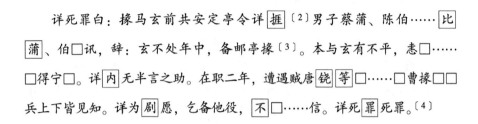

详死罪白：掾马玄前共安定亭令详 捱 [2]男子蔡蒲、陈伯……… 比 蒲、伯□讯，辞：玄不处年中，备邮亭掾[3]。本与玄有不平，志□…… □得宁□。详 内 无半言之助。在职二年，遭遇贼唐 铙 等□……□曹掾□□ 兵上下皆见知。详为 剧 愿，乞备他役， 不 □……信。详死 罪 死罪。[4]

此简残损较大，内容不详。但释读残简，可知系经由狱吏验视的盗贼刑案。大致内容为：

"死罪犯者详供称，此前某官马玄和安定亭令……"

"马玄的辩解：玄不处年中，充当邮亭的官吏，详原本与我有矛盾……"

"详对工作没有任何的帮助。在任的两年中，遭遇贼唐……"

"对……众所周知。详强烈要求调动工作……"

《选释》中亦有关于质证的式例：

贵，汝何从得纸？贵曰：我于空笼中得之。初疑贵盗客物，即于寿比笼瘦（搜）索，见壁后有缯物。初问贵是何等缯。贵曰：不知。汝见持缯纸，素言不知？即收缚贵，付……（木牍CWJ1③：263—11）[5]

此则式例中，名为初者怀疑名为贵者盗窃他人缯纸，双方遂进行质问与抗辩。随后，在笼中搜查出缯物，认为贵的言辞矛盾，遂将之捆绑……

〔1〕 参见高恒：《秦汉简牍中法制文书辑考》，社会科学文献出版社2008年版，第151页。

〔2〕 注：简文残缺补字形式，下同。

〔3〕 "邮亭掾"，县列曹属吏之一，负责邮亭监管事务。"掾"，《说文》释为："掾，缘也。"朱骏声曰："掾，本训当为佐助之谊，故从手。"原为佐助的意思，后为副官史或官署属员的通称。《汉书·萧何传》载："为沛主吏掾。"注："正曰掾，副曰属。"

〔4〕 长沙文物考古研究所、中国文物研究所编：《长沙东牌楼东汉简牍》，文物出版社2006年版，第72页。

〔5〕 长沙市文物考古研究所等编：《长沙五一广场东汉简牍选释》，中西书局2015年版，第223页。

经由上述论证可知，质证是刑事案件审判的核心环节。原、被告及证人三方之间对案件事实及证据进行质辩，法官则对案件疑点及不明之处反复查问，最终作出断决。

（二）鞫、谳中的证据运用

1. 鞫[1]

质证结束之后，法官就需要对案件事实作出归纳总结，这一环节在汉代被称为鞫。如张建国先生所言："鞫是审判人员对案件调查的结果，也就是对审理得出的犯罪的过程与事实加以简单的归纳总结。"[2]其在程序中处于质证结束之后、判决作出之前的阶段。《尚书·吕刑》载："狱成而孚"孔传："断狱成辞而信，当输汝信於王，谓上其鞫劾文辞。"孔颖达疏："汉世问罪谓之鞫，断狱谓之劾，谓上其鞫劾文辞也。"[3]

《奏谳书》所记载的秦汉审判案例，印证了"鞫"的存在及其性质，试例如下：

> 鞫之：媚故点婢，楚时亡，降为汉，不书名数，点得，占数，复婢，卖禄所，媚去亡，年四十岁，得，皆审。（简 14-15）
> 鞫：阑送南，娶以为妻，与偕归临淄，未出关，得，审。（简 22-23）
> 鞫之：武不当复为军奴，□□□弩告池，池以告与视捕武，武格斗，以剑击伤视，视亦以剑刺伤捕武，审。（简 45-47）
> 鞫之：苍贼杀人，信与谋，丙、赘捕苍而纵之，审。（简 91）

---

[1] 鞫，亦作鞫，史籍对其多有注释。如《尚书·吕刑》载："输而孚。"传："谓上其鞫劾文辞。"疏："汉世问罪谓之鞫，断狱谓之劾。"《周礼·秋官·小司寇》载："读书则用法。"注引："郑司农云：'读书则用法，如今时读鞫已乃论之'。"疏："鞫谓劾囚之要辞，行刑之时，读已乃论其罪也。"《汉书·刑法志》载："今遣廷史与郡鞫。"如淳注："以囚辞决狱事为鞫。"李奇注："鞫，穷也，狱事竟穷也。"《汉书·景武昭宣元成功臣表》载："新時侯赵弟，坐为太常鞫狱不实。"如淳注："鞫者以其辞决罪也。"以上所释"鞫"，核心含义为"穷"，即"穷竟其事"。

[2] 张建国："汉简《奏谳书》和秦汉刑事诉讼程序初探"，载《中外法学》1997 年第 2 期。徐世虹先生对秦汉时期的"鞫"进行了程序、指代、文书义项的划分："对程序意义的认识认同既往的研究成果，指在判决前对犯罪事实的认定；鞫的指代意义则接续既有的广义之说，指出它在内涵上大于单一的程序意义，可以包含一个案件的全部诉讼程序。"（参见氏文"西汉末期法制新识——以张勋主守盗案牍为对象"，载《历史研究》2018 年第 5 期）

[3] （清）阮元校刻：《十三经注疏》（清嘉庆刊本）（一），《尚书正义》卷一九，中华书局 2009 年版，第 533 页。

2013 年，考古人员在湖南益阳兔子山发掘重要简牍文献，其内容涵盖战国楚经秦、张楚政权、两汉至三国孙吴时期。出土于三号井（J3）的西汉晚期简牍，记录官府对西汉元始元年（公元 1 年），对益阳代理令史张勋贪赃事件的司法处理。

　　　　鞫（正面）

　　　　鞫：勋，不更。坐为守令史署金曹，八月丙申为县输元年池加钱万三千临湘，勋匿不输，即盗以自给。勋主守县官钱，臧二百五十以上。守令史恭劾，无长吏使者，审。

　　　　元始二年十二月辛酉，益阳守长丰、守丞临湘、右尉顾兼、掾勃、守狱史胜言：数罪以重，爵减，髡钳勋为城旦，衣服如法，驾责如所主守盗，没入臧县官，令及同居会计，备偿少内，收入司空作。（背）（J3⑤：1）

　　　　益阳言守令史张勋　　　　　　　元始二年

　　　　盗所主守加钱论决言相府　　　　计后狱夷（第）一（J3⑤：2）〔1〕

　　审定：张勋为长沙国益阳县金曹代理令史，爵位不更。元始元年（公元 1 年）八月十一日，为益阳县向长沙国输送元始元年（公元 1 年）的"池加钱"一万三千钱，但张勋隐匿未输，盗以自用。张勋主守盗公家钱财，盗赃值在二百五十钱以上。其罪行由代理令史恭举劾，无上司指使。以上事实清楚。元始二年（公元 2 年）十二月十四日，益阳代理县长丰、代理县丞顾湘、右尉顾兼、掾勃、代理狱史胜报告：按一人犯数罪以重者论及爵减的规定，判处张勋髡钳城旦，依法律规定身着囚服；加倍追偿主守盗赃款，没入县官，让他的家人汇总赃款，足额赔偿给少内，张勋收入司空劳役。

　　张勋所犯之罪为，"匿不输"池加钱〔2〕，并将之"盗以自给"。简文"坐为守令史署金曹"至"无长吏使者"，为鞫辞所引用举劾的内容。"审"

―――――――――

〔1〕　湖南省文物考古研究所："二十年风云激荡 两千年沉寂后显真容"，载《中国文物报》2013年 12 月 6 日，第 6-7 版。该案件由一大一小两支简牍记载。其中 J3⑤：1，长 49 厘米，是目前出土简牍中最早的大木牍。记录了元始元年（公元 1 年）益阳试用令史张勋在向临湘县（今长沙）移送赋税"池加钱"时，监守自盗，贪赃事件的司法处理。J3⑤：2，长 23 厘米，是张勋贪赃事件记录送达长沙王相府的标题简，编号为元始二年计后狱第一。

〔2〕　"池加钱"，指官府经营园池而收入的费用。《二年律令·金布律》载："租、质、户赋、园池入钱县道官，勿敢擅用。"（简 429-430）

为案审官吏对劾文涉及事实的认定。其后益阳守长、守丞、右尉、掾、守狱史等人对此案提出的审理意见。而"数罪以重"至"收入司空作"，为益阳县对张勋作出的判决。最后还要"论决言相府"，[1]即将判决结论呈报相府。

通过上述案例不难发现，"鞫"的内容是法官对案件事实的认定，而非法律的认定，是事实判断的过程。法官经由它作出法律认定，即依法作出最终的判决。其类似于当代刑事判决书中的"经法庭审理查明"部分。该程序内容也不包含原、被告行为的定性、法律条文的适用等内容。其中，结尾处的"审"或"皆审"，意味着案件事实已调查清楚，审判官吏对之确认。其类似于当代刑事判决书中的"以上事实清楚、证据确实充分"。

2. 谳[2]

"谳"即"奏谳"，系秦汉时期一道重要的法律程序，就是郡县等司法官吏在遇到疑难案件或者无权审断案件时，请示上级司法官吏决断的制度。奏

---

〔1〕"论决言"，为上行司法文书的一种形式，县级审理完案件之后，需要将审理结果呈报上级。"论"，为县级审判意见。判决意见作出后，若出于程序要求而呈报上级审判机构决断，则在上行文书中使用相应的表达语。例如，张家山汉简《奏谳书》第十四则案例"安陆丞忠劾御史平"，文尾曰："上奏七牒，谒以闻，种县论。"若是"奏谳"司法文书，文书则多以"它县论"格式用语结尾。秦汉简牍司法文献所载式例中，对此行文格式多有记载。例如，《奏谳书》中第一则案例，文尾书："疑毋扰罪，它县论，敢谳之，谒论"（简6-7）。（张家山二四七号汉墓竹简整理小组编著：《张家山汉墓竹简［二四七号墓］》，文物出版社2006年版）

〔2〕"谳"古写为"谳"，对之有不同的解释。许慎《说文》释为："议罪也，从水献，与灋同义。"《广雅》曰："谳，疑也。"《汉书·景帝纪》颜师古注曰："谳，平议也。"《后汉书·申屠蟠传》注曰："谳，请也。"《后汉书·百官志》注引胡广曰："谳，质也。"张建国先生认为，"奏谳"一词应当分别理解：奏书不存在基层审判机关在定罪量刑方面的疑难之处，事情已经得出了明确的结论，向上级奏请的是获得批准，是法定的例行公事。也就是说，请求上级批准是这类文书的特性；至于"谳书"，上报的目的，是请示上级解答疑问，所以一般都明确地在文书尾部缀上"疑×罪"、"疑罪"的字样，完整的文书还有"敢谳之"的带"谳"字的文句。参见氏文"汉简《奏谳书》和秦汉刑事诉讼程序初探"，载《中外法学》1997年第2期。彭浩指出："汉代司法制度的规定，县道、郡官吏案治狱事有疑难不能决者，均须经县（道）—郡—廷尉—皇帝逐级呈报，再议罪、断决。这种制度就是奏谳。"参见氏文"谈《奏谳书》中的西汉案例"，载《文物》1993年第8期。笔者通过对《奏谳书》和相关史料的研究，认为"奏谳"具有四层含义，其中前两层含义与张建国先生的观点类似：第一，程序性的要求，即案件证据确凿，法律明确，奏请上级批准执行刑罚。如《奏谳书》所载第十四、十五两则案例，"狱史平舍匿无名数大男子""醴阳令恢盗县官米"。第二，"疑狱上报"，即案件审理过程中，在法律适用上遇到难题，不知应当如何定罪量刑，故需向上级官吏请示决断。《奏谳书》中所记载的案例大多为此类。第三，已断决的案件，即使合于法令，如果当事人不服，承审官也须"谳报"，由上级官吏决断。这一论点，主要源于景帝关于奏谳制的诏令："诸狱疑，若虽文致于法而于人心不厌者，辄谳之。"（《汉书》卷五《景帝纪》）。

谳时，承审官吏应当在阐述案情的同时，将认定案件事实的相关证据及初步的判决意见详列于上，即"俱证奏谳"。

奏谳制的历史渊源可谓久远，《礼记·文王世子》记载："狱成，有司谳于公。其死罪，则曰某之罪在大辟。其刑罪，则曰某之罪在小辟。"[1]即强调有司断狱之后，应当谳报于君。不过这是出于对公族犯罪的一种赦宥，并非是为了解决疑案。汉代谳狱制度于汉高祖刘邦时已基本形成，其后经过几代帝王的调整，谳狱制度日臻完善。[2]汉高祖七年（公元前200年）制诏御史：

> 狱之疑者，吏或不敢决，有罪者久而不论，无罪者久系不决。自今以来，县道官狱疑者，各谳所属二千石官，二千石官以其罪名当报之。所不能决者，皆移廷尉，廷尉亦当报之。廷尉所不能决，谨具为奏，传所当比律令以闻。[3]

此诏令规定了疑狱层报制度，即县道官吏断狱如遇疑难而不能决断时，应上报给二千石官，二千石官若不能决，上报廷尉，廷尉若不能决，奏请皇帝决断。其为汉代谳狱制度的形成奠定了基础，开启了一项新的审判原则。它不仅便于解决积压的疑难案件，同时也推动了汉代司法审判制度的发展。

高祖"狱疑谳"的诏令下达之后，为了促使其落实，景帝时又对谳狱制作了两次补充。中元六年（公元前144年）九月，景帝诏曰：

> 法令度量，所以禁暴止邪也。狱，人之大命，死者不可复生。吏或不奉法令，以货赂为市，朋党比周，以苛为察，以刻为明，令亡罪者失职，朕甚怜之。有罪者不伏罪，奸法为暴，甚亡谓也。诸狱疑，若虽文致于法而于人心不厌者，辄谳之。[4]

此条诏令，强调了司法审判的重要性，尤其是重大案件，事关生死，官吏应当秉公执法，不可枉法徇私。并且要求，已断决的案件，即使合于法令，

---

〔1〕　（清）阮元校刻：《十三经注疏》（清嘉庆刊本）（三），《礼记正义》卷二〇，中华书局2009年版，第3050页。

〔2〕　程政举："汉代谳狱制度考论"，载《河南省政法管理干部学院学报》2010年第2期。

〔3〕　《汉书》卷二三《刑法志》。

〔4〕　《汉书》卷五《景帝纪》。

如果当事人不服，承审官也须以疑案的形式"谳之"，由上级官吏决断。

后元元年（公元前143年）正月，针对官吏担心谳狱而被发现其审断失误，并因此承担责任，以致消极于奏谳。景帝又下诏作出补充规定："狱，重事也。人有智愚，官有上下。狱疑者谳有司。有司不能决，移廷尉。有令谳而后不当，谳者不为失。欲令治狱者务先宽。"[1]这道诏令除再度重申了谳疑程序外，还对谳疑失当的办案人员作出免责规定，以保障和鼓励他们积极贯彻"治狱务先宽"的审判原则。以上汉高祖、汉景帝的三道诏令对汉代谳狱制度的适用对象、程序、责任等均作了规定。可见，顾及政权的稳固，汉对于刑事案件的审理颇为慎重。以律令的形式保证案件得到客观审理。在出土的简牍文献中，也有关于奏谳的法令：

> 当徙边未行，行未到若亡勿徙，赦前有罪，后发觉勿治。奏当上勿上，其当出入其□□□在所县为传，疑者谳廷尉，它如律令。（敦煌悬泉汉简Ⅱ0214②：565）[2]

应当徙边而未出发，出发未到达边地以及逃亡者不必再徙边，如果之前犯罪，赦免时未发觉，之后则不予追究。将应到岗而未到者的名单奏上，其出入由所在县为其制作通行证，若有疑惑奏谳廷尉，其他的依律令行事。

张家山汉简《奏谳书》当中记载的案例为我们详细地展示了汉初奏谳文书的规范格式、具体程序和方式等情况。例如，《奏谳书》记载了一则重惩不服官府屯戍命令，而在役逃亡者的案例。

> 六月戊子发弩九诣男子毋忧，告为都尉屯，已受致书，行未到，去亡。（简1-2）

罪犯毋忧是南郡一少数民族的成年男子，他以交了赋税"賨钱"为由，自认为"不当为屯"，在收到官方遣屯文书的情况下，不去屯戍之地而逃亡在外。案审官吏经过核实案件事实，对毋忧是否犯罪有所疑惑，故而直接谳报中央廷尉。"廷报"判处毋忧腰斩处死：

〔1〕《汉书》卷五《景帝纪》。

〔2〕 胡平生、张德芳编撰：《敦煌悬泉汉简释粹》，上海古籍出版社2001年版，第15-16页。

·鞠之：毋忧变夷，大男子，岁出賨钱，以当徭赋，窞遣为屯，去亡，得，皆审。·疑毋忧罪，它县论，敢谳之，谒报。署狱史曹发。·吏当：毋忧当要（腰）斩，或曰不当论。·廷报：当要（腰）斩。（简5-7）〔1〕

再看《奏谳书》的第七则案例，承审官吏在奏明顺等逃亡的事实后，交代其主甔有罪的关键证据——"所赃过六百六十"，最后对如何对甔、顺等定罪提请决断："疑罪。廷报：甔、顺等受行赇枉法也。"（简52）即甔、顺该定何罪？廷尉批复：甔、顺等所犯的是"受、行赇枉法"罪。

《选释》收录有奏谳的式例，这是关于汉代"奏谳制度"的最新文献。试例如下：

案：都乡漻阳里大男马胡、南乡不处里区冯，皆坐。冯，生不占书。胡，西市亭长。今年六月……胡、冯及汜所从□□

汝曹护我。胡、冯、亥、建可即俱之老舍门。汜令亥、建、冯入老舍，得一男子，将□□以将老出门。汜以……持矛刺老，□□□□

建，辜二旬内，其时立物故。汜、胡、建、冯、亥谋共贼杀人，以杀。汜本造计谋，皆行。胡……名数……冯□建格，物故。亥、□及汜等别劾……□

永元十六年七月戊午朔十九日丙子，曲平亭长昭劾，敢言之。临湘狱以律令从事，敢言之。（木牍 CWJ1③：71-26）〔2〕

这是一起团伙杀人的刑事案件，基层官吏侦查、验证案情之后，向上级奏报。案件梗概为：胡、冯、亥、建等人闯入人家，刺伤他人，保辜限内死亡。"辜二旬内物故"，"辜"即"保辜"，《急就篇》载："保辜者，各随其状轻重，令殴者以日数保之，限内至死，则坐重辜也。""案"为调查罪证，查询验证之意。《史记·李斯列传》载："欲案丞相，恐其不审，乃使人案验三川守与盗通状。"〔3〕

---

〔1〕 张家山二四七号汉墓竹简整理小组编著：《张家山汉墓竹简［二四七号墓］》，文物出版社2006年版，第91页。

〔2〕《长沙五一广场东汉简牍选释》，中西书局2015年版，第122页。

〔3〕《史记》卷八七《李斯列传》。

《后汉书·孔融传》也记述了一起谳狱事例："山阳张俭为中常侍侯览所怨，览为刊章下州郡，以名捕俭。俭与融兄褒有旧，亡抵于褒，不遇。时融年十六，俭少之而不告。融见其有窘色，谓曰：'兄虽在外，吾独不能为君主邪？'因留舍之。后事泄，国相以下，密就掩捕，俭得脱走，遂并收褒、融送狱。二人未知所坐。融曰：'保纳舍藏者，融也，当坐之。'褒曰：'彼来求我，非弟之过，请甘其罪。'吏问其母，母曰：'家事任长，妾当其辜。'一门争死，郡县疑不能决，乃上谳之。诏书竟坐褒焉。"[1]这是孔融为其兄孔褒旧友张俭提供庇护，后官府追究孔融、孔褒罪责，孔融、孔褒以及其母争相担责，因证据不确定，郡县疑不能决，乃上谳廷尉，后皇帝下诏仅追究孔褒的责任。

奏谳时要详细陈述案情，并列明相应的证据。同时要附上与断决此案有关的律令，以便上级参考。这是为了保证上级官吏能够全面、准确了解报送的案件，并作出决断。如前所述，汉高祖七年（公元前200年）在"狱疑谳"的制诏中对下级审判机关的奏谳提出具体要求。这两点在《奏谳书》中得到了印证。

第一，"谨具为奏"。所谓"具"，颜师古曰："具狱者，狱案已成，其文具备也。"[2]即奏谳应将案件相关文件全部呈上。这样，上级官吏才能够理清案件事实，据证定罪。《奏谳书》所记录的案例，在详细叙述案情的同时，都较为明确地写明作为证据使用的"具狱件数"。

第二，"傅所当比律令以闻"。"傅"通"附"。"傅所当比律令以闻"，即随奏谳文书附上与断决此案有关的律令，以便上级参考。[3]这在《奏谳书》中也多有体现，如案例四，附"律：娶亡人为妻，黥为城旦，弗知，非有减也"；案例十五，附"律：盗赃值过六百六十钱，黥为城旦；令吏盗，当刑者刑，无得以爵减免赎"；等等。

对于奏谳案件，上级法官根据确定下来的证据、依照相关律令作出判决。有些案件还将判决所依律令罗列其上。如《奏谳书》案例十六：

> 律：贼杀人，弃市。以此当苍。
> 律：谋贼人杀人与贼同法。·以此当信。

〔1〕《后汉书》卷七〇《孔融列传》。
〔2〕《汉书》卷七一《于定国传》。
〔3〕 高恒：《秦汉简牍中法制文书辑考》，社会科学文献出版社2008年版，第459页。

律：纵囚与同罪。以此当丙、赘。（简93-95）〔1〕

即分别依据《律》："贼杀人，弃市""谋贼杀人，与贼同法""纵囚与同罪"对几名被告人作出不同的处罚。

当然，所奏谳的案件应当是疑难或者复杂具有争议性。如果案件事实清楚，证据确凿，适用法律明确，则不应当奏谳，否则会受到上级责备。《奏谳书》第四则案例"大夫所诣女子符"，对此有印证。廷报曰："娶亡人为妻论之，律白，不当谳。"（简35）廷尉在批复的同时，予以训诫："法律规定明确，不应当奏谳。"〔2〕

"狱疑者谳"要求司法官吏遇到疑难案件不得妄下判决，而是"俱证奏谳"，交由上级判官决断。这项慎刑措施在减少冤假错案的同时，也保证了法制的统一运行。在法制不健全的古代社会，此举不失为一种高明的做法，实属难得。

五、报、议请、判中的证据运用

1. 报〔3〕

考察汉代传世文献与简牍文献，发现"报"是司法程序中重要的一项。还是得从张汤"劾鼠案"论起。从案件的审理过程，可以发现，汉代诉讼程序一般由告劾、掠治、传爰书、讯、鞫、论、报及行刑构成。

> 其父为长安丞，出，汤为儿守舍。还而鼠盗肉，其父怒，笞汤。汤掘窟得鼠及余肉，劾鼠掠治，传爰书，讯鞫论报，并取鼠与肉，具狱磔堂下。父见之，视其文辞如老狱吏，大惊，遂使书狱。〔4〕

张家山汉简《奏谳书》中，多则式例均包含"谒报""廷报"内容，例如：

---

〔1〕 张家山二四七号汉墓竹简整理小组编著：《张家山汉墓竹简［二四七号墓］》，文物出版社2006年版，第99页。

〔2〕 张家山二四七号汉墓竹简整理小组编著：《张家山汉墓竹简［二四七号墓］》，文物出版社2006年版，第94页。

〔3〕 "报"，《汉书·胡建传》载："辟报故不穷审"，颜师古注引苏林曰："断狱为报。"《后汉书·安帝纪》载："自今长吏被考竟未报"，注："报，谓断决也"，意为初步判决意见。

〔4〕 《史记》卷一二二《酷吏列传》。

疑毋扰罪，它县论，敢谳之，谒报，……廷报：当腰斩。（简6-7）

疑媚罪，它县论，敢谳之，谒报。（简15）

廷报曰：取娶亡人为妻论之，律白，不当谳。（简34-35）

疑武、视罪，敢谳之，谒报，署狱史詹发。（简47）

廷报：错告，当治。（简50）

廷报：甑、顺等受、行赇枉法也。（简52）

蜀守谳：佐启、主徒令史冰私使城旦環为家作，告启，启诈簿曰治官府，疑罪。廷报：启为伪书也。（简54-55）

蜀守谳：采铁长山私使城旦田、春女为饐，令内作，解书廷，佐□等诈簿为徒养，疑罪。廷报：□为伪书也。（简56-57）

蜀守谳：大夫犬乘私马一匹，无传，谋令大夫武窬舍，上造熊马传，著其马识物，弗身更，疑罪。廷报：犬与武共为伪书也。（简58-59）

河东守谳：邮人官大夫内留书八日，诈更其徼书避留，疑罪。廷报：内当以为伪书论。（简60）

河东守谳：士吏贤主大夫掫，掫盗书系隧亡，狱史令贤求，弗得。系母嬐亭中，受豚、酒赃九十，出嬐，疑罪。廷报：贤当罚金四两。（简61-62）

为奏当十五牒上谳，请谳报，敢言之。（简98）〔1〕

分析以上简牍文献，笔者认为，"谳报"为基层官吏在查清案件事实的基础之上，对案件作出初步的判决，呈报上级司法机关审定。"廷报"则是指廷尉作出的判决。

《选释》中亦载有关于"报"的式例：

廷。愿谒除前解，从今言。府移豫章府，严海昏艾（义）处何吏于冯等所匿处，得朔所矣。弩不□

蒙当案致，案致曲折。赐报，尽力实核。报到，有增异，正处复言。鲔、顺、鄞考问留迟，惶恐（木牍CWJ1①：86）

廷谳报耒阳，敢与部乡。闳、丰、昭职事惶恐叩头死罪死罪，敢言

---

〔1〕 张家山二四七号汉墓竹简整理小组编著：《张家山汉墓竹简〔二四七号墓〕》，文物出版社2006年版。

之。（木牍 CWJ1③：325-1-32）[1]

2. 议请

汉代简牍与传世文献中，记载有"议请"制度。所谓"议请"，即建议请示，指经办人员向上级请示事件的处理意见，待上级批示。

《汉书·刑法志》中记载了丞相张苍、御史大夫冯敬关于废止肉刑的奏议："……臣谨议请定律曰：诸当完者，完为城旦舂；当黥者，髡钳为城旦舂；当劓者，笞三百；当斩左趾者，笞五百；当斩右趾，及杀人先自告，及吏坐受赇枉法，守县官财物而即盗之，已论命复有笞罪者，皆弃市。罪人狱已决，完为城旦舂，满三岁为鬼薪白粲。鬼薪白粲一岁，为隶臣妾。隶臣妾一岁，免为庶人。隶臣妾满二岁，为司寇。司寇一岁，及作如司寇二岁，皆免为庶人。其亡逃及有罪耐以上，不用此令。前令之刑城旦舂岁而非禁锢者，如完为城旦舂岁数以免。臣昧死请。"[2]

该项制度多用于行政文书，但秦汉之际，地方尚未形成独立的司法体系。故议请文书中多有涉及司法事务，向长官陈明案情，请示处断意见。后来演变为一种固定程式，指有特殊身份者犯罪，可原其罪情，奏请予以减罪。对于刑事案件的议请，需要呈明案情，于法有据。

《选释》收录有议请的式例，择录如下：

> 兼左贼史顺、助史条白：待事掾王纯言，前格杀杀人贼黄胡、郭幽。今胡同产兄宗、宗弟禹于纯门外欲逐杀纯。教属曹今曰。守丞护、兼掾英议请移书贼捕掾浩等考实奸诈。白草。
>
> 延平元年四月廿四日辛未白。（木牍 CWJ1③：305）[3]

内容为诸史替主官起草处理刑事案件指示稿的呈文。此牍为就某事请求上级同意采取所建议措施，从中可以窥见"议请"的常规格式。简文大意为，名为王纯的待事掾报告，之前击杀他人的凶犯黄胡、郭幽，黄胡与同产兄宗、宗的弟禹，欲在王纯屋外逐杀他。名为护的守丞与名为英的兼掾，议请将案

---

〔1〕　长沙市文物考古研究所等编：《长沙五一广场东汉简牍选释》，中西书局 2015 年版。

〔2〕　《汉书》卷二三《刑法志》。

〔3〕　长沙市文物考古研究所等编：《长沙五一广场东汉简牍选释》，中西书局 2015 年版，第 142 页。

件文书转给贼捕掾浩等人，以验明案情。

3. 判决

判决是法官查清案件事实，对当事人的行为从法律上加以认定，是价值判断的过程。在汉代，判决多以"论"的形式表现。张建国先生曾言："'论'实际才相当于判决。"[1]陶安先生提出："断狱无疑是以'论断'终结，但是更具体地说，'论'与'断'是指怎么样的程序呢？这一点恐怕还不太清楚。'断'似乎不是文书用语，它仅作为描写用语在法律条文以及相关注释等出现。"[2]更确切地讲，"论"是根据鞠之后的犯罪事实，依据相应的法律条文，对案件作出决断。例如《兴律》中所见"论"字：

> 县道官所治死罪及过失、戏而杀人，狱已具，勿庸论，上狱属所二千石官。二千石官令毋害吏复案，问（闻）二千石官，二千石官丞谨录，当论，乃告县道官以从事。彻侯邑上在所郡守。（简397）[3]

简文中"勿庸论""当论"之"论"即为"处置""定罪"之意。

《后汉书》李贤注曰"决罪曰论"，[4]就是说根据法律规定某罪应当给予何种处罚。《奏谳书》中的案例能够印证此观点。例如第四则案例，经过质证之后，确定了案件事实，并上报廷尉，廷尉据证依律判决为"娶亡人为妻论之"。简文中的"论"显然具有"定罪"或"以……定罪"之意。

分析《奏谳书》和其他文献中记载的断罪案例，可以发现汉代在案件事实认定后，会据证依律令作出判决或者据证比附作出判决，以下对此两种判罚方式进行分析。

第一，据证依律判决。

在证据确凿、事实清楚的基础之上，案审官吏则需依律进行判决。汉代最基本的成文法是律与令，两者已得到初步区分，《汉书·宣帝纪》言"令

---

〔1〕张建国："汉简《奏谳书》和秦汉刑事诉讼程序初探"，载《中外法学》1997年第2期。

〔2〕[德]陶安："试探'断狱''听讼'与'诉讼'之别"，载张中秋编：《理性与智慧：中国法律传统再探讨》，中国政法大学出版社2008年版，第70页。

〔3〕张家山二四七号汉墓竹简整理小组编著：《张家山汉墓竹简［二四七号墓］》，文物出版社2006年版，第62页。

〔4〕《后汉书》卷二五《鲁恭王传》。

甲"，文颖注曰："萧何承秦法所作为律令，律经是也。天子诏所增损，不在律上者为令。"《盐铁论》记载："文学曰：春夏生长，圣人象而为令。秋冬杀藏，圣人则而为法。故令者教也，所以导民人；法者刑罚也，所以禁强暴也。"〔1〕在案件事实，即鞫部分认定确凿，法律对其规定清楚时，法官必须依律令作出论断。如《汉书》载："令，犯法者各以法时律令论之，明有所讫也。"〔2〕即按照法令，犯法者都要依照犯法时的法律论处，在时间上有明确的界限。

《奏谳书》中记载的大多数案件都明示依据律令而作出论断，例举如下：

> 令曰：诸无名数者，皆令自占书名数，令到县道官，盈三十日，不自占书名数，皆耐为隶臣妾，锢，勿令以爵、赏免，舍匿者与同罪。以此当平。（简 65—67）

即按照"令"的处罚规定对平论处。

> 律：盗赃值过六百六十钱，黥为城旦；令吏盗，当刑者刑，无得以爵减、免、赎，以此当恢。（简 72—73）

即依照"律"的处罚规定对恢论处。

> 律：贼杀人，弃市。．以此当苍。律：谋贼杀人，与贼同法。．以此当信。律：纵囚，与同罪。．以此当丙、赘。（简 93—95）〔3〕

即分别依据律的不同规定对苍、信及丙与赘进行处罚。

可见，汉代法官在断决案件时，如果法律对之有明确规定，则直接援引律或令作出判决。

第二，据证比附判决。

在有法律明文规定时，法官应当据律断罪。但是，如果遇到法律规定不明确，而案件又较为复杂、颇有争议时，法官就要比照近似的法律条文或者

---

〔1〕　王利器校注：《盐铁论校注》卷一〇《诏圣》，中华书局 1992 年版，第 595 页。

〔2〕　《汉书》卷八一《孔光传》。

〔3〕　张家山二四七号汉墓竹简整理小组编著：《张家山汉墓竹简［二四七号墓］》，文物出版社 2006 年版，第 97—99 页。

依照判例作出决断。

《奏谳书》中的案例记载：

> 蜀守谳：佐启、主徒令史冰私使城旦环，为家作，告启，启诈簿曰治官府，疑罪。廷报：启为伪书也。（简54-55）[1]

即左启与令史冰役使服城旦刑的刑徒环为其做家务活，有人告发了启。在刑徒劳役记录簿中，启谎称该城旦环在修理官署。此案件中启的行为在法律中没有明文规定，地方官吏不知如何定罪，于是上谳，廷尉依照比附作出"为伪书"的判决。

另一种比附形式是依照判例进行决断。依据成例作为依据断案，这是由法律的本质属性决定的。作为调整社会关系的准则，法律必须保持相对的稳定，否则人们将无所适从，但这同时也导致法律在现实生活中的滞后性。为了克服法律的这一缺陷，使法官在断决案件时能够有据可依，中国古代形成了判例法的传统，以此来弥补成文法的不足与僵硬。这在秦汉时期表现尤为明显，判例在秦代称为"廷行事"，在汉代则被称为"决事比"。

判例即判案成例，汉代较为普遍地使用判例决断案件。比的数量也较多，张汤上奏章治罪于颜异曰："异当九卿，见令不便，不入言而腹非，论死。自是后有腹非之法比。"[2]自此便形成了"腹诽"之法的先例。《汉书·刑法志》记载，汉武帝时仅死罪决事比就达"万三千四百七十二事"，颜师古注："比，以例相比况也"。[3]

作为判决"标本"的判例，是判决已经生效的案件中具有一定示范意义的典型性判例。该类案件一般较为复杂，或者颇有争议。判例形成之后，法官在日后遇到类似的案件时，即可将其作为判决依据。《奏谳书》就是一部案例集，它所记载的二十多则判例，大多数都具有典型的示范性功能，其中也有引用判例作为定罪依据的案件，最为典型的是案例三：

---

〔1〕 张家山二四七号汉墓竹简整理小组编著：《张家山汉墓竹简［二四七号墓］》，文物出版社2006年版，第96页。

〔2〕《史记》卷三〇《平准书》。

〔3〕《汉书》卷二三《刑法志》。

人婢清助赵邯郸城，已即亡，从兄赵地，以亡之诸侯论。今阑来送徒者，即诱南。吏议：阑与清同类，当以从诸侯来诱论。（简 23-25）[1]

由于对本案被告行为的认定缺乏法律的明文规定，审讯官便在案件的判决部分引入这则决事比，认为对被告御史阑的定罪量刑可以参照适用此则判例。

甘肃武威磨嘴子 18 号汉墓出土的《王杖十简》中也记录了决事比的案例，如：

……高年受王杖……有敢妄骂、殴之者，比逆不道。

年七十受王杖者……犯罪耐以上，毋二尺告劾，有敢征召、侵辱者，比大逆不道。[2]

这是两则关于侵犯长者的法律规定，参照"逆不道"或"大逆不道"处罚。

在汉代，判例的条目繁多、体系庞杂，有些甚至彼此矛盾，很难掌度。对于轻重的比附，缺乏严格的法律规制，这就使得司法官吏的自由裁量权过大，以致"或罪同而论异。奸吏因缘为市，所欲活则傅生议，所欲陷则予死比"。[3]这种随意比附的流弊，在一定程度上破坏了司法的公正性。

六、录囚[4]的证据运用

录囚，指皇帝、中央官吏和上级司法官吏，听取囚犯的狱辞，查验罪证，若发现冤假或滞留案件则给予平反或处置。作为汉代司法监督制度中的精华部分，录囚制度对司法审判活动起到了全面监督的功效，既查验案件事实，也审核法律适用。其始见于《汉书·隽不疑传》："拜为青州刺史，每行县录囚徒还，其母辄问不疑：'有所平反，活几何人？'"颜师古注曰："省录之，知其情状有冤滞与不也。今云虑囚，本录声之去者耳，音力具反。"[5]

---

〔1〕 张家山二四七号汉墓竹简整理小组编著：《张家山汉墓竹简［二四七号墓］》，文物出版社 2006 年版，第 93 页。

〔2〕 胡之主编：《甘肃武威汉简》，重庆出版社 2008 年版，第 20-21 页。

〔3〕《汉书》卷二三《刑法志》。

〔4〕 大多数学者认为录囚是西汉形成的一项审判制度，但也有学者认为在奴隶制时期就已形成，如万安中据《礼记》卷一五《月令》这条材料就认为西周时期就有了司法官吏定期巡视监狱省录囚徒的制度，参见氏文"录囚制度考论"，载《学术研究》2004 年第 6 期。

〔5〕《汉书》卷七一《隽不疑传》。

汉代录囚主体为皇帝、郡守、刺史，以及他们的特使、属吏。其中，皇帝录囚非经常为之，录囚职责主要由郡守和刺史承担。正如沈家本所言："录囚之事，汉时郡守之常职也……此事又属于刺史。"[1]

（一）皇帝录囚

就笔者从目前掌握的资料来看，汉代皇帝录囚，汉宣帝"宣室决事"应是其滥觞。此载于《汉书·刑法志》："时上常幸宣室，斋居而决事，狱刑号为平矣。"[2]宣帝亲赴宣室决狱，虽未称录囚，实与录囚无异。东汉皇帝亲自录囚，见于记载的始于东汉明帝。《晋书·刑法志》载："及明帝即位，常临听讼，观录洛阳诸狱。"[3]明帝录囚的具体事例在《后汉书·第五伦传》中有记载。永平五年（公元62年），会稽太守第五伦因犯法被征召，"会帝幸廷尉录囚徒，得免归田里"。[4]在《后汉书·寒郎传》中也记载了明帝录囚的事例。永平年间，光武帝刘秀之子楚王英案发，受牵连者数千人狱。谒者守伺御史寒郎在考察监狱时发现冤狱，向明帝进谏。明帝采纳了其意见，"车驾自幸洛阳狱录囚徒，理出千余人"。[5]此后，皇帝录囚的事例屡见不鲜。如《后汉书·和帝纪》永元六年（公元94年）："秋七月，京师旱。丁巳，幸洛阳寺，录囚徒，举冤狱。"[6]此事在《后汉书·张纯传》附《张奋传》中也有记载："时岁灾旱，祈雨不应，（张奋）乃上表……即时引见，复口陈时政之宜。明日，和帝召太尉、司徒幸洛阳狱，录囚徒，收洛阳令陈歆，即大雨三日。"[7]

可见，东汉时皇帝经常进行录囚活动。汉代皇帝录囚主要基于三种情形：一是在遭遇比较大的天灾之时，根据经文学的倡导，平反冤滞，协调阴阳。如《汉书·宣帝纪》记载，宣帝五凤四年（公元前54年），因日食"遣丞相、御史掾二十四人循行天下，举冤狱，察擅为苛禁深刻不改者"。[8]《后汉

〔1〕（清）沈家本撰，邓经元、骈宇骞点校：《历代刑法考》，中华书局1985年版，第791页。

〔2〕《汉书》卷二三《刑法志》。

〔3〕《晋书》志二〇《刑法》。

〔4〕《后汉书》卷四一《第五伦列传》。

〔5〕《后汉书》卷四一《寒朗列传》。《后汉书》卷四五《袁安列传》记曰："是时英辞所连及系者数千人，显宗甚怒，吏案之急，迫痛自诬，死者甚众。"

〔6〕《后汉书》卷四《和帝纪》。

〔7〕《后汉书》卷三五《张纯列传》。

〔8〕《汉书》卷八《宣帝纪》。

书·顺帝纪》载，顺帝永建二年（公元 127 年），"三月，旱，遣使者录囚徒"。[1]二是受大臣劝谏而录囚。前述东汉明帝受寒郎劝谏而录囚便是例证。三是循察地方官吏政务。皇帝通过纠察司法审判，来了解地方官吏理政是否清明。

（二）刺史录囚

刺史录囚，是一种定期的司法监察活动。依制，刺史于每年秋冬到所属郡国进行巡察，称为"行部"。这在《后汉书·百官志》中有记载："诸州常以八月巡行所部郡国，录囚徒。"刘注引胡广曰："县邑囚徒皆阅录，视参考辞状，实其真伪，有侵冤者，即时平理也。"[2]可见，刺史录囚时，通过"参考辞状""阅录"案件，察验罪证，核实案情。如果发现冤狱，即时予以平反。刺史录囚在《汉书》《后汉书》中累有所载。如《汉书·何武传》中即记载了刺史录囚的情况：

> 九江太守戴圣，《礼经》号小戴者也，行治多不法，前刺史以其大儒，优容之。及武为刺史，行部录囚徒，有所举以属郡。[3]

即戴圣实施惩处多不遵守法令，前刺史因其是大儒而宽容之。何武为刺史时，审录囚犯，检举出来的交郡治罪。

东汉时期，刺史录囚之制一直实行，即使刺史后来成为地方的最高行政长官也未改变。刺史录囚一般在每年八月进行，但是，遇有灾旱，可以不按此制。《太平御览·职官部》记曰："陈留百里嵩，字景山，为徐州刺史。境遭旱，嵩行部。传车所经，甘雨辄澍。"[4]

（三）郡太守录囚

汉代郡太守按例于每年春天到其所属县进行录囚，这常被称为"刑县"，也称为"行春"[5]或"班春"[6]。太守每年例行录囚，通常有两种形式：

---

[1]《后汉书》卷六《顺帝纪》。

[2]《后汉书》志二八《百官五》。

[3]《汉书》卷八六《何武传》。

[4]《太平御览》卷二五六《职官部》。

[5]《后汉书》卷八二下《方术列传》载："（谢夷吾）迁钜鹿太守……后以行春乘柴车，从两吏，冀州刺史上其仪序失中，有损国典，左转下邳令。"

[6]《后汉书》卷五二《崔骃列传》载："后以篆为建新大尹，篆不得已……乃遂单车到官，称疾不视事，三年不行县。门下掾倪敞谏，乃强起班春。"

（1）太守亲自录囚。例如，东汉章帝时期，扬州刺史张禹"历行郡邑，深幽之处莫不毕到，亲录囚徒，多所明举"。[1]

（2）派属员录囚。太守不可能每县事必躬亲进行巡察，有时也派属吏代行其职。《后汉书·应奉传》载：

> （应奉）为郡决曹史，行部四十二县，录囚徒数百千人。及还，太守备问之，奉口说罪系姓名，坐状轻重，无所遗脱，时人奇之。[2]

通过此例，可以了解太守录囚的情况。如果遇旱灾等情形，如前述原因，太守也会打破常规，临时录囚，以调和阴阳。《后汉书·宗室四王传》注引《续汉书》："时年旱，（弘农太守刘兴）分遣文学循行属县，理冤狱，宥小过，应时甘雨降澍。"[3]

汉代官员经常自上而下省录在狱囚徒，对司法审判活动进行监督。这一则是受"天人感应"思想的感召，二则也是出于统治者彰显其"恤刑仁政"风范的需要。录囚活动主要是上级官吏通过审核案件证据来验明案件。若发现证据不足，事实不清，适用法律错误者，则及时纠查，重新审断。《奏谳书》中记载了一则较为典型的录囚案件"淮阳守行县掾郲狱"[4]。

该案是在上级官吏巡视监狱的过程中被发现的，即淮阳郡太守、行县掾到新郲县监狱"案讯诸囚"。案件的起因是：

> 淮阳守行县掾新郲狱，七月乙酉新郲信爰书：求盗甲告曰：从狱史武备盗贼，武以六月壬午出行公梁亭，至今不来，不智（知）在所，求弗得，公梁亭校长丙坐以颂系，毋系牒，弗穷讯。七月甲辰淮阳守偃刻（劾）曰：武出备盗贼而不反（返），其从迹类或杀之。狱告出入廿日弗穷讯，吏莫追求，坐以系者毋系牒，疑有奸诈，其谦（廉）求捕其贼，复（覆）其奸诈及智（知）纵不捕贼者，必尽得，以法论。（简75-78）

〔1〕《后汉书》卷四四《张禹列传》。

〔2〕《后汉书》卷四八《应奉列传》。

〔3〕《后汉书》卷一四《宗室四王传》。

〔4〕彭浩认为，《张家山汉简·奏谳书》所记案例一六属录囚之例，见氏文："谈《奏谳书》中的西汉案件"，载《文物》1993年第8期。

意为新郪县狱史武出巡盗贼未返回，有迹象表明，他可能已被人杀害，告发到县狱已有二十天左右，倘未审讯。县廷未经查巡追究，就认定告发人求盗甲为嫌疑犯，没有下拘捕证，就将其关押在狱中，也不加审问。疑有奸诈，应追捕杀人凶手，查明其中的奸诈，对于故纵而不逮捕贼人者，务必彻底查清，以法论处。

随后，覆狱官吏通过审讯嫌犯，查寻证据，以验明案情。案件的覆狱过程如下：

苍曰：故为新郪信舍人，信谓苍，武不善，杀去之。苍即与求盗大夫布、舍人簪褭余共贼杀武于校长丙部中。丙与发弩赘荷（苛）捕苍，苍曰：为信杀。即纵苍，它如劾。（简80-81）

信曰：五月中天旱不雨，令民……武主趣都中，信行离乡，使舍人小簪褭……守舍。武发……信来不悦，以谓武，武据（倨）不跪，其应对有不善，信怒，扼剑蕃詈，欲前就武，武去。居十余日，信舍人柒告信曰：武欲言信丞相、大（太）守。信恐其告信，信即与苍谋，令贼杀武。（简82-84）

丙、赘曰：备盗贼，苍以其杀武告丙，丙与赘共捕得苍，苍言为信杀，诚，即纵之，罪，它如苍。（简85）

诘丙、赘、信：信，长吏，临一县上所。信恃，不谨奉法以治，至令苍贼杀武；及丙、赘备盗贼，捕苍，苍虽曰为信，信非得擅杀人，而纵苍，皆何解？（简86-87）

丙等皆曰：罪，毋解。（简88）[1]

审案官吏经过反复核查证据，验明案情，并依法作出判决："当之：信、苍、丙、赘皆当弃市，系。"即判决：信、苍、丙、赘等皆判处弃市刑，拘押监狱。

这是一起因官吏间相互勾斗而谋杀对方，其间又参杂了其他官吏的渎职放纵行为，案情较为复杂。淮阳守视察监狱时发现此案存有疑点，进而重新审断，最终使案情大白。此案例显示了汉代录囚制度的客观存在，以及其在

---

[1] 张家山二四七号汉墓竹简整理小组编著：《张家山汉墓竹简［二四七号墓］》，文物出版社2006年版，第98-99页。

监督司法审判活动中所发挥的作用。

汉代的录囚制度，其积极意义甚强。皇帝、刺史及郡守等通过定期或不定期的录囚活动，查验证据，核实案情，平反了一些冤狱，在一定程度上制约了地方官吏司法审判的随意性。作为中国古代司法监察制度的重要组成部分，录囚制度促进了中国古代司法审判制度的发展，并对后世历代封建王朝的司法监察制度产生了深远影响。

七、乞鞠与"覆治"中的证据运用

（一）乞鞠

汉代承继了秦代的乞鞠制度，在案件作出判决之后，允许当事人及其亲属在遵照法律规定的前提下提出覆狱要求。经过乞鞠，启动覆狱程序，上级司法官吏通过核实各项相关证据，重新审视案情，并作出覆狱处理决定。如果相关证据证明案件确属冤、错，法官会据证重新判决，并追究原判法官"审判不实"的责任。如果原判决准确，乞鞠者理由不成立，则其应承担相应的法律责任。汉代乞鞠制度较之秦代，进一步趋于规范化。《二年律令·具律》对乞鞠制度作了较为详细的规定：

> 罪人狱已决，自以罪不当，欲气（乞）鞠者，许之。气（乞）鞠不审，驾（加）罪一等；其欲复气（乞）鞠，当刑者，刑乃听之。死罪不得自气（乞）鞠，其父、母、兄、姊、弟、夫、妻、子欲为气（乞）鞠，许之。其不审，黥为城旦春。年未盈十岁为气（乞）鞠，勿听。狱已决盈一岁，不得气（乞）鞠。气（乞）鞠者各辞在所县道，县道官令、长、丞谨听，书其气（乞）鞠，上狱属所二千石官，二千石官令都吏覆之。都吏所覆治，廷及郡各移旁近郡，御史、丞相所覆治移廷。（简114-117）[1]

这一规定明确了乞鞠成立的前提条件、主体、提起的期限等。下面对此项法律规定展开分析，以便透彻了解汉代的乞鞠制度。

---

[1] 张家山二四七号汉墓竹简整理小组编著：《张家山汉墓竹简［二四七号墓］》，文物出版社2006年版，第24-25页。

1. 乞鞠前提

"自以罪不当"，即已被判刑的罪犯自认为判决不当。这是古今通在的引发上诉程序的主观心理状态，是行为人提起乞鞠的前提条件。

2. 乞鞠主体

即有资格向上级审判机关提出乞鞠的行为人，根据法律的规定有两类：一为被判处刑罚的罪犯，其可以"自乞"，但被判死刑者除外；二为罪犯的亲属，包括其父、母、兄、姊、弟、夫、妻、子等人。同时，排除未满十岁儿童的乞鞠权。从以上《具律》的规定可以解读到，被告人若被判处死罪，其乞鞠权被剥夺，该权利可以由其亲属代为行使。《汉书·赵广汉传》记载了一则由亲属提出乞鞠请求的案件：

> 广汉使长安丞案贤，尉史禹故勃贤为骑士屯霸上，不诣屯所，乏军兴。贤父上书讼罪，告广汉，事下有司覆治。禹坐要斩，请逮捕广汉。有诏即讯，辞服，会赦，贬秩一等。[1]

此案即是由苏贤的父亲提出乞鞠请求，上级官吏命重新审理案件，赵广汉获罪，后获赦，被降一级俸禄。

《晋书·刑法志》记载了三国时魏国对该律文作出了修改，进一步限制了亲属的乞鞠权，"改汉旧律不行于魏者皆除之……二岁刑以上，除以家人乞鞠之制，省所烦狱也"。[2]为了减轻断狱程序上的琐累，缩减了亲属的乞鞠权，被告人若被判处两年以上刑罚的，就不许亲属为之乞鞠了。

3. 有关乞鞠的期限

根据《具律》的规定，被告人或其亲属必须在判决结果作出一年之内提出乞鞠请求，超过此期限，则不得提出乞鞠请求。在《周礼·秋官·朝士》中已有关于听审期限的记载："凡士之治有期日：国中一旬、郊二旬、野三旬、都三月、邦国期。期内之治听，期外不听。"注引郑司农云："谓在期内者听，期外者不听，若今时徒论决满三月，不得乞鞠。"[3]乞鞠期限的设定，

〔1〕《汉书》卷七六《赵广汉传》。

〔2〕《晋书》志二〇《刑法志》。

〔3〕（清）阮元校刻：《十三经注疏》（清嘉庆刊本）（二），《周礼注疏》卷三五，中华书局2009年版，第1896页。

一则在于督促行为人即时行使乞鞫权利，时间过长会导致相关证据的流失或难以确认，妨碍认定案情；再则乞鞫拖延时间过长，会造成案件的过度积压，增加司法审判机关的压力，耗费司法成本。

4. 对乞鞫"不审"[1]的处罚

若是被告人请求乞鞫的诉讼理由不成立，则对其"驾（加）罪一等"；如果其亲属提出乞鞫的理由不成立，则会被"黥为城旦春"。汉代通过此法律规定，以防止乞鞫的随意性，减少诉讼的耗费与拖累。

5. 乞鞫的管辖

汉律对乞鞫的管辖主体及处理程序也作出了明确的规定。乞鞫者应当各到其居住地所在的县、道提交上诉状。县道之令、长、丞应谨慎受理，将乞鞫的内容记录下来，并将狱案上呈其所属的二千石官，二千石官将案件交给都吏负责再审。都吏对案件进行复审之后，廷尉和郡以文书的形式将审判结果送到附近的郡；御史、丞相覆狱的案件，其结果应以文书的形式送达廷尉。[2]

经过对汉代律文的分析，可以看出，汉代在承继秦代乞鞫制度的基础上，对其进行规制。从制度上而言，乞鞫之制确实能够对司法审判起到一定的监督作用，减少冤滞案件的发生。汉代国祚长久，一度兴盛，与此有益的司法监督制度关联甚大。但是，到东汉末期，国事混乱，动荡不安，乞鞫制度名存实亡。

王符对当时妄行刑辟、滥施赦行的做法进行抨击：往往被冤之家刚刚"乞鞫"，而害人者即被"论免"，这对于蒙冤死去之人而言，就没有多大意

---

[1] 所谓"审"，即"正确、确实"之意。如《法律答问》中载："甲杀人，不觉。今甲病死已葬，人乃后告甲。甲杀人审。"（简68）所以，"不审"即意为"不正确、不确实"。《二年律令·贼律》规定："诸上书及有言也而谩，完为城旦春。其误不审，罚金四两。"（简12）又如《史记》所载"赵高案治李斯"，秦二世"恐其不审"，就派遣使者前往案验。那么，"告不审"就指不正确的告诉、告发。《法律答问》中对此有定义："甲告乙盗牛。今乙盗羊，不盗牛。问可（何）论？为告不审。"（简47）此外，由官吏所为的虚假告发，称为"劾人不审"。如《悬泉汉简》中的囚律佚文："囚律。劾人不审为失，以其赎半论之。"（简Ⅰ0112①：1）若官吏故意进行虚假告发，则构成"不直"之罪。如《二年律令·具律》规定："劾人不审为失，其轻罪也而故以重罪劾之，为不直。"（简112）

[2] 籾山明先生认为，"及郡各移旁近郡，御史、丞相所覆治移廷"（简117）为错简，与前简116不能相接。（［日］籾山明：《中国古代诉讼制度研究》，李力译，上海古籍出版社2009年版，第97—98页）原简的缀联，对于乞鞫案覆治的移送程序似难以释解。

义了。从中反映出当时的司法活动已遭到严重破坏，乞鞫制度存在的现实价值已甚微。

最后，引《奏谳书》中记载的第五则案例"江陵余、丞鹜敢谳案"为例，以图表的形式归纳汉代刑事证据在审判各环节的具体运用。

《奏谳书》"江陵余、丞鹜敢谳案"[1]中刑事证据在审判各环节的具体运用

总称	程序		案件文辞举例	备注
治狱	举劾		乃五月庚戌，校长池曰：士五军告池曰，大奴武亡，见池亭西，西行。池以告，与求盗视追捕武。武格斗，以剑伤视，视亦以剑伤武。（简36-37）	本案原告为官吏，故为举劾
	讯狱	被告供述	武曰：故军奴。楚时去亡，降汉，书名数为民，不当为军奴。视捕武，诚格斗，以剑击伤视，它如池。（简37-39）	质证
			视曰：以军告，与池追捕武，武以剑格斗，击伤视，视恐弗胜，诚以剑刺伤武而捕之，它如武。（简39-40）	
		证人证言	军曰：武故军奴，楚时亡，见池亭西。以武当复为军奴，即告池所，曰武军奴，亡。告诚不审，它如池、武。（简40-41）	
		诘问	诘武：武虽不当受军奴，视以告捕武，武宜听视而后与吏辩是不当状，乃格斗，以剑击伤视，是贼伤人也。何解？（简41-42）	
			武曰：自以非军亡奴，毋罪，视捕武，心恚，诚以剑击伤视，吏以为即贼伤人，存吏当罪，毋解。（简43-44）	
			诘视：武非罪人也，视捕，以剑伤武，何解？（简44）	
			视曰：军告武亡奴，亡奴罪当捕，以告捕武，武格斗伤视，视恐弗胜，诚以剑刺伤捕武，毋它解。（简45）	
		验问	问武：士伍，年卅七岁，诊如辞。（简45）	
		据证鞫案	鞫之：武不当复为军奴，军以亡弩告池，池以告与视捕武，武格斗，以剑击伤视，视亦以剑刺伤捕武，审。（简45-47）	

[1]　张家山二四七号汉墓竹简整理小组编著：《张家山汉墓竹简［二四七号墓］》，文物出版社2006年版，第47-48页。

续表

总称	程序		案件文辞举例	备注
治 狱	据 证 断 狱	郡 府 吏 当	吏当：黥武为城旦，除视。（简47）	断狱包括论、当。《奏谳书》其他各案可证。本案为上谳案，故郡府吏议与廷报亦应属断狱
		廷报	廷以闻，武当黥为城旦，除视。（简47-48）	廷尉批复

（二）"覆治"[1]

汉代司法程序中还存在"覆治"制度，这在传世文献和简牍文献中得到考实。汉代司法程序中的"覆"，意为"重新核查"，即重新核查相关证据，郡吏或朝廷使者验明案情的程序，也涵盖对县吏审理案件的重审。"皇帝的使者或任命、许可的官员对案犯及家人称冤上书、告发等'直诉'案件的审理、核察也称为'覆'。再者，由皇帝决定侦察的案件也称为'覆'。秦时基层司法机构对案件的报告、告发进行全面讯问并记录，这个司法行为同样称为'覆'。"[2]"覆治"，不同于当代司法的二审或再审程序，不仅针对已判决案件的审理，还包括对上级指令审讯案件的重新核查。"或者为上级机关亲自主持审判程序，或者由上级机关指定某机构或使者主持，介入的程序包括立案、侦查、审判、复核、监督等各个环节。"[3]秦汉诉讼程序中覆讯制度是案件经初次审讯，案情基本清楚后，再由其他官员或审讯人本人进行二次审讯，以

---

　　[1]　"覆"，《尔雅·释诂》："覆，审也。"郭注："覆校所为审谛。"《华严经音义》载："复谓重审察也。"《汉书·江都易王非传》载："使者即复来覆我，我决不独死。"颜师古注："覆，治也。"《晋书·王嘉传》载："张敞为京兆尹，有罪当免，黥吏知而犯敞，敞收杀之。其家自冤，使者覆狱，劾敞贼杀人。"《汉书·郑崇传》载："愿得考覆。"《汉书·杜延年传》载："奏请覆治。"沈家本训曰："覆，重审察也。《江都王传》太子建先为男子茶恬所告，事下廷尉，罪不治。后其国中多欲告言者，建恐，故为此语，言汉廷重审察我也。《王嘉传》覆狱之文，自是正解。"[（清）沈家本：《汉律摭遗》卷六"传覆"条，载（清）沈家本撰，邓经元、骈宇骞点校：《历代刑法考》，中华书局1985年版，第1479-1480页]

　　[2]　朱汉民、陈松长主编：《岳麓书院藏秦简》（三），上海辞书出版社2013年版，第177页。

　　[3]　杨振红、王安宇："秦汉诉讼制度中的'覆'及相关问题"，载《史学月刊》2017年第12期。

验证初次审讯案情真实性的程序。[1]

例如，《汉书》卷七六《赵广汉传》载，赵广汉诬治长安男子苏贤案：

> 初，广汉客私酤酒长安市，丞相吏逐去，客疑男子苏贤言之，以语广汉。广汉使长安丞按贤，尉史禹故劾贤为骑士屯霸上，不诣屯所，乏军兴。贤父上书讼罪，告广汉，事下有司覆治。禹坐要（腰）斩，请逮捕广汉。有诏即讯，辞服，会赦，贬秩一等。[2]

苏贤蒙冤案已生效，其父控诉广汉之罪，朝廷指令劾治的是赵广汉，该案也称"覆治"。

针对已决案件的"覆治"，文献多有记载，例如，《汉书》卷八六《王嘉传》载，张敞任职京兆尹时，属吏贼捕掾絮舜不遵其命，并以言辞触犯张敞，张敞定其死罪，并在极短时间内处刑。适逢汉宣帝派使者巡行天下，絮舜家人鸣冤，由使者"覆狱"，劾张敞贼杀人。

> 张敞为京兆尹，有罪当免，黠吏知而犯敞，敞收杀之，其家自冤，使者覆狱，劾敞贼杀人。[3]

《史记》中也有关于"覆狱"的记载，汉高祖刘邦误伤夏侯婴，有人因此告高祖伤人，高祖时为亭长，官吏伤人要加重处罚。于是高祖向官府陈述曰，没有伤害夏侯婴，夏侯婴也证实了自己没有受到伤害。后经"狱覆"，夏侯婴因此事牵连被羁押一年多，遭受几百下拷打，但是，最终还是使高祖免于刑罚。

> 汝阴侯夏侯婴，沛人也。为沛厩司御。每送使客还，过沛泗上亭，与高祖语，未尝不移日也。婴已而试补县吏，与高祖相爱。高祖戏而伤婴，人有告高祖。高祖时为亭长，重坐伤人，告故不伤婴，婴证之。后狱覆，婴坐高祖系岁余，掠笞数百，终以是脱高祖。[4]

---

[1] 参见程政举："略论《奏谳书》所反映的秦汉'覆讯'制度"，载《法学评论》2006年第2期。

[2] 《汉书》卷七六《赵广汉传》。

[3] 《汉书》卷八六《王嘉传》。

[4] 《史记》卷九五《樊郦滕灌列传》。

简牍文献中亦有关于"覆治"案的记载，张家山汉简《奏谳书》所载第十七则案例最为典型："覆视其故狱"——"毛污讲盗牛案"。该案件经由乞鞫而覆治，细致、全面地展示了覆治程序中证据运用制度。

《奏谳书》"毛诬讲盗牛案"[1]中刑事证据的具体运用

总称	程序		案件文辞举例	备注
乞 鞫 鞫 视 再 其	乞 鞫		四月丙辰，黥城旦讲乞鞫，曰：故乐人，不与士伍毛谋盗牛，雍以讲为与毛谋，论黥讲为城旦。（简99）	乞鞫案中原告为原审案中被告
	覆 视 其	被 告 供 述	毛曰：盗士伍牝牛，毋他人与谋。（简100） 毛改曰：迺已嘉平可五日，与乐人讲盗士伍和牛，牵之讲室，讲父士伍处见。（简100-101） 讲曰：践更咸阳，以十一月行，不与毛盗牛。（简103） 毛改曰：十月中与谋曰：南门外有纵牛，其一黑牝，类扰易捕也。到十一月复谋，即识捕而纵，讲且践更，讲谓毛勉独捕牛，买（卖），分讲钱。到十二月已嘉平，毛独捕，牵买（卖）雍而得。它如前。（简104-105）	原审案被告为两人，即毛与讲
		证 人 证 言	牝曰：不亡牛。（简100） 处曰：守汧邑南门，已嘉平不识日，晦夜半时，毛牵黑牝牛来，即复牵去。不知它。（简101） 和曰：纵黑牝牛南门外，迺嘉平时视，今求弗得。以毛所盗牛献和，和识，曰：和牛也。（简102-103）	质 证
		诘问	诘讯讲，讲改词如毛。（简105）	
		据证鞫案	鞫曰：讲与毛谋盗牛，审。（简105-106）	确定案件事实
		据证断狱	二月癸亥，丞昭、史敢、铫、赐论，黥讲为城旦。（简106）	原审判决

---

[1] 张家山二四七号汉墓竹简整理小组编著：《张家山汉墓竹简［二四七号墓］》，文物出版社2006年版，第100-101页。

总称	程序		案件文辞举例	备注
乞鞫再	覆狱	原告陈述	讲曰：践十一月更外乐，月不尽一日下总咸阳，不见毛。史铫初讯谓讲，讲与毛盗牛，讲谓不也，铫即磔治（笞）讲背可十余伐。居（？）数日，复谓讲盗牛状何如？讲谓实不盗牛，铫有（又）磔讲地，以水责（渍）讲北（背）。毛坐讲旁，铫谓毛，毛与讲盗牛状何如？曰：以十月中见讲，与谋盗牛。讲谓不见毛弗与谋。铫曰：毛言而是，讲和弗□。讲恐复治（笞），即自诬曰：与毛谋盗牛，如毛言。其请（情）讲不与毛谋盗牛。（简 106-109）	乞鞫原告为原审案被告
		双方质辩	毛曰：十一月不尽可三日，与讲盗牛，识捕而复纵之，它如狱。（简 110-111） 讲曰：十一月不尽八日为走马魁都庸，与皆入咸阳，入十一月一日来，即践更，它如前。（简 111） 毛改曰：诚独盗牛，初得□时，史滕讯毛谓盗牝牛，滕曰：谁与盗？毛谓独也，滕曰非请（情），即笞毛北（背）可六伐。居（？）八九日，谓毛：牝不亡牛，安亡牛？毛改言请（情），曰：盗和牛，滕曰：谁与盗？毛谓独也。滕曰：毛不能独盗，即磔治（笞）毛北（背）臀股，不审伐数，血下汙池。毛不能支治（笞）疾痛，即诬指讲。讲道咸阳来。史铫谓毛：毛盗牛时，讲在咸阳，安道与毛盗牛？治（笞）毛北（背）不审伐数。不与讲谋，它如故狱。（简 112-115）	质证
		再审证言	和曰：毛所盗牛雅扰易捕。它如故狱。（简 115） 处曰：讲践更咸阳，毛独牵牛来，即复牵去。它如（故）狱。（简 115-116） 魁都从军，不讯；其妻租言如讲。（简 116）	
		再审诘问	诘毛：毛苟不与讲盗牛，覆者讯毛，毛何故不早言请（情）？ 毛曰：覆者初讯毛，毛欲言请（情），恐不如前言，即复治（笞），此以不早言请（情）。 诘毛：毛苟不与讲盗，何故言曰与谋盗？ 毛曰：不能支疾痛，即诬讲，以彼治罪也。（简 116-118）	

续表

总称	程序		案件文辞举例	备注
乞 鞫 再	覆 狱	勘 验	诊讲北（背），治（笞）纠大如指者十三所，小纠瘢相质伍也，道肩下到腰，稠不可数。（简109-110） 诊毛北（背）笞纠瘢相质伍也，道肩下到腰，稠不可数，其臀瘢大如指四所，其两股瘢大如指。（简118-119）	
		旁 审	腾曰：以毛谩，笞。它如毛。（简119） 姚曰：不知毛诬讲，与丞昭、史敢、（赐）论盗牛之罪，问如讲。 昭、敢、赐言如姚，问如辞。（简119-120）	
		据证 鞫案	鞫之：讲不与毛盗牛，吏笞谅（掠）毛，毛不能支疾痛而诬指讲，昭、姚、敢、赐论失之，皆审。（简120-121）	确定案件事实
		据 证 判 决	覆之：讲不盗牛。讲系子县，其除讲以为隐官，令自常（尚），畀其於於。妻子已卖者者，县官为赎。它收已卖，以买（卖）畀之；及除坐者赀，赀已入环（还）之。（简122-123）	

这例完整的乞鞫覆治案件，便于我们较为透彻地了解覆治制度。透过该案件，可以概括出乞鞫覆治制度中刑事证据的运用具有如下特点。

首先，注重主客观证据之间的相互印证。该覆治案件中，覆狱判官在审理案件时注重主观证据与客观证据之间的相互印证。例如，在讲、毛陈述自己被笞掠之后，覆狱判官随即对他们被刑讯的伤情进行查验；并且获得讲父处、妻租等相关证人的证言，通过他们的证言，验证了讲、毛陈述的真实性，这是最终认定案件事实的关键因素。

其次，全面核验案情。覆治判官首先对案件原审材料进行仔细审查，随后仔细讯问乞鞫者讲与共同被告人毛，让他们重新供述案件事实。并且询问与案件相关的证人讲父处、讲妻租，以及被盗牛的主人和。案件的另一重要证人魁都因在军队服役而无法进行询问，但在爰书中对此作出了特别说明。

最后，覆治判官不仅讯问了两位被告人，询问了相关的证人，还对原审官吏丞昭、史腾、史敢、史赐等人员进行了调查、讯问。他们是案件原审判决结论的相关责任人，调查他们对认清案件事实至关重要。并且，他们的言辞也是覆治案件证据的一部分。他们的言辞也能够对两位被告人口供的真实性起到一定程度的印证作用。当然，这也可以证明，覆治制度不仅在于平复冤、错案件，也在于对法官审断案件进行监督，促使司法官吏"据证依律"决狱，否则将承担"失刑""不直"及"纵囚"等法律责任。

以上案例均为已决案件的"覆治"，而在未经审判的案件中，也存在"覆治"程序。

试例如下：

> 其夏，上立胶东王为太子。梁王怨爰盎及议臣，乃与羊胜、公孙诡之属谋，阴使人刺杀爰盎及他议臣十余人。贼未得也。于是天子意梁，逐贼，果梁使之。遣使冠盖相望于道，覆案梁事。捕公孙诡、羊胜，皆匿王后宫。使者责二千石急，梁相轩丘豹及内史安国皆泣谏王，王乃令胜、诡皆自杀，出之。上由此怨望于梁王。梁王恐，乃使韩安国因长公主谢罪太后，然后得释。〔1〕

此案中，梁王怨恨景帝违背诺言，不立自己为太子，反而立了胶东王，于是和属臣谋划刺杀爰盎等大臣。景帝抓捕盗贼后，查明为梁王指使，为核查案情，"遣使冠盖相望于道，覆案梁事"。

《汉书》卷七六《赵广汉传》记载了赵广汉诬治长安男子苏贤案："贤父上书讼罪，告广汉，事下有司覆治。禹坐要（腰）斩，请逮捕广汉。有诏即讯，辞服，会赦，贬秩一等。"〔2〕

《汉书》卷七七《孙宝传》记载了"覆治"案：

> 哀帝即位，征宝为谏大夫，迁司隶。初，傅太后与中山孝王母冯太后俱事元帝，有郤，傅太后使有司考冯太后，令自杀，众庶冤之。宝奏请覆治，傅太后大怒曰："帝置司隶，主使察我。冯氏反事明白，故欲擿觖以扬我恶。我当坐之。"上乃顺指下宝狱……大司马傅喜、光禄大夫龚胜固争，上为言太后，出宝复官。

---

〔1〕《汉书》卷四七《文三王传》。注：《史记·梁孝王世家》所载，将"覆案"作"覆按"。《史记·田叔列传》与《汉书·田叔传》亦载此案，均作"案"。

〔2〕《汉书》卷七六《赵广汉传》。

顷之，郑崇下狱，宝上书曰："……按尚书令昌奏仆射崇，下狱覆治，榜掠将死，卒无一辞，道路称冤。疑昌与崇内有纤介，浸润相陷，自禁门内枢机近臣，蒙受冤谮，亏损国家，为谤不小。臣请治昌，以解众心。"书奏，天子不说。以宝名臣不忍诛，乃制诏丞相大司空："……其免宝为庶人。"〔1〕

此传包含两则案件，前一则是覆狱案件，即傅太后派主管官员拷问冯太后，迫令她自杀。孙宝上奏请求"覆治"案件，欲经过再审纠正冤案。后一则是一审案件，郑崇被冤入狱，孙宝遂上书："尚书令昌诬告仆射郑崇，把他关进监狱进行审察追究，郑崇被严刑拷打将要死去，结果没一句口供，连路上的行人都说他冤枉。"

《汉书》卷六〇《杜周传》记载的"燕王刘丹谋反案"是一则关于"覆治"的案件。汉昭帝即位后，燕王刘旦勾结左将军上官桀父子、御史大夫桑弘羊等人谋划诛杀大将军霍光，篡位自立，事情败露，燕王自杀。杜延年办燕王案件时，御史大夫桑弘羊之子桑迁在逃跑过程中，曾留宿于父亲旧下属侯史吴家中。桑迁后被处死。适逢大赦，侯史吴自首，王平和徐仁认为"桑迁坐父谋反而侯史吴臧之，非匿反者，乃匿为随者也"，即认为桑迁只是父亲谋反连坐，侯史吴藏匿桑迁不属于藏匿谋反者，而是藏匿从犯，于是赦免了他的罪，将其释放。后来侍御史"治实"，即查验"以桑迁通经术，知父谋反而不谏争，与反者身无异；侯史吴故三百石吏，首匿迁，不与庶人匿随从者等，吴不得赦。奏请覆治，劾廷尉、少府纵反者"。〔2〕

《岳麓书院藏秦简》（六）中有关于"覆治"的令文，择录如下：

诸吏有治它官者，皆去其家毋下三百里乃治焉。有覆治者，非其所都治殹（也），去其家虽不盈三百里……□□皆……（1458 正、1482 正）〔3〕

丞相、御史言：或有告劾闻陛下，陛下诏吏治之，及请有覆治，制书报曰可者，此皆犯法者殹（也）。督治覆求之，吏事殹（也）。（1902+

〔1〕《汉书》卷七七《孙宝传》。
〔2〕《汉书》卷六〇《杜周传》。
〔3〕陈松长主编：《岳麓书院藏秦简》（六），上海辞书出版社 2020 年版，第 65 页。

C8-1-1 正、1678 正)〔1〕

总之，经过对《张家山汉简》《居延汉简》《居延新简》等出土文献同《史记》《汉书》《后汉书》等传世文献的考析，得出研究结论，汉代的刑事证据制度在继承秦的刑事证据制度的基础之上，在刑事证据规则、证据种类以及证据在诉讼程序中的具体运用等方面，都取得了全方位的演化发展。几乎各类形式的证据在汉代案件事实的认定中都开始得到采用，而且对各种类型的刑事证据的适用已经趋于规范化，其中物证、证人证言、勘验报告及函调爰书等基本形式的证据，在认定案件事实中几乎是必不可少的。狱司在验明案情的过程中，尽管依然依赖供辞，但已注重收集物证、勘验结果及证辞，将之同供辞相互印证。在案件查证清楚之后，依据相应的律条作出最终断决。

---

〔1〕　陈松长主编：《岳麓书院藏秦简》（六），上海辞书出版社 2020 年版，第 68-69 页。

结　语

　　秦汉时代是我国传统刑事证据文明的开启之际。这一时期不仅确立了我国古代主、客观兼容的综合性的刑事证据理论原则，而且奠定了刑事诉讼中各项具体证据运用制度的框架。这一刑事证据规则中既有重视物证、勘验报告等客观性证据的因素，也有偏重口供的主观性因素。"中国古代审判活动虽然存在注重口供的弊端，但也很重视其他证据与口供的综合运用。对于刑讯的使用，很多朝代都有严格的限制。"[1]刑事证据的客观性方面，强调以确凿的物证、勘验报告印证犯罪嫌疑人的踪迹与言行，确定案件事实；刑事证据的主观性方面，强调口供是基本的证据形式。口供虽然是最重要的证据形式，但是在一般情况下，没有犯罪嫌疑人的供辞，即使其他证据确凿，也不能作出最终判决。但是，秦汉奉行"据众证定罪"的证据原则，并不偏信口供，通过物证、勘验报告及证人证言等客观性证据来印证口供的真实性，进而确定案件事实。

　　秦汉朝不仅确立了刑事证据的规则，而且构筑了刑事证据制度的基本框架，为刑事证据在司法中的具体运用打下了基础。秦汉时期确立的刑事证据运用的框架为：起诉中的证据运用制度；受理案件中的证据审查制度；侦查中的证据采集制度；审判中的质证与据证断决制度；乞鞫中的据证验案制度以及据证奏谳与验证录囚制度等。后世王朝在承袭的基础上，不断对该制度框架进行完善，至唐宋朝架构起了较为成熟的刑事证据运用体系，明清时期则促使这一体系趋于完备与定型。

　　综括上述，两千多年前的秦代，经过商鞅变法，使得法家的"法制主义"取代了儒家的"礼制主义"，开始"以法治国"，在司法活动中重事实、重证

---

　　〔1〕　杨一凡、徐立志主编，杨一凡等整理：《历代判例判牍》（第一册），中国社会科学文献出版社 2005 年版，第 7-8 页。

据，确立了客观主义的刑事证据制度。在侦查、审判的实践中，既严重依赖"口供"，但又限制"刑讯"逼供。如前所述，"毋笞掠而得人情为上；笞掠为下；有恐为败"，对刑讯持不鼓励的态度。注重物证的收集与应用，与物证的收集、辨别和运用紧密相关的勘验鉴定制度也已达到一定的高度。汉代对于秦代的刑事证据制度较为全面地加以承袭，并在此基础上，对其进行多方面的改进与完善，促使该刑事证据制度更加理性。可见，在遥远的秦汉时期，司法官吏已重视运用客观事实来印证和推导犯罪行为是否成立，强调据证定罪。当然，我们也不能忽视其刑事证据规则当中落后的一面。口供依然是基本的证据形式，尽管在制度中作了约束，但在司法实践中审讯方式的随意性较大，为了获取犯罪嫌疑人的供辞，往往使用酷刑。而且，对原告和证人动用刑具也甚为常见，血肉横飞、哀嚎不尽之中导致冤狱丛生，这主要缘于主观唯心主义的取证观念。

诚如博登海默所言："作为使松散的社会结构紧紧裹在一起的粘和物，法律必须巧妙地将过去与现在勾连起来，同时又不忽视未来的迫切要求。"[1]"中国的法治之路必须注重利用中国本土的资源，注重中国法律文化的传统与实际。"[2]秦汉王朝的刑事证据制度作为中华法系文明成果的一部分，不失为本民族宝贵的精神财富，对当今证据科学的建设无疑具有重要的借鉴价值。

---

〔1〕〔美〕E. 博登海默：《法理学：法律哲学与法律方法》，邓正来、姬敬武译，华夏出版社1989 版，第 326 页。

〔2〕苏力：《法治及其本土资源》，中国政法大学出版社 2004 年版，第 6 页。

参考文献

一、文献

1. （汉）司马迁：《史记》，中华书局 1985 年版。

2. （汉）班固：《汉书》，中华书局 1985 年版。

3. （南朝·宋）范晔：《后汉书》，中华书局 1985 年版。

4. （唐）长孙无忌等撰，刘俊文点校：《唐律疏议》，中华书局 1999 年版。

5. （宋）郑克撰，刘俊文点校，《折狱龟鉴》，上海古籍出版社 1988 年版。

6. （清）阮元校刻：《十三经注疏》，中华书局 2009 年版。

7. （宋）司马光撰：《资治通鉴》，岳麓书院 2009 年版。

8. （清）沈家本撰，邓经元、骈宇骞点校：《历代刑法考》，中华书局 1985 年版。

9. 程树德：《九朝律考》，中华书局 1963 年版。

10. （唐）李林甫等撰，陈仲夫点校：《唐六典》，中华书局 1992 年版。

11. （宋）李焘撰，《续资治通鉴长编》，中华书局 2004 年版。

12. （清）徐松：《宋会要辑稿》，中华书局 1957 年版。

13. （南宋）宋慈：《洗冤集录》，杨奉琨校译，群众出版社 1980 年版。

14. （晋）陈寿：《三国志》，中华书局 1985 年版。

15. （唐）房玄龄等撰：《晋书》，中华书局标点本 1974 年版。

16. （清）孙楷，徐复订补：《秦会要订补》，中华书局 1959 年版。

17. （汉）史游撰，（宋）王应麟补注：《急就篇》，中华书局 1985 年版。

18. （汉）许慎撰，（清）段玉裁注：《说文解字注》，上海古籍出版社 1988 年版。

19. （汉）桓宽撰，王利器校注：《盐铁论校注》，中华书局 1992 年版。

20. 杨家骆总主编，［日］岛田正郎主编：《中国史料系编·中国法制史料》，鼎文书局 1982 年版。

21. （后晋）和凝撰，杨奉琨校释：《疑狱集折狱龟鉴校释》，复旦大学出版社 1988 年版。

22. 中国社会科学院考古研究所编：《居延汉简甲乙编》，中华书局 1980 年版。

23. 谢桂华、李均明、朱国炤：《居延汉简释文合校》，文物出版社 1987 年版。

24. 刘俊文：《敦煌吐鲁番唐代法制文书考释》，中华书局 1989 年版。

25. 睡虎地秦墓竹简整理小组编：《睡虎地秦墓竹简》，文物出版社 1990 年版。

26. 甘肃省文物考古研究所等编：《居延新简》，文物出版社 1990 年版。

27. 甘肃省文物考古研究所等编：《居延新简：甲渠候官与第四燧》，文物出版社 1990 年版。

28. 甘肃省文物考古研究所编：《敦煌汉简》，中华书局 1991 年版。

29. 吴礽骧、李永良、马建华：《敦煌汉简释文》，甘肃人民出版社 1991 年版。

30. 甘肃省文物考古研究所等编：《居延新简——甲渠候官》，中华书局 1994 年版。

31. 唐长孺主编：《吐鲁番出土文书》，文物出版社 1996 年版。

32. 走马楼简牍整理组编著：《长沙走马楼三国吴简·嘉禾吏民田家莂》，文物出版社 1999 年版。

33. 胡平生、张德芳编撰：《敦煌悬泉汉简释粹》，上海古籍出版社 2001 年版。

34. 中国文物研究所、湖北省考古文物研究所编：《龙岗秦简》，中华书局 2001 年版。

35. 湖北省周梁玉桥博物馆编：《关沮秦汉墓简牍》，中华书局 2001 年版。

36. 魏坚主编：《额济纳汉简》，广西师范大学出版社 2005 年版。

37. 天一阁博物馆编：《天一阁藏明钞本天圣令校证》，中华书局 2006 年版。

38. 张家山二四七号汉墓竹简整理小组编著：《张家山汉墓竹简［二四七号墓］》，文物出版社 2001 年版。

39. 朱汉民、陈松长主编：《岳麓书院藏秦简》（一），上海辞书出版社 2010 年版。

40. 朱汉民、陈松长主编：《岳麓书院藏秦简》（二），上海辞书出版社 2011 年版。

41. 朱汉民、陈松长主编：《岳麓书院藏秦简》（三），上海辞书出版社 2013 年版。

42. 陈伟主编：《秦简牍合集》，武汉大学出版社 2014 年版。

43. 陈松长主编：《岳麓书院藏秦简》（四），上海辞书出版社 2015 年版。

44. 陈松长主编：《岳麓书院藏秦简》（五），上海辞书出版社 2017 年版。

45. 陈松长主编：《岳麓书院藏秦简》（六），上海辞书出版社 2020 年版。

二、专著

1. 程树德：《中国法制史》，上海华通书局 1931 年版。

2. 陈顾远：《中国法制史》，商务印书馆 1934 年版。

3. 瞿同祖：《中国法律与中国社会》，商务印书馆 1947 年版。

4. 徐朝阳：《中国诉讼法溯源》，台湾商务印书馆 1973 年版。

5. 陈直：《汉书新证》，天津人民出版社 1979 年版。

6. 陈梦家：《汉简缀述》，中华书局 1980 年版。

7. 戴炎辉：《中国法制史》，三民书局 1981 年版。

8. 乔伟：《秦汉律研究》，吉林大学法律系法律史教研室 1981 年版。

9. 中华书局编辑部编：《云梦秦简研究》，中华书局 1981 年版。

10. 甘肃省文物工作队、甘肃省博物馆编：《汉简研究文集》，甘肃人民出版社 1984 年版。

11. 陈光中、沈国峰：《中国古代司法制度》，群众出版社 1984 年版。

12. 栗劲：《秦律通论》，山东人民出版社 1985 年版。

13. 乔伟：《唐律研究》，山东人民出版社 1985 年版。

14. 邢义田：《秦汉史论稿》，东大图书公司 1987 年版。

15. 邱汉平：《历代刑法志》，群众出版社，1988 年版。

16. ［日］堀毅：《秦汉法制史论考》，法律出版社 1988 年版。

17. 胡留元、冯卓慧：《西周法制史》，陕西人民出版社 1988 年版。

18. 林剑鸣：《秦汉史》，上海人民出版社 1989 年版。

19. 曾宪义、郑定：《中国法律制度史研究通览》，天津教育出版社 1989
    年版。

20. 杨鸿烈：《中国法律发达史》，上海书店 1990 年版。

21. 张晋藩主编：《中国法制史研究综述》，中国人民公安大学出版社 1990
    年版。

22. 周天游：《秦汉史研究概述》，天津教育出版社 1990 年版。

23. ［日］大庭脩：《秦汉法制史研究》，林剑鸣等译，上海人民出版社 1991
    年版。

24. 徐朝阳：《中国刑法溯源》，上海书店 1992 年版。

25. ［英］崔瑞德、鲁惟一编：《剑桥中国秦汉史》，杨品泉等译，中国社会科
    学出版社 1992 年版。

26. 黄秉心：《中国刑法史》，上海书店 1992 年版。

27. 孔庆明：《秦汉法律史》，陕西人民出版社 1992 年版。

28. 高恒：《秦汉法制论考》，厦门大学出版社 1994 年版。

29. 吴福助：《睡虎地秦简论考》，文津出版社 1994 年版。

30. 饶宗颐、李均明：《敦煌汉简编年考证》，新文丰出版公司 1995 年版。

31. 吴荣曾：《先秦两汉史研究》，中华书局 1995 年版。

32. 张建国：《帝制时代的中国法》，法律出版社 1999 年版。

33. 张晋藩总主编、徐世虹主编：《中国法制通史·战国秦汉卷》，法律出版
    社 1999 年版。

34. 李学勤、谢桂华：《简帛研究二〇〇一》，广西师范大学出版社 2001
    年版。

35. ［日］大庭脩：《汉简研究》，徐世虹译，广西师范大学出版社 2001 年版。

36. 茅彭年：《中国刑事司法制度》，法律出版社 2001 年版。

37. 曹旅宁：《秦律新探》，中国社会科学出版社 2002 年版。

38. 李交发：《中国诉讼法史》，中国检察出版社 2002 年版。

39. 李均明：《居延新简编年——居延编》，新文丰出版公司 2004 年版。

40. 李零：《简帛古书与学术源流》，三联书店 2004 年版。

41. 张显成：《简帛文献学通论》，中华书局 2004 年版。

42. 中国文物研究所编：《出土文献研究》（第六辑），上海古籍出版社 2004

年版。

43. 马小红：《中国古代法律思想史》，法律出版社 2004 年版。

44. 黄留珠、魏全瑞主编：《周秦汉唐文化研究》（第三辑），三秦出版社 2004 年版。

45. 朱红林：《张家山汉简〈二年律令〉集释》，社会科学文献出版社 2005 年版。

46. 中国文物研究所编：《出土文献研究》（第七辑），上海古籍出版社 2005 年版。

47. 张伯元：《出土法律文献研究》，商务印书馆 2005 年版。

48. 何勤华、魏琼编：《董康法学文集》，中国政法大学出版社 2005 年版。

49. 曹旅宁：《张家山汉律研究》，中华书局 2005 年版。

50. 杨一凡、徐立志主编，杨一凡等整理：《历代判例判牍》（第一册），中国社会科学出版社 2005 年版。

51. 刘海年：《战国秦代法制管窥》，法律出版社 2006 年版。

52. ［日］冨谷至：《秦汉刑罚制度研究》，柴生芳、朱恒晔译，广西师范大学出版社 2006 年版。

53. 蔡万进：《张家山汉简〈奏谳书〉研究》，广西师范大学出版社 2006 年版。

54. 长沙文物考古研究所、中国文物研究所编：《长沙东牌楼东汉简牍》，文物出版社 2006 年版。

55. 骈宇骞、段书安编：《二十世纪出土简帛综述》，文物出版社 2006 年版。

56. 彭浩、陈伟、［日］工藤元男主编：《二年律令与奏谳书：张家山二四七号墓法律文献释读》，上海古籍出版社 2007 年版。

57. 中国社会科学院简帛研究中心编：《张家山汉简<二年律令>研究文集》，广西师范大学出版社 2007 年版。

58. 孙家洲主编：《秦汉法律文化研究》，中国人民大学出版社 2007 年版。

59. 高恒：《秦汉简牍中法制文书辑考》，社会科学文献出版社 2008 年版。

60. 高恒：《秦汉简牍中法制文书辑考》，社会科学文献出版社 2008 年版。

61. 李均明：《秦汉简牍文书分类辑解》，文物出版社 2009 年版。

62. 郝树声、张德芳：《悬泉汉简研究》，甘肃文化出版社 2009 年版。

63. 杨一凡总主编：《中国法制史考证续编》，社会科学文献出版社 2009 年版。

64. 杨振红：《出土简牍与秦汉社会》，广西师范大学出版社 2009 年版。

65. ［日］籾山明：《中国古代诉讼制度研究》，李力译，上海古籍出版社 2009 年版。

66. 张晋藩：《中华法制文明的演进》，法律出版社 2010 年版。

67. 程政举：《汉代诉讼制度研究》，法律出版社 2010 年版。

68. 中国社会科学院考古研究所编著，《中国考古学·秦汉卷》，中国社会科学出版社 2010 年版。

69. 李均明：《简牍法制论稿》，广西师范大学出版社 2011 年版。

70. 李文玲：《中国古代刑事诉讼法史》，法律出版社 2011 年版。

71. 长沙市文物考古研究所等编：《长沙五一广场东汉简牍选释》，中西书局 2015 年版。

72. 王捷：《包山楚司法简考论》，上海人民出版社 2015 年版。

73. 陈光中：《中国古代司法制度》，北京大学出版社 2017 年版。

74. 徐世虹等：《秦律研究》，武汉大学出版社 2017 版。

75. ［日］大庭脩：《秦汉法制史研究》，徐世虹译，中西书局 2017 版。

76. 马小红：《礼与法：法的历史连接》，北京大学出版社 2017 年版。

77. 李学勤：《东周与秦代文明》，上海人民出版社 2019 年版。

78. 陈松长等：《岳麓秦简与秦代法律制度研究》，经济科学出版社 2019 年版。

79. 李雪梅：《昭昭千载——法律碑刻功能研究》，上海古籍出版社 2019 年版。

80. 李均明、刘国忠、刘光胜、邬文玲：《当代中国简帛学研究（1949－2019）》，中国社会科学出版社 2020 年版。

81. 闫晓君：《秦法律文化新探》，西北大学出版社 2021 年版。

三、论文

1. 高敏："《秦律》所反映的诉讼、审讯和量刑制度"，载《郑州大学学报》 1981 年第 3 期。

2. 连邵名："西域木简所见〈汉律〉中的'证不言请'律"，载《文物》1986

年第 11 期。

3. 湖北省文物考古研究所等："云梦龙岗秦汉墓地第一次发掘简报"，载《江汉考古》1990 年第 3 期。

4. ［日］滋贺秀三："中国法文化的考察——以诉讼的形态为素材"，载《比较法研究》1988 年第 3 期。

5. 彭浩："《奏谳书》中的西汉案件"，载《文物》1993 年第 8 期。

6. 李学勤："《奏谳书》解说"（上），载《文物》1993 年第 8 期。

7. 李学勤："《奏谳书》解说"（下），载《文物》1995 年第 3 期。

8. 彭浩："谈《奏谳书》中秦代和东周时期的案例"，载《文物》1995 年第 3 期。

9. 连邵名："西域木简所见《汉律》中的'证不言请'律"，载《文物》1986 年第 11 期。

10. 甘肃省文物考古研究所："敦煌悬泉汉简内容概述"，载《文物》2000 年第 5 期。

11. 甘肃省文物考古研究所："敦煌悬泉汉简释文选"，载《文物》2000 年第 5 期。

12. 林剑鸣："秦代法律制度初探"，载《法律史论丛》（一），中国社会科学出版社 1981 年版。

13. 徐世虹："汉劾制管窥"，载《简帛研究》（第二辑），法律出版社 1996 年版。

14. 张建国："汉简《奏谳书》和秦汉刑事诉讼程序初探"，载《中外法学》1997 年第 2 期。

15. ［日］宫宅潔："秦汉时期的审判制度——张家山汉简《奏谳书》所见"，载《中国法制史考证》（丙编第一卷），中国社会科学出版社 2002 年版。

16. 万安中："录囚制度考论"，载《学术研究》2004 年第 6 期。

17. 刘玉堂、贾济东："楚秦刑事诉讼证据比较研究"，载《湖北大学学报（哲学社会科学版）》2004 年第 31 卷第 2 期。

18. 闫晓君："略论秦律对汉律的影响"，载《甘肃政法学院学报》2005 年第 5 期。

19. 蒋铁初："质疑西周时期民事诉讼与刑事诉讼分立说"，载《阴山学刊》

2005 年第 1 期。

20. 李晓英："汉代证据制度探析"，载《郑州大学学报》2005 年第 5 期。

21. 沈大明："中国古代的证据制度及其特点"，载《社会科学》2006 年第 7 期。

22. 郑牧民、易海辉："论中国古代证据制度的基本特点"，载《湖南科技大学学报（社会科学版）》2007 年第 10 卷第 2 期。

23. 程政举："《奏谳书》所反映的先秦及秦汉时期的循实情断案原则"，载《法学评论》2007 年第 6 期。

24. [德] 陶安："试探'断狱''听讼'与'诉讼'之别——以汉代文书资料为中心"，载《理性与智慧：中国法律传统再探讨——中国法律史学会 2007 年学术研讨会文集》，中国政法大学出版社 2008 年版。

25. 胡仁智："张家山汉简所见汉律中的'告'制论析"，载《西南民族大学学报》2008 年第 12 期。

26. 蒋铁初："中国古代诉讼中的情证折狱研究"，载《南京大学法学评论》2009 年第 1 期。

27. 李晓英："汉代奏谳制度辨析"，载《河南大学学报》2010 年第 3 期。

28. 徐世虹："西汉末期法制新识——以张勋主守盗案牍为对象"，载《历史研究》2018 年第 5 期。

29. 张传玺："秦及汉初逃亡犯罪的刑罚适用和处理程序"，载《法学研究》2020 年第 3 期。